글로컬 교육 탐구

서울교육대학교
글로벌지역교육연구소
연구총서
|
01

글로컬 교육 탐구

남호엽 지음

서문

'글로벌'이라는 말과 함께 요즈음에는 '로컬'이라는 표현이 많이 사용 중이다. 우리들은 삶의 안녕을 이야기할 때, 로컬이라는 발상이 가지는 중대함을 알기 시작한 것 같다. 인류 전체가 위험 사회를 살고 있고, 지속가능한 삶의 모색이 필연적인 상황에서 로컬의 함축이 재인식되고 있다. 로컬은 사람들의 일상적인 생활공간이기도 하기에 그동안 너무나 무심했다. 그런데 이러한 로컬이 간직한 의미 세계가 다각적인 조회 맥락 속에서 이해되기 시작하면서 새로운 가치 부여가 진행 중이다. 이를테면, 우리들의 몸이 건강해지기 위하여 신선한 음식을 섭취해야 하는데, 이때 가까운 지역에서 생산된 로컬 푸드가 대표적인 사례이다. 그리하여 삶의 가치는 먼 곳에서만 찾아지는 것이 아니라 로컬의 공간에서 시작해야 한다는 관점이 널리 확산되고 있다.

로컬의 재인식은 인류의 지구 시스템에 대한 이해가 깊어질수록 선명해지는 것 같다. 행성 지구 시스템의 일부로 내가 살고 있는 로컬의 위치성을 확인하면서 앞으로 실천해야 할 삶의 전략에서 변화가 온다. 이른바 로컬리티가 품고 있는 의미의 켜들이 문명화된 삶의 형식들 속에서 포섭되기 시작했다. 지속가능한 지구 행성을 유지하기 위한 생태소양, 지속가능한 지구 문명을 위한 문화다양성의 추구 행보 등이 유네스코를 비롯한 국제기구의 주요 의제이기도 하다. 이른바 로컬이 품고 있는 가치를 글로벌 맥락에서 반추하면서 인류가 견지해야 할 삶의 태도에 대한 사고로 나아가도록 한다. 요컨대, 우리는 이제 글로컬 시대를 살고 있다고 자연스럽게 이야기할 수 있다.

학교 교육에서도 글로컬의 수요에 부응하려는 움직임이 활발하다. 2024년 5월 전남교육청과 경북교육청은 유관 기관과 함께 '대한민국 글로컬 미래교육박람회'를 개최하였다. 행사가 지향하는 주제는 '공생의 교육, 지속 가능한 미래'였다. 이들은 미래교육의 주요 의제를 글로컬 교육에서 찾고 학교교육의 핵심 지향으로 선정하였다. 교육부는 학령인구 격감 시대를 맞이하여 각 지역의 국립대학 통합 추진 흐름을 글로컬 교육사업으로 명명하였다. 글로컬 교육이라는 의제는 여러 교육 주체들에 의해 수용이 되었고, 동시에 다양한 사회적 관행들을 통해서 적극적으로 실천되고 있는 양상이다.

이 책은 2013년 발간된 필자의 단행본『글로벌시대의 지역교육론』을 증보한 것이다. 초판 발행 이후 상당한 시간이 지나면서 연구 관심사가 확장되었고 사례연구 성과물이 추가되었다. 공통적인 사안은 글로컬 시대에 부응하는 지역 가르치기의 논리와 방법에 관한 것이다. 책의 구성은 크게 세 부분으로 나누어져 있다. 제1부는 이론과 연구방법을 다루고 있고, 제2부와 제3부는 사례연구들에 초점이 있다. 물론, 이론적 논의 과정에서 여러 가지 경험적인 사례들이 다루어진다. 아울러, 사례연구를 다루는 경우에도 개념적인 논의와 연구방법론이 소개되기도 한다. 다만 논의의 초점을 어디에 두었느냐에 따라 구분하였다.

제1부에서는 글로컬 교육의 이론과 연구방법을 다루었다. 이론 차원에서 글로컬 교육의 의미를 시민성 함양의 측면에서, 특히 정체성 교육의 논리를 다루었다. 아울러, 글로컬 교육의 접근법을 장소의 페다고지론으로 살펴보면서 교육원리를 탐색하였다. 한편, 사례연구의 연구방법으로 문화기호학의 접근법, 문화연구의 접근법 그리고 담론분석법 등에 주목하였다. 이러한 접근법들은 교육연구를 행할 때, 널리 주목받고 있지 않지만 글로컬 교육의 현실을 문화적인 관행의 일종으로 보면서 연구 가능성을 살펴보았다.

제2부에서 다루고 있는 사례 연구의 주제는 다음과 같다. 민족정체성과 지

역정체성의 관계, 역사경관의 재현, 지도의 스케일 재현, 의미경합의 지리 등의 주제이다. 이 주제들은 글로컬 교육의 주요 쟁점들이며 교육학에만 국한하지 않는 매우 학제적인 관심사들이다. 사례 연구에서 검토의 대상으로 삼고 있는 경험적인 자료들은 교육과정의 지역화 관행들에서 도출되었다. 국가 교육과정 문서, 교육과정 해설서, 교사용 지도서, 지역교과서, 지역학습의 실천 결과 등 교육과정 담론 텍스트들이 연구대상이 되었다.

제3부의 사례 연구 주제들은 교육과정 관행에서 지역 만들기의 전략, 기억의 장소론과 지역의 보훈문화교육, 일본 지역학습의 실천 동향, 일본 초등사회과에서 세계지리의 표상방식, 그리고 지역학습의 실천과 수업반성 등이다. 2부에서 주목한 제주 지역의 지역화 사례연구가 보다 심화 확대되었고, 일본의 지역화 논리와 실천 상황을 검토하였다. 아울러, 기억의 장소론 측면에서 지역교육의 사유와 실행 가능성을 탐구하였다. 또한 초등교사의 지역학습 실천 관행에서 나타나고 있는 수업반성의 특성을 논의하였다.

이 책은 필자의 박사학위 논문에서부터 시작된 문제의식이 사례연구를 통하여 구체화되는 모습이기도 하다. 개별 사례연구가 여러 학술지에 게재되는 과정에서 심사위원님들의 조언이 좋은 가르침을 주었다. 아울러 이 책은 많은 분들의 은혜에 기초하고 있다. 대학원 시절 필자의 지도교수이신 김일기 선생님을 비롯한 여러 은사님들의 가르침에 감사드린다. 또한 서울교육대학교 교육전문대학원 글로벌국제교육 전공에서 함께 연구와 교육에 전념하시는 김용신 교수님, 김진석 교수님의 성원도 기억한다. 무엇보다도 여러모로 부족한 글들을 좋은 책으로 담아주신 한국학술정보㈜ 출판사 관계자분들께도 감사의 마음을 전한다.

서초동 연구실에서 남 호 엽

목차

제1부

이론과 연구방법

시민성의 공간과 정체성 교육의 논리

I. 시민성 논의: 공간의 문제설정

오늘날 학교지리는 시민적 자질의 육성을 기본 목표로 삼고 있다.[1] 시민적 자질, 혹은 시민성이라는 개념은 학교교육의 장에서 지리교육을 정당화할 때, 널리 내세우는 가치이다. 물론 지리교육을 정당화하는 논의 속에서 시민성 개념을 매개로 하는 것은 너무나 자연스럽다. 다만, 시민성을 어떻게 볼 것이냐와 관련해서는 이견이 있을 수 있는 것 같다. 사실, 시민성의 의미를 다루면서 이질적인 의미의 세계를 가정할 수 있다면, 그것은 지리교육이 추구하는 궁극적 지향점에서 다양한 입장이 있을 수 있다는 논리가 성립한다. 그래서 '시민성을 육성하기 위해서 우리는 어떻게 해야 할 것이냐?'라는 논의 양상보다도 더 근본적인 차원은 '시민성의 의미를 어떻게 규정하고 우리는 무엇을 할 것이냐?'라는 문제설정이라고 본다. 지리교육이 시민성을 육성하는 교과라는 데 광범위한 합의가 있다고 막연하게 가정하는 것이 아니라, 어떤 시민성이 탐색되고 있느냐의 문제 제기가 의의가 있다.

시민성의 의미는 통상적으로 시민으로서 가지고 있어야 할 소양과 관련해

---

1   Commission on Geographical Education, *International Charter on Geographical Education*, International Geographical Union, 1992.

논의되었다. 한 개체가 시민으로서의 지위 혹은 시민적 권리를 누리려면, 그가 속한 공동체에서 맡은 바 책무를 수행해야 한다고 보았다. 이러한 시민성에 대한 의미규정은 보편적인 담론상태를 가정하기에 그럴 수도 있겠지만, 탈맥락적인 속성을 띠고 있다. 시민성의 주체를 추상적 인간으로 보고 있다. 하지만, 현실적으로 특정한 시민은 항상 시공간적 맥락 속에서 시민성의 실현을 강제 받고 있다. 개인들 각자가 시민으로서의 소양이 필요한 것은 이해관계가 얽혀 있는 구체적 현실 속에서이다. 따라서 시민이 삶을 영위하는 공동체는 상황지워진 공간이며, 그 공간의 성질이 중요한 논의의 대상으로 떠오른다. 요컨대, 시민성이 실현되는 곳은 관념적 허공이 아니라 현실적인 삶의 과정 그 자체이다.

　시민성이 실현되는 공간, 시민성의 공간이 생활현실이라고 한다면, 개인들 각자가 시민이 되는 것은 항상 특정한 장소에서의 문제이다. 어떤 개체가 특정한 장소에서 시민으로서 자각을 한다면, 그 혹은 그녀는 그 장소에 대해 강한 소속감을 가지는 상태이다. 예컨대, 등산을 하면서 쓰레기를 함부로 버릴 수 없는 마음상태는 시민적 자질이 내면화된 모습이다. 이 상황에서 등산객은 산이라는 장소에 강한 애착심, 소속감을 가지고 있다. 이때, 그 산은 아름다운 우리 국토 혹은 자연의 일부이며, 등산객 그 자신도 마찬가지라고 보는 것이다. 그런데, 현실은 단지 이상적인 상황에만 머물지 않는다. 산을 내려온 그 등산객이 일상을 살아가면서, 그를 둘러싼 모든 곳에 소속감과 일체감을 느끼는 것은 아니다. 우리가 소속감을 느끼는 곳이 있는가 하면 그렇지 않은 곳도 있다.

　내가 소속감을 느끼는 곳은 그 공간에 내가 포함됨을 뜻하며, 소속감을 가지지 못함은 내가 배제됨을 말한다. 우리는 삶을 영위하면서 숱한 '포함'과 '배제'의 기제를 겪는다. 내가 포함되는 곳은 소속감을 가지면서 시민적 권리와 의무가 추구되는 공간이다. 내가 배제되는 곳은 시민으로서의 지위가 의문시되는 상황이다. 그렇다면, 우리가 포함되거나 배제되는 공간, 소속감을 느끼는 공간과 그렇지 못한 공간을 어떻게 파악해야 할까? 포함과 배제 사이에는 항상 경계가 있고, 경계를 기준으로 하여 안과 밖의 장소가 있다.[2] 누군가 외부에 있다 혹은 바깥에 있다고 자각한다면, 그는 배제의 상태이며 소속감을 가질 수 없다. 반대로 누군가 내부에 있다면, 그는 포함의 장소에서 소속감을 가진 주체로 여긴다. 소속감이 있어야 특정 개체는 자신이 발을 딛고 있는 곳에 적극적으로 참여하면서, 인간다운 삶 혹은 시민으로서의 삶을 누릴 수 있다. 우리들 각자는 자신을 둘러싼 환경을 살펴볼 때, 항상 어디서나 포함의 장소, 소속감의 공간으로 충만해 있는지 질문을 던져 본다.

시민이 살아가는 공간이 소속감의 상태로 파악될 때, 그 소속감에는 정도의 문제를 생각해 볼 수 있다. 강한 소속감과 약한 소속감, 혹은 강해지는 소속감과 약해지는 소속감 등을 가정해 볼 수 있다. 왜 이런 현상이 나타날까? 소속감을 둘러싸고 모종의 힘이 개입한다고 보아야 할 것이다. 소속감의 공간은 어떤 영향력들의 주고받음 혹은 일정한 힘의 역학 관계를 보여주고 있는 것이며, 이러한 공간 질서를 영역(領域, territory)이라고 부른다.[3] 이러한 영역은 항상 과정 중의 일부이기에 고정 불변의 것은 아니다. 시민이 소속감을 느끼는 곳, 영역은 가변적인 상태이며, 현실 속에서 영역화된 장소로서 항상 쟁점이 부상한다.

우리의 주변을 살펴보면, 여러 가지 이유로 인해 소속감의 장소를 가지고 있지 못한 사람들을 쉽게 볼 수 있다. 예컨대, 외국인 노동자들의 경우, 배제의 장소에서 시민으로서의 지위를 가지고 있지 못하다. 자본과 노동의 글로벌화라는 현실 속에서, 외국인 노동자들은 우리 사회에서도 당연히 소속감을 누려할 주

---

2 D. Sibley, *Geographies of Exclusion: Society and Difference in the West*, London: Routledge, 1995; G. Pratt, Geographies of identity and difference: making boundaries, in Massey, D., Allen, J. and P. Sarre(ed.), *Human Geography Today*, Cambridge: Polity Press, 1999, pp.151-167.

3 R. D. Sack, *Human Territoriality: Its Theory and History*, Cambridge: Cambridge University Press, 1986.

체들이다. 그렇지만, 여러 가지 제도의 제약, 그릇된 관념 등등에 의해 만족할
만한 상태는 아니다. 우리 사회에서 시민성을 언급할 때, 외국인 노동자와 같은
배제된 사람들은 논외로 삼아야 하는가? 우리 사회에서 배제되고 있는 사람들
은 누구인가? 우리들 모두는 강한 소속감을 가지고서 어디서나 시민 주체로서 대
접받고 살아가고 있는가? 이러한 쟁점들은 시민성의 의미를 공간적 측면에서 재
조명한 결과로 나타난 것이며, 오늘날 지리교육의 당면 과제가 되고 있다.[4]

II. 시민성의 재개념화: '정체성의 정치'와 '인권의 옹호'라는 테제

앞서 시민성의 의미를 소속감의 차원에서 논의하였는데, 주체가 공동체에서
소속감을 가질 경우, 그것은 그 공동체를 동일시하는 차원이다. 주체가 공동체
에 대해 동일성을 가지는 상황이며, 동일시하지 못할 경우는 타자성을 부여받
는 처지이다. 여기서 주체의 동일성은 정체성(identity)이라고 달리 말할 수 있으
며, 누군가가 시민이라 함은 공동체 구성원으로서 정체성을 확보한 상태이다.
그런데 모든 개별 주체들은 자신이 몸담고 있는 공동체가 현실적으로 여러 가
지이며, 또 누구나 각자는 나름대로의 정체성을 가지고 있다. 따라서 주체 내부
에서 여러 가지의 정체성들이 어떤 관계를 설정할 것이냐의 문제, 주체들 사이
에서 각자의 정체성들은 서로 어떤 관계를 설정할 것이냐 하는 문제가 대두한
다. 어느 한 입장이 패권적으로 관철되느냐, 아니면 차이를 인정하고 공존의 길
을 모색하느냐 등의 딜레마 상황이 발생한다. 이러한 상황 속에서 어떤 입장을
취하느냐의 문제를 '정체성의 정치'(the politics of identity)라고 하며, 오늘날 시민

---

4   D. W. Hursh and E. Wayne Ross(eds.), *Democratic Social Education: Social Studies for Social Change*,
     New York & London: Falmer Press, 2000; J. Morgan, Critical pedagogy: the spaces that make the
     difference, *Pedagogy, Culture and Society*, 8(3), 2000, pp.273-289.

성 논의에서 중심적인 사안이 되고 있다.[5]

먼저, 개별 주체의 내부에서 발생하는 정체성의 관계 설정 문제를 논의해 보자. 발생론적으로 볼 때, 자아가 타인과의 관계 속에서 자신의 고유성을 인식하고 난 뒤, 사회를 알아나가는 상황은 인식의 지평이 확대되는 과정이다. 독립적인 자아는 자신을 둘러싼 사회적 관계에 대해 모종의 이해를 추구하면서, 질적으로 차별화된 범주를 상정하고 일정한 관계설정을 시도한다. 자아는 탈중심화되면서 발달의 궤적을 공간적으로 질서화 하는데, 이러한 상황을 고려하여 정식화한 교육과정 모델이 바로 '환경확대법'이다.[6] 개체는 자신을 둘러싼 환경을 일정하게 구획화하며, 자아를 둘러싼 주위 환경을 가족, 이웃, 고장, 지역, 국가, 지구촌 공동체 등으로 파악한다. 자아는 개별성을 확보하면서 동시에 가족구성원, 이웃의 일원, 고장사람, 지역 주민, 국민, 지구촌 시민 등으로 자신의 정체성을 누린다.[7] 개인들 각자는 특정 지역사회의 구성원이면서 동시에 국가사회의 구성원이며 더 나아가 지구촌 사회의 성원이다. 여기서 서로 다른 공간 규모 사이 관계를 어떻게 이해해야 할 것이냐의 문제가 등장한다. 자아 내부의 다양한 정체성들은 서로 이질적이기보다는 공존하면서 정체성을 풍요롭게 하는 차원으로 관계가 설정되어야 할 것이다. 즉, 우리(we)라는 것은 개인들 각자가 결합하여 발생하는 것처럼, 민족은 다양한 지역들이 융합한 양상이라는 것을, 그

---

5   S. Hall, New cultures for old, in Massey, D. and P. Jess(ed.), *A Place in the World?: Places, Cultures and Globalization*, Oxford: The Open University Press, 1995, pp.175-213; O. Ichilov, *Citizenship and Citizenship Education in a Changing World*, London: Woburn Press, 1998; D. Trend, *Cultural Democracy*, N.Y.: SUNY Press, 1997, 고동현 · 양지영 역, 『문화민주주의』, 서울: 한울, 2001.

6   L. W. LeRiche, The expanding environments sequence in elementary social studies, the origins, *Theory and Research in Social Education,* 15(3), 1987, pp.137-154; P. R. Hanna, *Assuring Quality for the Social Studies,* Stanford, California: Hoover Institution Press, 1987.

7   A. Wrenn, Build it on, don't bolt it on: history's opportunity to support critical citizenship, *Teaching History,* 96, 1999, pp.6-12; J. J. Cogan and D. Grossman, Citizenship: the democratic imagination in a global/local context, *Social Education,* 64(1), 2000, pp.48-53.

리고 지구촌 문화는 여러 민족문화가 조화를 이룬 상황임을 이해하는 것이 요
망된다.[8] 개인이 자율성을 가지면서 동시에 공동체 속에서 책무를 다하는 시민
성의 요체는 다양한 공동체 간의 상황설정에서도 마찬가지로 적용될 수 있다.

한편, 주체들 사이에서 정체성은 어떤 관계 설정이 모색되어야 할 것인가?
지역과 지역 간에, 민족과 민족 간에는 어떤 관계가 설정되어야 하는가? 분명
양자의 경우, 서로 다름을 통해 각자의 고유성이 확보된다. 서로 다름의 상황이
있기에 내부적으로 정체성이 발생하는 것이다. 차이를 전제로 한 정체성이기
에, 각자의 고유성은 다름을 인정하고 공존을 해야만 존립할 수 있다. 다른 지
역과 민족이 있기에 우리 지역과 민족이 있게 되며, 따라서 공존의 길을 모색하
는 것은 당연한 섭리이다. 그러나 인류의 역사를 보면, 이러한 관계 설정이 원
만하지 못한 것이 현실이다. 상호갈등을 원만히 해결하지 못하고, 배제하고 타
자화하는 과정이 역사적으로 나타나고 있다. 주체 내부에서 정체성들 간의 조
화가 필요하듯이, 주체들 사이에서도 마찬가지이다. 각자의 고유성을 가지면서
도 상호교류하고 연대의 길을 추구하는 것이 필요하며, 이것은 개방적 영역화
의 과정이다. 즉, 주체들이 각자 서로 소속하는 공간들, 영역이 설정될 때, 상호
개방성의 차원이 추구되어야 한다는 것이다. 내가 시민적 권리를 영위하듯이
타인도 인간으로서의 보편적 권리를 가지는 것이며, 다른 지역 사람들, 다른 민
족들의 경우에도 마찬가지이다. 이렇게, 다름 혹은 차이의 상황이 발생했을 때,
그 차이를 인정하고 동일한 인간으로서의 길을 추구하는 것이 '인권의 옹호'이
며, 이것 역시 시민성의 내용으로 상정할 수 있다.

---

8   F. A. Hanson, *Meaning in Culture,* London: RKP, 1975, p.10.

III. 시민성의 실현 I : 지역교육과 정체성의 문제

초등학교 지리교육에서 지역교육을 가장 적극적으로 모색할 수 있는 상황은 교육과정의 지역화에서이다. 교육과정의 지역화는 지역교과서의 발행과 지역학습의 실천이라는 교육과정 관행을 만들고 있다. 이러한 제도는 지역의 상대적 자율성을 가정한 상태에서 그 독자성을 인정하고, 교육과정의 상황으로까지 고려하는 차원이다. 즉, 교육내용과 교육방법에서 이른바 '지역적인 것'(the regional)의 교육적 의의를 적극 고려하고 있다. 지역은 어린이가 소속감을 가질 수 있는 기초 단위이며, 일상 속에서 시민성의 실현을 모색할 수 있는 계기이다. 지역은 어린이의 경험세계가 펼쳐지는 곳으로, 교육내용에서 뿐만 아니라, 교육방법 차원에서도 의의가 있다. 즉, 지역은 학습자의 당사자 관련성이 존재하는 공간이기에, 심리적으로 친밀감이 있는 장소이다. 여기서 친밀감이란 어린이의 삶이 전개되는 과정에서 발생하는 정서적 일체감을 뜻하며, 이러한 감정 속에는 지적 호기심까지 포함될 수 있다. 어린이의 발달 특성이 맥락 의존적이라고 할 때, 이들의 사회인식은 그 출발점이 경험세계라고 볼 수 있다. 따라서 '지역적인 것'을 소재로 학습이 진행될 때, 이것은 교육방법 차원에서도 의의를 가진다.

현행 교육과정의 지역화는 교육방법 차원에서의 효율성을 고려하여 시작되었다. 제5차 교육과정 시기부터 지역교과서의 발행이라는 형식으로 적극적인 제도화의 추세를 나타냈다. 최근에 와서는 교육과정 지역화의 움직임이 보다 활발한 모습을 보이고 있는데, 교육내용 차원에서 '지역적인 것'이 가지는 의미가 검토와 실천의 대상이 되고 있다. 지역은 학습을 위해 도구적으로 활용되는 데 머무는 것이 아니라, 지역정체성의 형성이라는 교육인간학의 논리로 구체화한다. 다시 말해서, 학습자가 지역사회의 구성원으로 소속감 혹은 정체성을 가지는 것이 교육적으로 의의가 있다고 본다. 그래서 현실적으로 과거에 비해 교육과정의 지역화는 강화되는 현상을 보이고 있으며, 특히 지역교과서의 내용구성에서 큰 변화를 보이고 있다. 주지하다시피 초등학교 3학년과 4학년의 경우 지역 단위에서 독자적인 교과서가 발행되고 있으며, 또한 지역학습의 실천 과정에서 재구성 및 변형의 과정을 겪고 있다.

그렇다면 외관상으로 보기에, 교육과정 관행에서 지역적인 것이 적극적으로 다루어지고 있는 것으로 보이는데, 실질적으로도 그러한지 문제제기를 해본다. 과연 교육과정의 지역화 관행에서 지역적 자율성을 바탕으로 하여 '중앙'과의 관계설정을 하고 있는지 검토가 필요하다. 최근의 몇몇 연구결과에 의하면, 교육과정 지역화 관행에서 지역은 상대적 자율성을 가지고 있다기보다는 '중앙'에 종속된 혹은 그 부속적 지위에 머물고 있다.[9] '민족'이라는 것이 다양한 지역들의 융합으로 파악되지 않고, 지역을 관리하는 차원으로 그 위상이 설정되어 있다. 그래서 중앙정부의 입장에서 교육과정의 지역화를 권장하면서도, 국가교육과정의 기능적 합리화 수준에 머무르고 있다.[10] 사실 역사적으로 보건대, 지역주의는 자연스러운 삶의 형식임에도 불구하고, 부당한 중앙권력이 자신을 합리화하기 위한 왜곡 대상이었다. 지역문화는 풍요로운 민족문화의 구성요소임에도 불구하고, 표준화 혹은 등질화의 길을 강제 받았다. 교육과정 관행에서 지역은 민족에 종속되었으며, 아울러 '지역감정'을 우려하다보니 지역화의 본래 취지가 살아나지 않았다. 현행 지역교과서의 내용구성 방식을 보면, 해당 지역이 화석화된 모습으로 나타나고 있다. 단지 지역에 있는 사회적 실재를 나열하는 수준에 머물고 있다. 지역의 고유성이 다양한 맥락을 통해서 부각되는 것

---

9 남호엽, 「공간스케일의 관점에서 본 민족정체성 교육」, 『사회과교육』, 34, 2001, pp.110-126; 남호엽, 「역사경관의 재현과 지역교육의 합리성」, 『시민교육연구』, 34(2), 2002, pp.27-41.

10 교육부, 『초등학교 교사용 지도서 사회 5-1』, 서울: 대한교과서주식회사, 2002, p.44.

이 아니라, 평면적으로 기술되고 있는 수준에 불과하다.

어떻게 하면 지역의 고유성을 살리는 교육과정의 지역화를 성취할 수 있을까? 가장 기본적인 구도는 지역의 '내용'을 확보하고, 이를 교육의 과정으로 변환시키는 작업이다. 이른바 지역의 내용은 앞서도 언급했듯이, 단지 지역에 있는 것을 평면적으로 집대성하는 차원은 아니다. 다른 지역과의 관계 속에서 상대적 차별화를 통해 지역적 고유성이 생성되어야 할 것이다. 물론 이러한 지역의 정체성 찾기는 전문적인 지역연구를 기초로 한다. 최근 글로벌화의 흐름 속에서 지역 단위에서도 자신들의 얼굴 찾기가 활발히 전개되고 있는데, 이러한 정세는 지역연구의 활성화를 낳고 있다. 그리하여, 지역의 대학과 언론 그리고 문화단체를 중심으로 상당한 성과를 낳고 있다. 교사들은 이러한 연구 성과를 항상 가까이 하고, 이를 교육과정 자료로 번역할 수 있는 안목을 높여야 할 것이다. 교사는 지역사회의 주민이면서 동시에 해당 지역을 다소 낯설게 볼 수 있는 지적 안목이 필요하다. 즉, 지역교육의 실천가로서 교사는 지역 연구자로서의 위상을 동시에 가지고 있어야 할 것이다. 연구자의 관점에서 지역의 다양한 정보들을 수집 · 정리하고 교육 자료로 정선화 및 구조화하는 작업이 요망된다.

다음은 서울시 관악구 신림7동을 중심으로 하여 지역교육을 모색한 사례이다. 아래의 경우는 '향토연구반'이라는 특별활동의 형식으로 이루어진 교육실천 사례이다. 어린이들의 직접적인 생활무대인 신림7동을 중심으로 하여 지역적 고유성을 드러내고 있는 장소와 경관을 선정하였다. 어린이에게 가까운 장소와 경관에서부터 출발하여 공간적으로 확장하는 상황이 설정되어 있다. 즉, 어린이의 지리적 자아(geographic self)가 발달하는 과정을 고려하면서, 동시에 지역의 고유성을 인식하도록 했다.

수업의 주제는 '지리적 자아 발달을 위한 지역학습의 실천'이며, 교육목적은 아래와 같이 정식화하였다.

"초등교육이 어린이들의 발달을 위해 그 의미를 가진다고 할 때, 구체적인 발달의 경로를 모색하는 것이 기본적인 사안이다. 어린이들의 발달 특성은 맥락 의존성에서 찾을 수 있기에, 탈맥락화의 경로를 모색하는 것이 요구되고 있다. 즉, 어린이들이 공간적 제약에서 벗어나, 자신들의 세계인식을 확대해 나가는 과정이 고려되어야 하는 것이다. 이러한 어린이의 발달과정은 여러 측면에서 논의가 가능하며, 본 운영 사례에서는 지리적 자아의 발달이라는 관점을 구체화했다. 즉 어린이들이 생활공간의 주체로서 성장해 나가는 과정을 고려하였다."

한편, 교육내용은 '나의 시작을 알자', '나는 어디에서 살고 있는가?', '우리 마을은 어떤 특징을 가지고 있는가?', '우리 마을의 역사를 알자', '우리 지역의 역사와 특징을 알자' 등의 주제이다. 주제별 구체적인 내용과 수업방법은 다음과 같다.

주제	내용 및 활동
나의 시작을 알자	• 가족사의 흐름 속에서 자신의 탄생과 성장과정을 연표로 표현하기
나는 어디에서 살고 있는가?	• 한국지도, 서울시 지도에서 살고 있는 곳의 위치 확인 하기
우리 마을은 어떤 특징을 가지고 있는가?	• 집에서 학교까지 오는 길을 지도로 나타내기 • 학교 앞 상가의 간판을 조사하고 가장 많은 가게와 그 이유 찾기 • 재래시장과 현대시장을 견학하고 공통점과 차이점 찾기 • 우리 마을의 숲 분포도 그리기 • 관악구와 동작구 주민들의 생활모습과 주요경관에 대한 비디오 시청하기
우리 마을의 역사를 알자	• 신림동의 천연기념물, 굴참나무를 견학하고 역사적 배경 이해하기 • 봉천동 낙성대를 견학하고, 역사적 의미를 이해하기
우리 지역의 역사와 특징을 알자	• 서울역사박물관을 견학하고, 지역으로서의 서울을 이해하기 • 서울시청 홈페이지를 접속하여, 서울이미지 체험활동에 참여하기

IV. 시민성의 실현 II : 민족교육과 정체성의 문제

오늘날 근대사회에서 시민으로서의 자질은 민족국가라는 공간적 테두리에서 주로 사고되어왔다. 민족국가는 나의 의지와는 무관하게 숙명적으로 주어진 공동체라고 인식될 만큼 자명성을 그 특징으로 한다. 그래서 시민성을 추구하는 교과에서는 민족국가의 구성원으로 학습자들을 기르는 것이 당연시되어왔다. 민족국가는 시민들이 소속감을 가지는 가장 강력한 사회단위였다. 이러한 근대사회의 기본 정향은 종종 국가주의에 매몰되는 한계상황을 낳기도 했다.[11] 즉, 개인의 자율성은 국가 전체의 이익과 상반된 차원으로 고려되기도 했다. 이른바 전체주의 사회에서 개인의 보편적 인권이 유보되는 상황까지 있었다. 그러나 최근 근대사회 전반의 탈권위주의화 혹은 민주화 추세, 자본과 노동의 글로벌화라는 현실 속에서 전체주의적 사고방식은 퇴조의 길을 걷고 있다.

글로벌화의 현실은 민족국가의 위상을 상대화시키고 있다. 물론 이 지구상에서 가장 강력한 정치적 경계는 여전히 국경이라고 볼 수 있다. 하지만 일상생활이나 경제활동의 양상을 보면, 국경을 초월하는 경우가 허다하다. 특히 정보화 사회의 도래와 더불어, 일상적인 생활문화에 있어서는 급격한 변화를 겪고 있다. 상품과 정보가 민족국가의 경계를 초월하여 지구적인 규모에서 상호작용하고 있고, 이것이 개인의 실존적 처지에까지 영향을 주고 있다. 즉, 개인의 취향이나 욕구에까지 지구적 규모에서 작동하고 있는 기호(sign)가 관여하고 있는 실정이다(예컨대, 맥도날드 · 스타벅스). 이러한 현실 속에서 민족교육의 위상은 재검토가 불가피하다.

---

11 姜尙中,「국민의 심상 지리와 탈국민의 이야기」, 코모리 요우이치 · 타카하시 테츠야 엮음, 이규수 역, 『국가주의를 넘어서』, 서울: 삼인, 1999, pp.180-197; 四川長夫, 『國民國家論の射程』, 윤대석 역, 『국민이라는 괴물』, 서울: 소명출판, 2002.

글로벌화 시대에 있어서 민족교육은 크게 두 가지 오류를 가질 수 있다. 하나는 '우리 것이 최고다'라는 구호 속에서 과거 지향적 민족주의가 강화되는 경향이고, 다른 하나는 민족주의에서 탈피하여 하루 빨리 '세계화'의 흐름에 동참하자는 입장일 것이다. 전자의 경우, 민족교육의 강화를 주장하지만 다른 민족과의 관계 설정에서 문제가 나타날 수 있다. 다른 민족과의 영역적 차별화 과정에서 배타성이 생길 수 있다. 이른바 배타적 영역성이 추구되기 때문에, 민족 간의 갈등문제를 해결할 때 난점이 발생할 수 있다. 민족 내부의 동일성을 지나치게 강조하면서, 일종의 '순수 혈통주의'로 흐르고 민족 외부를 타자화시킬 수 있다. 한편, 후자의 경우, 탈민족주의 노선을 견지하면서 글로벌화 과정에서 주체성을 상실할 수 있다. 글로벌화에 동참하면서 그 중심세력에 포섭되어 탈주체화 될 가능성이 있다. 아울러 진정으로 글로벌화라는 것이 다양한 민족문화가 공존하는 양상임을 망각하고, 패권주의의 논리에 결박당할 수 있다.

현 단계 민족교육의 지표를 설정하자면, 어린이들이 민족사회의 구성원으로 정체성을 가지도록 하는데, 이 상황은 개방적 영역성의 견지에서이다. 여기서 개방적 영역성이란 '민족'이 소속감의 대상이면서 동시에 다른 민족과의 관계 설정에서 열린 자세를 가지는 것을 말한다. 다른 민족을 배타적으로 타자화하면서 우리 민족의 고유성을 찾는 것이 아니라, 영역적으로 차별화를 하지만 동시에 공존의 길을 모색하는 차원이다. 민족정체감을 가지면서 동시에 연대할 수 있는 계기가 확보되어 있는 상황이다. 아울러, 이러한 민족 고유성은 글로벌화라는 현실조건을 고려한 구도 속에서 발생한다. 단순히 국제화의 수준에서 민족 간의 교류를 모색하는 것이 아니라, 글로벌화라는 새로운 조건에서 민족정체성을 확보하는 문제이다. 글로벌화라는 조건은 개인들의 일상적인 생활

단위의 성질이 전지구적인 규모에서 결정되는 상황이다.[12] 개인들이 삶을 영위하는 국지적 장소(local place)가 민족국가의 틀을 고려하지 않더라도 곧바로 지구적인 규모의 영향력 아래에 놓이거나 그 영향력을 행사할 수 있다. 따라서 오늘날 민족적인 것의 내용은 민족 내부의 국지적인 차원에서부터 출발하여 그것이 지구적인 규모에서 가지는 고유성으로 조회되어야 할 상황이다. 민족의 내용이 자국민의 관점에서 임의적으로 선정되는 것이 아니라 공간스케일의 국면에서 살펴 그 고유성이 확보되어야 할 것이다.[13]

다음은 개방적 영역성의 차원에서 민족정체성 교육의 실제를 모색한 사례이다. 교육내용의 성격이 배타적 영역성의 견지에서 구성되는 아니라, 민족 간의 상호교류 차원에서 다루어지고 있다. 아울러 공간적으로 보건대, 국지적인 장소가 지구적인 규모에서 민족화 되는 양상을 학습의 소재로 삼았다. 사례 장소는 안동 하회마을이며, 이 공간이 지구적인 규모에서 고유성을 가진다는 것을 학습하도록 했다. 특히, 어린이들이 현장학습을 통해 민족적 장소를 체험하고 정체감을 가지도록 했다.

수업의 주제는 '엘리자베스 영국 여왕이 안동 하회마을에 간 이유는?'이며, 하회마을 현장학습을 통해 민족정체성의 형성을 추구하고 있다. 학습목표를 영역별로 제시하자면, 다음과 같다.

- 지식: 학생들은 하회마을 현장학습을 통해서 조상들의 생활양식을 이해할 수 있다.
- 기능: 학생들은 사진기, 녹음기, 필기도구 등을 활용하면서 답사를 하고, 소집단별로 협력하여 보고서를 작성할 수 있다.

---

12 S. Hall, New cultures for old, in D. Massey and P. Jess(ed.), *A Place in the World?: Places, Cultures and Globalization*, Oxford: The Open University Press, 1995, pp.175-213.

13 남호엽, 「공간스케일의 관점에서 본 민족정체성 교육」, 『사회과교육』, 34, 2001, pp.110-126.

• 태도: 학생들은 조상들의 생활양식을 이해하여, 그 문화적 가치를 판단하고 소중히 할 수 있다.

다음으로 수업의 전개 양상을 보자면 다음과 같다. 먼저 1차시는 학습문제를 확인하는 단계이고, 2차시는 현장학습단계이다. 3차시는 현장학습 결과의 정리 및 공유 그리고 학습문제해결을 추구하는 단계이다. 1차시의 도입단계는 생활 상태에서 학습 소재를 발굴하는 상황이다.

교사: 지난번에 우리나라를 방문한 여왕은 누구지?
아동: 엘리자베스 여왕입니다.
교사: 어느 나라 여왕이지?
아동: 영국이요.
교사: 여왕이 우리나라를 왜 왔지?
아동: 생일을 보내기 위해서요.
교사: 여왕이 우리나라에 와서 어디를 갔나요?
아동: 안동 하회마을, 서울 인사동 등이요.

다음은 전개 단계의 첫 번째 국면으로 학습 문제의 도출 상황이다.

(여왕이 한국에서 한 일을 나타내는 관련기사를 함께 보며 하회마을 방문 사실 도입)
교사: 여왕이 인사동이나 안동 하회마을을 간 이유는? 왜 하필이면 다른 곳에 가지 않고 그곳에 갔을까?
아동: ?!?!
교사: 자, 여왕이 갔던 곳 중에서 안동 하회마을의 모습을 살펴볼까? (슬라이드로 주요 경관들을 보여주며) 우리 학교 근처에서도 쉽게 볼 수 있는 모습인가요?
아동: 아니요.

교사: 여왕이 하회마을에 왜 갔을까?

아동: ???!!!

전개 단계의 두 번째 국면으로 사례 장소의 위치와 특색 파악하기 상황이다.

교사: 하회마을은 우리나라에서도 어디에 있을까? 지도를 통해서 확인해 보자.

아동: (우리나라 전도에서 안동 지역을 찾고, 안동 지역에서 하회마을을 찾아 색연
　　　필로 표시한다.)

교사: (다시 한 번 더 하회마을의 여러 모습들을 슬라이드로 보여준다.) 여왕이 하
　　　회마을에 간 이유를 알 것 같니?

아동: (다양한 반응을 보인다.)

　　다음 단계에서는 현장학습계획을 수립하며, 현장학습을 통해 여왕이 하회마
을을 방문한 이유에 대하여 추론하도록 한다. 2차시 현장학습을 수행할 때, 소
집단을 편성하고 다음의 학습지를 활용하도록 한다. 현장학습에서의 주요 내용
과 활동은 다음과 같다.

현장 학습지에는 다음의 내용이 실려 있고, 관련된 학습활동을 구조화한다.

① 하회마을에서 본 것은 무엇인가? (양진당, 충효당, 남촌댁, 북촌댁, 부용대, 만송정 등) 여
　　러분이 본 것은 언제, 누가 어떻게 사용한 것이었는가?

② 하회마을에서 생긴 읽을거리와 물건을 잘 보관한다.

③ 조별로 하회마을의 모습을 슬라이드 사진으로 찍는다.

④ 외국인을 만나면 말을 해 본다(간단한 인사와 where are you from?). 그 외국인의 모습,
　　어디서 왔는지를 기록한다. 일행 중에 한국 사람이 같이 있거나, 그 외국인이
　　한국말을 할 경우에는, 왜 하회마을에 왔는가를 질문하도록 한다. 우리나라 사
　　람들에게도 하회마을에 온 이유를 질문한다. 답변은 기록하고 녹음한다.

⑤ 현장학습이 끝나고 집으로 돌아와 하회마을에서 가장 기억에 남는 것을 기록한다. 왜 그것이 기억이 남는지 이유도 함께 기록한다.

⑥ 조별로 현장학습 보고서를 만든다. 슬라이드 사진, 인터뷰 녹음자료, 기록한 결과물 등을 잘 조합하여 구성한다. 이때 각자 하고 싶은 일로 역할분담을 한다.

한편, 현장학습에서 학습지 사용은 필수적인데, 그 이유는 매우 산만한 경험이 될 가능성이 높기 때문이다. 현장에서의 경험이 유의미하도록 학습지 과제를 수행하도록 하며, 그 학습지에 수록할 필수 구성 요소는 다음과 같다.

㉠ 하회마을에서 본 것은 무엇인가? 본 것은 언제, 어디서, 누가 어떻게 사용한 것인가?

㉡ 하회마을에서 생긴 읽을거리와 물건은 무엇인가?

㉢ 만난 외국인은 어느 나라 사람인가? 왜 왔는가?

㉣ 현장학습이 끝나고 집에 가서 하회마을에서 가장 기억에 남는 것을 기록한다. 왜 그것이 가장 기억에 남는가?

마지막으로 3차시의 교수학습활동을 보자면 아래와 같다. 먼저 도입 단계에서는 선행 학습, 즉, 하회마을 현장학습에서 보고, 듣고, 느끼고 배운 것을 이야기하도록 한다. 조별로 발표하는 과정에서 공유되는 것을 부각시킨다. 이후, 전개 단계에서 교사와 학생 사이 발문 상황은 다음과 같다.

교사: 사람들이 하회마을에 간 이유는 무엇일까?

아동: 볼거리가 많아서요.

교사: 어떤 볼거리지? 다른 곳에서도 쉽게 볼 수 있는 것인가?

아동: 아니요. 하회마을에 가야 볼 수 있는 것이지요.

교사: 그게 뭐지?

아동: 우리 조상들이 살았던 모습입니다.

교사: 외국인들이 하회마을에 온 이유는 무엇일까?

아동: 한국에서만 볼 수 있는 것을 보려고 합니다.

교사: 자, 그럼 여왕이 하회마을에 온 이유는?

아동: 가장 한국적인 것을 보려고 합니다.

위의 상황은 문제해결 추구과정이며, 그 다음 단계에서는 해결된 문제의 확대 심화를 모색한다.

교사: 여왕이 갔던 곳은 또 어디지?

아동: 서울 인사동이요.

교사: 그곳이 하회마을하고 비슷한 점은?

아동: 한국적인 모습, 우리 조상들의 생활모습이요.

정리 단계에서는 새로운 문제의 도출이 추구되며, 이는 다음과 같은 교사의 발문 즉, '오늘날 우리 주변에서 안동 하회마을과 서울 인사동과 같은 모습을 쉽게 볼 수 있는가?'를 제기한다. 아울러, 쉽게 볼 수 없는 이유는 무엇인지 질문하면서 후속 문제 해결의 실마리를 잡는다.

V. 결론: 문화 적절성을 고려한 지리교육의 실천

지금까지 시민성의 의미를 공간의 문제설정을 통해 논의하였다. 논의 결과, 시민성의 의미가 '정체성의 정치'와 '인권의 옹호'라는 측면에서 재개념화 되었다. 즉, 시민성의 의미가 관념적 수사에 머무는 것이 아니라 현실적 삶의 문제라고 보았다. 시민성은 생활세계에서 직면하는 소속감의 문제로 그 의미가 다루어질 수 있으며, 소속감의 대상은 다양한 경우가 있다고 보았다. 시민은 여러 소속감을 통해 중층화된 존재이면서 동시에, 다른 존재와의 관계설정을 통해 정체성을 가지는 차원으로 규정하였다. 주체 내부에서 소속감의 대상이 다양하기에 개인들 각자의 정체성을 항상 다원적으로 사유해야 했다. 개인 내부의 여러 정체성들은 조화로운 관계를 형성하면서 시민성의 내용이 되었다. 아울러 개인 간 혹은 집단 간의 정체성들도 상호존중과 공존의 차원에서 관계를 맺고서 시민성의 내용이 되었다.

이렇게, 오늘날 시민성의 문제는 정체성의 문제로 치환되면서 학교지리교육의 성격을 변모시키고 있다. 역사적으로 보건대, 지리교육은 근대사회의 합리화 차원에서 출발하였다.[14] 격동하는 사회에서, 학습자들이 능동적으로 적응할 수 있는 사회적 효율성의 견지에서 교과가 정당화 되었다. 근대사회 속에서 살아갈 원만한 사회적 개인의 육성이라는 측면에서 지리교육의 존립 근거를 찾았다. 이때 원만한 사회구성원 혹은 시민이 살아갈 공동체는 주로 민족국가라는 공간단위였다. 다른 생활단위는 민족국가에 종속되는 상황이었고, 엄밀히 말하자면, 지리교육을 통해 '국민'을 형성시키고자 했다. 그런데, 오늘날 인류의 삶의 조건들은 글로벌화 시대를 맞이하여 질적으로 변모하고 있다. 개인들 각자가 처해 있는 구체적 현실이 시민성의 조건으로 부상하고 있다.

과거의 시민성 교육이 집단에 충실히 기능하는 효율성의 주체를 기르고자 했다면, 오늘날은 개개인들이 자신들의 삶 속에서 시민 주체로 설 수 있도록 하

---

14   B. Marsden, The place of geography in the school curriculum: An historical overview 1886-1976, in Tilbury, D. and M. Williams(ed.), *Teaching and Learning Geography,* London and New York: Routledge, 1997, pp.7-14; R. Walford, *Geography in British School 1850-2000,* London: Woburn Press, 2001.

고 있다. 시민으로서의 소양은 관념적 주입의 대상이 아니라, 학습자가 생활세계에서 직면하는 문제들을 합리적으로 해결하는 과정에서 터득된다고 본다. 학습자 개개인이 처해 있는 일상의 조건들이 적극적인 검토 대상이며, 이러한 조건들은 공간적 맥락을 가지고 있다. 즉, 포함과 배제의 국면을 통해서 소속감 혹은 정체성이 형성되는 과정에 주목해야 하며, 그러한 과정 속에서 어떤 입장을 추구해야 하는가가 관심거리이다. 따라서 앞으로 학교지리교육은 학습자를 둘러싼 일상성에 관심을 기울여야 하며, 그 일상성 속에서 시민성이 발현될 수 있도록 하는 것이 중요하다.[15] 요컨대, 학습자가 시민으로서 성장해 나가는 데 있어서 관계되는 문화적 맥락에 대한 고려가 필수적이며, 이러한 측면에서 지리교육의 논리가 재개념화 되어야 할 것이다.

---

15 박승규·김일기, 「일상생활에 근거한 지리교과의 재개념화」, 『대한지리학회지』, 36(1), 2001, pp.1-14; 송언근, 「'지리하기'로서 지리교육의 구성」, 『한국지리환경교육학회지』, 11(2), 2003, pp.1-16; 심광택·박승규, 「'경관'과 '기호' 표상을 활용한 지역학습」, 『대한지리학회지』, 34(1), 1999, pp.85-90.

02

지리교육에서 장소학습의 의의와 접근 방식

Ⅰ. 서론

학습자와 교과공부 사이 괴리의 극복 문제는 지속적인 관심거리이며, 지리교육에서도 예외는 아니다. 학습자가 교과공부에 헌신하는 상황은 교과교육자의 영원한 숙제이며, 지리교육에서도 마찬가지이다. 지금까지 지리교육에서 학습자와 교과공부 사이에 괴리가 발생한 이유는 크게 두 가지 측면에서이다. 먼저, 학습자에게 지리적 사실을 나열적으로 제시하여 암기의 고통을 준 경우가 있다. 이 경우는 개념적인 지식을 다루지 못하여 교육내용의 진정성 측면에서 문제가 있으며, 학교지리가 암기교과의 전형이라는 인상을 남겼다. 다음으로, 지리교육에서 개념적인 지식을 가르치려고 하지만, 지리학의 계통성을 지나치게 강조하는 경우이다. 지리교육은 지리학의 응용 분야로 간주하고, 학습자와 교육내용 사이 관련성에 대한 고려가 취약하였다.

전통적으로 지리교육이 가지고 있는 두 가지 맹점을 극복하면서, 지리교육의 본질을 추구하려는 움직임이 있다. 영어권에서는 국가 교육과정 운동(National Curriculum Movement)을 통하여 지리학과 학교지리(school geography) 사이에 구별 짓기를 수행하였다. 학교지리는 지리학과 상대적으로 구별될 수 있는 변별적 자질이 있으며, 이것의 근거는 바로 교육의 논리에 있다. 지리학의 성과 그 자체가 교육내용으로 가져와질 수 없으며, 일정한 변형 혹은 선택과 집중이 불가피하다는 것이다. 다른 학문 분야와 달리 대단히 종합적인 성격을 가지고 있는 지리학의 특성상 교재의 정선화와 구조화는 필연적인 것이다. 학교지리의 독자성을 추구하는 움직임은 지리학계의 헤게모니 경쟁에 따른 부산물이라기보다는 교육받은 인간상을 고려한 이성적 선택의 상황이다. 오늘날 학교교육에서 길러야 할 교양인의 관점에서 지리학의 연구 성과는 교육적으로 여과된 상태에서 '교육과정의 형식'으로 학습자를 만난다.

이 연구는 학교지리의 정체성을 찾아가는 여정에서 잠시 머물러 숙고한 결과이다. 학교지리의 정체성 찾기는 지리가 학습자의 삶을 풍요롭게 할 수 있다는 확신에서 출발한다. 진정으로 지리적 관점을 소유한 사람은 생활의 안녕(well-being)을 가진다고 본다. 그런데 문제는 무엇인가 하면, 학습자들이 태어나면서부터 지리적 관점을 가지고 있지는 않다는 것이다. 어린이들은 사회적으로 성장해 나가면서 지리적 관점을 형성하고 그 가치를 알아나간다. 동시에 어린이들은 본래적으로 지리적 관점을 획득하고 싶어 한다고 보기에도 어려움이 있다. 다시 말해서, 모든 어린이들이 지리적 관점을 형성하기 위해서 지리 공부를 하고 싶어 한다고 단정할 수 없다는 것이다. 이러한 현실은 무엇을 말하는가? 어린이들이 지리공부를 하고 싶어 하도록 교육자들이 모종의 조치를 취해야 한다는 점이다. 이는 다른 식으로 표현하자면, 어린이들의 마음상태가 어떠한지는 확인하고, 그 마음상태를 지리적 관점의 맥락에서 발달시키기 위해 노력을 기울인다는 것이다.

학습자의 마음상태에 대한 이해에서 출발하여 학교지리의 논리를 찾는 과정은 '발생론적 지리교육론'에서 더욱 세련화된 모습을 보인다. 지리교육에서 발생론적 시점의 체계화로 일본의 지리교육학자 타케시 사이토의 사례를 언급하고자 한다.[1] 사이토에게 지리교육론은 지리학에만 의존할 수 없다. 교육학, 현상학적 철학, 아동심리학, 문화인류학, 자연과학교육론 등의 지식도 필요하다. 발생론적 지리교육론은 인간주의 지리학이 포괄적인 기초가 되는데, 그 이유는 '세계상'(世界像)이라는 의미 때문이다. 발생론적인 시점에서 볼 때 어린이는,

> "장소(place)에 대한 다양한 경험을 통해서 자신의 '지리(geography)'를 획득하고, 자신의 행동 공간(behaviour space)을 확장한다. 이러한 과정을 거치면서 비로소 아동은 자신의 세계상을 형성하게 된다."[2]

이렇게 볼 때, 어린이의 지리적 관점은 그 어린이의 생활공간, 즉, 특정한 장소들로부터 발달의 궤적을 밟는다고 말할 수 있다. 요컨대, 지리학자들의 지리적 관점만 고려하여 학습자에게 강제하는 것이 아니라, 그러한 지리적 관점을 어린이의 마음속에 잉태시키기 위한 모색 속에서 교육적 의미를 찾을 수 있다는 것이다. 여기서는 어린이들이 지리적 관점의 소유자로 성장해 나가는 과정에서 합리적인 길잡이 역할을 하는 것이 지리교육이라고 보고, 이러한 지리교육의 접근 방식을 구체적 사례를 통하여 탐색하고자 한다. 지리학자들의 연구성과를 성급하게 학습자에게 전달하는 것이 아니라, 학습자의 현실적인 삶의 과정과 접속할 수 있는 양상을 포착하고자 한다. 이러한 의도를 실현하는 과정에서, 장소학습(place-based learning)의 의의와 접근 방식을 살펴보고자 한다.

---

1 齊藤 毅, 최원회 역, 「최근 일본에 있어서의 지리교육 방법론에 관한 발생론적 시점의 전개」, 『熊津地理』, 14, 1988, pp.59-63.

2 최원회 역, 같은 논문, p.61.

II. 장소학습의 배경: 근대교육의 상대화

장소학습이라는 용어가 널리 사용되고 있지는 않지만, 장소 기반 교육(place based education), 장소의 페다고지(pedagogy of place) 등과 같은 담론에서 동질적인 흐름을 확인할 수 있다. 교육학 담론에서 장소에 주목하고 있는 조류를 검토하자면, 학습자가 처해 있는 일상성을 고려하면서 그 교육적 의의를 탐색하고 있음을 알 수 있다. 이때 학습자를 둘러싼 상황성, 지리적 맥락성에 주목하는 이유는 기존의 교육 패러다임이 표준화된 "무장소"(placelessness)의 교육과정을 학습자에게 강제한 측면이 문제가 있다고 보기 때문이다. 즉, 학습자와 관련하여 교육적 적절성을 견지하는 것이 필요하다는 문제의식에서 출발하고 있다.

먼저, 장소의 페다고지론을 살펴보자면, Gruenewald의 경우가 대표적인데,[3] 이는 학습자로 하여금 총체적 환경 속에서 살아갈 때, "잘 사는"(living well) 방법을 가르쳐 주는 물질적 장소들을 확인, 회복, 그리고 창출하는 데 그 목표를 두고 있다. 여기서 "잘 산다는" 것은 사람들이 자신의 삶터에 임시적으로 체류하는 것이 아니라, 그 삶터를 하나의 장소로 보면서 그 장소와 직접적이고도 유기적인 관계를 맺는 상태이며, 이를 '재거주화'(reinhabitation)라고 부른다. 재거주화의 경지는 장소에 관한 상세한 지식과 관찰 능력 그리고 돌봄과 뿌리 내림에 대한 의식을 함께 한다.[4] 요컨대 장소의 페다고지는 사람들이 현실적으로 거주하고 있는 사회적·생태적 장소들의 안녕(well-being)을 직접적으로 고려하도록 하는 시민 교육의 접근 방식이다.

장소의 페다고지가 장소의 교육적 의의에 대해 논의하고 있다면, 장소-기반

---

3   D. A. Gruenewald, The best of both worlds: a critical pedagogy of place, *Educational Researcher*, 32(4), 2003, pp.3-12.

4   D. W. Orr, *Ecological Literacy*, Albany: SUNY Press, 1992.

교육의 경우 보다 구체적인 실천 프로그램을 제시하고 있다. 장소 - 기반 교육은 특수한 장소들의 독특한 특성에 주목하면서 학교와 학생들의 삶 사이에 생기는 간극을 극복하려고 한다.[5] 국지적 현상과 학생들의 생활 경험 속에서 학습을 추구하면서, 학생들과 그들의 삶의 공동체 즉 지역을 연결하려고 한다. 이러한 장소 기반 교육의 실천 전략을 보자면, 지역의 문화 연구, 지역의 자연 연구, 지역사회의 쟁점 탐색과 문제해결, 지역 인턴십과 취업 기회, 지역사회 의사결정으로의 안내 등이 있다. 장소 기반 교육의 전략을 볼 때, 교육과정의 지역화 프로그램과 유사하다는 것을 알 수 있다. 학습자의 생활공간이 간직하고 있는 의미의 세계를 적극적인 인식의 대상으로 삼고 있기 때문이다. 실제로 장소 기반 교육의 구체화 하는 과정, 즉, 교육과정을 개발하는 과정은 지역 교육과정(local curriculum)으로 직결하고 있다.[6] 이렇게 장소 기반 교육은 학습자가 직접적으로 살아가고 있는 삶터 속에서 실재 세계를 대면하고 그 의미와 가치를 탐색하도록 의도하고 있다.

장소의 교육적 의의를 논의하고 그 실천 전략을 사고하는 흐름들은 지리적 관점에서 시민성 교육의 접근 방식을 사유하는 입장에서 더욱 선명한 모습을 보인다.[7] 이러한 선명성은 장소 교육의 철학적 정당화와 포괄적 실천 전략의 구상에서 머무는 것이 아니라, 구체적인 교육내용을 구조화하고 있는 것에 기초한다. 지리적 관점이 시민성 교육의 목적 실현에 기여할 수 있는 논리적 정당화

---

5   G. Smith, Place-based education: learning to be where we are, *Phi Delta Kappan,* 83, 2002, pp.584-594.

6   S. E. Wither, *Local Curriculum Development: A Case Study,* Paper presented at the Annual Meeting of the AERA, Seattle, WA, 2001, April 10-14, ED 456022; North Central Regional Educational Laboratory, *Sense of Place Curriculum Framework,* 1995, ED 396 893.

7   N. Helburn, The geographical perspective: geography's role in citizenship education, in R. E. Gross & Dynneson, T. L.(eds.), *Social Science Perspectives on Citizenship Education,* London and New York: Teachers College Press, 1991, pp.116-140.

와 더불어 교육내용의 선정 사례를 제시하고 있는데, 공간과 장소의 문제를 정식화하고 있다. 특히 장소를 중심으로 효과적인 시민성 교육을 위한 동기부여를 모색하고 있다. 집에 대한 애착, 지역에 대한 소속감, 조국에 대한 사랑, 어머니로서 지구에 대한 관심 등은 지리로부터 배울 수 있는 감성들이다.[8] 이러한 감성들은 이성과 열정이 함께하는 마음 상태이며, 기본적으로 장소 - 애착(place-attachment)의 모습이다. 그런데, 이러한 장소 애착이 제노포비아와 같은 편협한 마음으로 귀착해서는 곤란하다. 내부적으로 장소에 대한 사랑을 통해 소속감을 가지면서, 동시에 외부의 시선으로 장소를 상대화해 볼 수 있는 유연함이 필요하다. 요컨대, 다양한 공간스케일에서 장소를 이해할 수 있는 시도가 이루어져야 하며, 이는 집과 이웃에서 출발하여 지역과 민족을 거쳐, 하나의 총체로서 세계를 사고할 수 있는 데까지 도달해야 할 것이다.[9]

장소 교육의 논리는 국가 교육과정 문서 『삶을 위한 지리학』에서 보다 정교한 모습을 보이고 있다. 이 교육과정 문서에서는 지리학을 인간, 장소, 그리고 환경에 대한 연구 분야로 규정하고 있다. 특히 공간과 장소 사이의 관계를 추론하면서 장소의 의미를 구체화하고 있다.

> "공간은 지리의 드라마가 펼쳐지는 환경 무대이고, 장소는 그 행위가 일어나는 환경 무대에서의 특수한 지점들이다. … 장소는 자연적이고 인문적인 의미를 부여받은 공간이다."[10]

---

8   N. Helburn, 1991, p.135.

9   같은 책, pp.134-8.

10   National Geography Standards Project, *Geography For Life,* Washington, D.C.: National Geographic Research & Exploration, 1994, pp.31-32.

아울러 교육과정에서 장소 교육의 내용을 다음과 같이 정식화 하였다.

"개인과 사람들의 정체성과 삶들은 특수한 장소와 지역이라고 부르는 곳에서 뿌리
내린다. 지리적으로 정통한 사람은 장소들의 자연적이고 인문적인 특성들을 알고
이해한다. 지리적으로 정통한 사람은 사람들이 지구의 복잡성을 해석하기 위하여
지역들을 창출한다는 것을 알고 이해한다. 지리적으로 정통한 사람은 문화와 경험
이 장소와 지역에 대한 사람들의 지각에 영향을 주는 방식을 알고 이해한다."[11]

이 교육과정에서는 장소를 삶의 터전으로 규정하고, 이 터전이 간직하고 있
는 의미의 세계를 학습자들이 이해하도록 하고, 더 나아가 장소 속에서 살아가
고 있는 인간 자신에 대한 이해까지 도달하도록 교육내용을 입안하고 있다. 지
리교육과정에서 장소에 주목하고 있는 상황은 비교적 최근에 와서이다. 지리사
상사에서 계량혁명 이전에 이미 장소에 주목하였으나 인간주의 지리학, 현상학
적 지리학에 의해 연구의 재개념화가 이루어지고, 최근 비판 지리학 및 신문화
지리학 진영에서 개념의 세련화가 더욱 진행되고 있다.[12] 지리교육과정이 지나
치게 계통지리학의 체계에 종속된 모습에서 벗어나서 보다 교육적인 관점에 서
려는, 그래서 학습자의 삶을 위한 지리가 될 수 있는 상황으로 변화하고 있다.
이렇게 장소 교육에 대한 관심이 고조되고 있는 것은 지리학 자체의 변신, 지배
적인 교육 패러다임에 대한 반성 등을 배경으로 하고 있다.

지금까지 살펴본 바와 같이 장소의 교육적 가치는 근대 교육에 대한 비판적

---

11   National Geography Standards Project, 1994, p.34.

12   N. Castree, Place: connections and boundaries in an interdependent world, in Holloway, S. L., Rice, S.
      P. & Valentine, G.(ed.), *Key Concepts in Geography.* London: Sage, 2003, pp.165-185; P. Claval &
      Entrikin, J. N., Cultural geography: place and landscape between continuity and change, in G. Benko
      and U. Strohmayer(ed.), *Human geography: A History for the 21st Century,* London: Arnold, 2004,
      pp.25-46.

지양의 모습을 취하고 있다. 학습자의 삶과 교과공부 사이의 지나친 괴리를 극복하고자 하는 교육자 집단들에 의해서 장소 교육의 논리와 실제가 모색되고 있다. 이러한 움직임은 지리교육계 내부에서도 마찬가지이며, 장소의 중흥 시대이다. 물론, 근자에 와서 인류지성사가 공간으로의 전환(spatial turn), 문화로의 전환(cultural turn)으로의 노정을 밟고 있는 것도 포괄적인 배경으로 작동하고 있다. 근대사회의 획일성, 표준화, 무장소성 등과 같은 부조리를 교육의 과정에서 극복하고자 하는 시도가 장소 교육의 모습으로 나타나고 있는 것이다. 이때 장소는 앞서 살펴본 바와 같이 학습자의 실존 공간이며, 학습자는 이 장소가 담고 있는 사회적 의미를 이해하면서 삶의 주체로서 성장해 나갈 수 있다.

Ⅲ. 장소학습의 정의와 목표: 스케일의 장소 이해와 실존적 내부성의 지향

이제 이 연구에서 사용하고 있는 장소학습의 정의를 개념화하고자 한다. '장소학습'은 일반교육(general education) 차원에서 회자되고 있는 장소-기반 교육(place-based education), 장소의 페다고지(pedagogy of place), 장소감 교육(sense of place education)의 가치 지향성을 공유하면서, 교육내용 및 교육방법의 접근 방식에서 보다 지리교육적인 맥락을 갖추고자 한다. 여기서 말하는 지리교육의 맥락은 장소의 의미를 장소학습의 논리적 차원과 심리적 차원으로 구별하여 규정하면서 장소 이해의 본질을 정식화하는 과정을 말한다. 장소학습의 논리적 차원은 최근 인문지리학의 장소에 대한 연구 성과에 주목한다.[13] 이 연구는 지리사상사에 대한 포괄적인 검토에 기초하여 장소에 대한 정의를 다음과 같이 내리고 있다.

---

13 N. Castree, Place: connections and boundaries in an interdependent world, in S. L. Holloway, S. P. Rice, and G. Valentine(ed.), *Key Concepts in Geography,* London: Sage, 2003, pp.165-185.

"장소는 가장 복잡한 지리학적 아이디어들 중 하나이다. 인문지리학에서 장소는 세 가지 의미가 있다: 지표상에서 한 지점; 개인과 집단 정체성의 궤적; 그리고 일상생활의 스케일. 최근까지, 장소에 관한 세 가지 의미 모두는 서로 다른 장소들이 불연속적이고 단일하다는 함의를 가진 '모자이크' 은유에 의해 형성되었다. 그러나 글로벌화의 시작으로, 장소에 관한 아이디어들을 다시 생각하는 것이 인문지리학자들에게 필수적이게 되었다. 이것은 글로벌화가 동질화 과정인 것처럼, 장소들이 동일해진다는 것을 함의하지는 않는다. 오히려, 그 도전은 장소 차이와 장소 상호의존성을 동시적으로 개념화하도록 했다. '연결 지점들'(switching point)과 '결절들'(nodes)이라는 은유는 우리들로 하여금 장소들을 독특하고 연관된 것으로 바라볼 수 있도록 한다."[14]

장소학습의 심리적 차원은 어린이의 직접적인 생활공간, 심리적 친밀감이 자리한 실존공간으로서 장소를 규정한다. 장소는 어린이의 일상생활이 펼쳐지는 곳이기에 학습자의 관심 및 흥미가 유발되어 있으며, 이는 학습이 일어날 수 있는 조건으로 작동한다. 이상에서와 같이, 장소학습의 논리적 차원과 심리적 차원을 기초로 하여 그 정의를 내리자면 다음과 같다. 장소학습은 학습자의 실존공간, 생활공간에서 장소를 선정하며, 그 장소의 의미를 스케일적으로 이해하도록 한다. 여기서 스케일적 이해는 장소의 사회적 의미를 이해하는 방법론이며, 수업활동의 기본 구조로 정식화한다. 학습자로 하여금 장소가 불연속적이고 단일한 것이 아니라, 관계의 일부임을 상호 연관된 일련의 흐름 속에서 고유성을 가지는 공간임을 인식하도록 한다. 아울러, 일상공간으로서 장소의 사회적 의미를 이해하였을 때, 이해 당사자가 가져야 할 윤리적 태도로서 시민성의 문제까지 고려하도록 한다.

---

14   N. Castree, 2003, p.165.

지리교육이 지표공간에 대한 이해를 추구한다고 할 때, 장소학습은 지표공간을 '장소'의 측면에서 인식하고자 한다. 학습자는 장소학습을 통하여 자신이 몸담고 있는 지표공간의 '사회적 의미'를 이해하려고 한다. 장소의 사회적 의미를 학습 목표 차원에서 보다 구체적으로 진술해 보도록 하자. 장소학습의 목표는 장소를 학습하고 난 뒤, 학습자가 가지게 된 마음상태라고 볼 수 있다. 현상학의 관점에서 장소를 연구한 사례를 보자면,[15] 학습자는 장소를 배운 후 학습자자신이 살아가고 있는 실존공간의 의미를 알고, 그 장소의 진정성을 찾고 가꾸어 나간다. 학습자는 무장소(placelessness)의 지리에서 탈주하여 장소(place)의 지리를 회복하도록 한다.

학습자가 장소를 이해한다고 할 때, 이러한 이해의 상황을 내부성과 외부성의 차원에서 유형화할 수 있다. 장소의 본질이 '외부'와 구별되는 '내부'의 경험속에 있기에, 장소 이해의 차원을 내부성과 외부성의 연속선에서 나눌 수 있으며, 그 구체적인 내용은 다음과 같다.[16]

실존적 외부성	자각적이고 깊은 생각 끝에 내린 무관심, 사람들과 장소로부터의 소외, 돌아갈 집의 상실, 세계에 대한 비현실감과 소속감의 상실
객관적 외부성	장소에 대하여 의도적으로 냉정한 태도를 취하는 경우, 장소의 공간 조직을 과학적인 방식으로 설명하는 객관적 장소의 지리학이 전형적이다(중심지 이론, 입지 이론 등).
부수적 외부성	장소는 활동을 위한 배경이나 무대에 지나지 않는 것이며 인간 활동에 대하여도 매우 부수적인 존재이다(비행기 승무원, 트럭 운전사가 방문하는 장소들).
대리적 내부성	간접적으로 깊이 마음에 남는 장소와의 관계 맺음, 문학과 예술을 통해 특정 장소를 경험하는 경우

---

15   E. Relph, *Place and Placelessness*, London: Pion, 1976, 김덕현 외 역, 『장소와 장소상실』, 서울: 논형, 2005.

16   같은 책, pp.116-128.

행동적 내부성	한 장소에 있으면서 신중하게 그 장소의 모습을 주목하는데, 내부의 형태와 구조 그리고 내용이 관심을 기울인다.
감정이입적 내부성	장소에 대한 관심이 외관상의 특성에 관한 것에서 점차 감성적이고 감정 이입적인 것으로 옮겨간다. 장소의 의미에 마음을 열고, 느끼고, 장소의 상징을 알고 존중하려는 마음이 있다(장소와의 동일시 상황).
실존적 내부성	이 장소가 바로 당신이 속한 곳이라는 사실이 암묵적으로 인지될 때 생긴다. 장소를 경험하는 사람은 그 장소의 일부가 되며, 장소 역시 그의 일부이다(농부와 토지의 관계).

위의 7가지 내부성과 외부성의 상태는 장소정체성의 유형들이며, 장소학습의 목표는 외부성에서 내부성으로의 지향이다. 장소학습은 학습자로 하여금 의미를 상실한 장소, 즉, 무장소의 상태에서 벗어나 장소의 진정성을 찾도록 한다. 장소의 진정성을 찾는 과정은 학습자들이 자신들의 장소를 가지면서 그 장소에 목적의식적으로 개입하는 상황, 즉, 장소의 주체로서 온전한 삶을 살 수 있도록 하는 상황이다.

한편, 장소학습은 타인의 장소에 대한 이해까지 나아간다. 나와 우리들의 장소만이 세상에 존재하는 것이 아니라 다른 장소에서 살고 있는 사람들이 있기 때문이다. 지표공간은 여러 개의 장소들이 서로 차별화되면서 영향력을 주고받는 상태임을 알 수 있어야 한다. 지표공간에 만들어진 장소의 차이들은 문화적으로 다름의 양상들이며, 각각의 장소가 간직하고 있는 문화들은 그 자체로서 고유성이 있고 또한 바로 그러하기에 서로 존중되어야 한다. 이른바 문화적 시민성의 교육을 사고할 때, 장소학습의 목표가 보다 선명해진다.

Ⅳ. 장소학습의 실제: 생활공간에서 본 삶의 의미

장소학습의 목표를 고려하면서 교육내용을 선정할 때, 가장 기본적인 출발점은 학습자의 생활공간에서 범례 장소를 발굴하는 것이다.[17] 장소학습의 교재를 전형성의 입장에서 구성하는 상황이다. 이때 범례 장소는 학습자의 생활세계에 자리하고 있는 국지적 장소(local place)이다. 국지적 장소가 중요한 이유는 이곳이 학습자의 직접적인 생활공간으로 친밀감이 있으며, 이후에 보다 확장한 공간스케일에서 지리적 현실을 이해할 때 출발점이 될 수 있기 때문이다. 국지적 장소는 다른 공간스케일과의 관련성이 있으며, 이러한 관계의 양상을 주요 인식의 대상으로 삼아야 한다. 지구촌 시각, 민족정체성의 형성 등과 같은 교육목표는 관념의 주입이 아니라, 학습자의 생활터전에서 구체적인 공간의 맥락 속에서 그 목표 추구가 이루어져야 하며, 이는 장소학습의 상황으로 구체화 할 수 있다.[18]

장소학습의 내용 선정에서 가장 기본적인 차원은 바로 '생활지리학습을 통한 장소감(sense of place)의 발달'이다. 학습자의 몸 가까이에 있는 지리적 실재를 인식하고 그 의미와 가치를 알도록 해야 하는데, 이는 장소감의 형성과 발달 상태이다. 예컨대, 학습자가 자신의 집에서 학교까지 가는 길을 심상도로 그려 보는 활동, 신변 주변의 지리적 현상을 관찰하고 그 의미와 가치를 사고하는 활동 등 일상생활에서 친숙한 공간을 낯설게 보면서 새로움을 발견할 수 있도록 한다.[19] 보다 확장한 공간스케일에서, 즉, 지역 이해와 지역정체성 형성을 위한 장소학

---

17   남상준 · 김정아, 「장소 중심 지리교육과정 구성 원리의 탐색」, 『한국지리환경교육학회지』, 13(1), 2005, pp.85-96.

18   A. Arenas, *If We Go Global, What Happens to the Local? In Defense of a Pedagogy of Place,* Paper presented at the Annual Meeting of the Comparative and International Education Society, Toronto, Canada, 1999, April, ED 434 796; J. Gill and S. Howard, *Somewhere to Call Home? Schooling and a Sense of Place and Belonging in an Increasingly Globalised World,* Paper presented at the Annual Meeting of the Australian Curriculum Studies Association, Canberra, Australian Capital Territory, Australia, 2001, September 29-October 1, ED 479 145.

19   김남수, 「환경교육 프로그램 개발의 실행연구」, 『교육인류학연구』, 6(2), 2003, pp.1-32.

습의 내용 선정을 구상한다. 지역은 앞서도 살펴보았듯이, 지리적인 파노라마를 인식하는 기본 단위이며 국지적 장소들의 융합으로 그 내용이 채워져 있다. 따라서 지역 이해를 도모할 경우에, 지역 내부의 국지적 장소들에 대한 이해와 지역 외부와의 관계에 대한 사고가 요청된다. 예컨대, 인천 지역을 이해한다고 할 때, 내부적으로 몇 개의 소규모 문화권에 주목할 수 있다. 개항 문화권, 부평 문화권, 문학 문화권 그리고 강화 문화권으로 나누어서 인천 지역의 문화적, 역사적 의미를 학습할 수 있다. 그리하여 개항 문화권을 학습할 때, 차이나타운과 조계지와 같은 장소가 주요 학습의 대상이다.

또한 국토 이해 및 민족정체성의 형성을 추구하는 과정에서도 국지적 장소에 주목한다. 예컨대, 영국의 엘리자베스 여왕이 안동 하회마을을 찾아간 이유를 알아 나가는 과정에서 장소학습을 구상할 수 있다. 여왕의 방문은 대중 매체를 통하여 널리 알려진 사실이고 이것을 매개로 학습자의 경험세계를 환기하고 난 뒤, 안동 하회마을이라는 장소 이해로 나아갈 수 있다. 하회 마을의 장소성과 그 의미를 탐구하는 과정에서 안동문화지역의 일부임을 확인하고, 나아가 이 지역이 한국문화의 주요 구성요소임을 확인하면서 국토 이해의 차원으로 발전할 수 있다. 요컨대, 민족문화 혹은 한국 문화라는 것은 관념적인 사변이 아니라 지리적으로 특정한 지역문화들에 기초하고 있음을 인식하도록 한다.

한편, 국지적 장소 학습을 통하여 국제적 시각, 지구촌의 관점을 형성시킬 수 있다. 예컨대, 역사적 장소로서 무령왕릉에 주목하면서, 백제 시대에 조상들이 동아시아 스케일에서 상호교류를 하면서 문화를 발전시켜 나갔음을 이해할 수 있다. 아울러, 서울 인사동을 장소학습의 대상으로 삼으면서 지구촌 시각을 갖출 수 있다. 현대적 도시인 서울 한복판에서 인사동이라는 장소가 가지는 고유성을 이해하면서, 이 장소의 가치가 지구촌 문화의 일부임을 확인할 수 있다. 학습자들에게 '왜 인사동의 스타벅스 가게는 한글 간판을 달았을까?'라는 문제를 제기하고 해결하는 과정에서 해당 장소의 문화적 의미를 지구촌 스케일에서 검토할 수 있다. 인사동은 전통이라는 요소에 기초하여 장소의 힘을 가지고 있으며, 이러한 힘은 지구적인 스타벅스 문화를 굴절시키고 있음을 인식하도록 한다.

보다 구체적으로 장소학습의 실천 사례를 제시하고 그 의미를 논의하고자 한다. 다음의 논의는 자서전적 사례연구의 형식을 취한다. 연구자가 직접 초등학교 현장에서 장소학습을 기획하고 실천한 결과를 해석적으로 논의하였다. 서울시 관악구 신림7동에 위치한 N 초등학교에서의 실천 사례이다. 장소학습 사례는 특별활동 시간의 향토연구반 운영 프로그램의 일부이다. 사례학교는 서울에서도 전형적인 빈민가에 자리하고 있으며, 어린이들은 자신이 살고 있는 터전에 애착심을 가지기에 열악한 공간에 살고 있다. 어린이들은 도시 재개발 지역에서 살고 있으며, 지역의 사회적 환경이 고향으로서의 소속감을 가져오기에는 어려움이 있는 곳이다. 이러한 한계에도 불구하고, 어린이들은 자신이 몸담고 있는 삶의 터전을 확인하고 바람직한 변화를 모색하는 과정에 서 있어야 한다는 것이 교사의 교육적 신념이었다. 요컨대, 어린이들은 자신들이 살고 있는 실존공간의 의미를 검토할 기회를 가지면서 고장 사람으로서의 정체성을 형성시켜야 한다는 것이다. 이러한 맥락에서 구체적인 장소학습의 프로그램으로, 마을에서 재래시장과 현대식 시장의 비교 체험활동을 시도하였다. 즉, 두 장소의 비교를 통하여 차이의 장소를 발견하고, 그 장소의 의미를 이해하도록 했다. 다음의 자료는 장소학습을 행하고 난 뒤, 한 어린이의 수업 소감문이다.

우림시장을 다녀와서

향토연구부에서 우림시장을 다녀왔는데, 그곳에 가서 많을 것을 알았다. 첫째, 세이브 마트와는 다르다는 것을 느꼈다. 재래시장은 아줌마들의 정이 품어 난다. 깎아 달라면, 잘 깎아 주신다. 두 번째는 아줌마, 아저씨들이 친절하시다. 물어보면 잘 설명해 주신다. 정말 좋으신 분이다. 이 밖에도 많은 것을 알았다. 우림시장에 또 가보고 싶다.

우림시장은 N 초등학교에서 가까운 재래시장이다. 어린이들과 그들의 가족 들이 몸담고 있는 생활공간의 일부이다. 익숙한 공간이지만, 장소학습의 대상 으로 다시 가서 그 특성을 확인하도록 했다. 우림시장과 세이브 마트 두 곳 모 두 시장이라는 경제활동 공간이지만, 양자 간에는 차이점도 있다.

우림시장은 전형적인 재래시장으로서 급격히 쇠퇴하고 있는 공간이며, 세이 브 마트는 현대적 시장으로 일상화된 곳이다. 흔히 재래시장이라고 하면, 지저 분하고 불편하며 복잡한 곳으로 사라져 버려야 공간으로 인식하기 쉬운데, 위 의 어린이는 재래시장이 간직하고 있는 인간적인 의미를 부각시키고 있다. 우 림 시장은 긍정적인 의미 부여의 장소이며, 이는 이 어린이가 살고 있는 삶의

터전을 동일시의 관점에서 보고 있음을 알 수 있다. 재래시장이 외부성의 공간이 아니라 내부성의 차원에서 또 가보고 싶은 애착의 장소로 규정되고 있다. 이렇게 장소학습은 학습자들의 생활공간에서 장소의 의미를 해석하고 바람직한 삶의 태도를 기르는 데까지 나아가는 것이다.

V. 결론

장소학습은 이미 지리교육의 역사를 통해서 널리 실천되어 왔다. 최근에 와서, 지리 교육과정에서 장소의 중요성을 강조하는 것과 별도로, 장소 기반 교육, 장소의 페다고지, 학습자에게 문화적으로 적절한 교육내용의 구성 등과 같은 조류에서도 장소학습의 접근 방식이 나타나고 있다. 학습자가 처해 있는 일상성에 주목하면서 사물화된 근대교육을 해체하려는 일련의 시도들 역시 포괄적으로 장소학습의 소중함을 일깨우고 있다. 장소학습은 학습자와 지리공부 사이의 괴리를 극복할 수 있는 실제적인 접근 방식을 제시해 주고 있다. 지리교육의 진정성은 학습자의 마음속에 지리적 관점이 얼마나 잘 형성되었는가의 측면에서 그 평가가 이루어져야 할 것이며, 이러한 목적을 실현하는 과정에서 장소학습은 의미 있는 시사점을 제공한다. 학습자들이 살아가고 있는 생활공간으로서 장소에 주목하기에 학습심리적인 의의가 있으며, 동시에 그 장소의 의미 자체가 지리적 사유의 내용이기에 교육 본연의 목표도 달성할 수 있다.

한편, 장소학습은 공간스케일의 관점에서 구체적인 접근 방식을 유형화할 수 있었다. 즉, 생활지리학습에 기초한 장소감의 발달, 국지적 장소의 이해에 기초한 지역정체성·민족정체성·세계시민성의 형성 등과 같은 지리교육의 테마가 장소학습을 통하여 접근 가능함을 검토하였다. 이러한 테마들은 일반 교육에서 추구하는 교육의 보편적 가치들인데, 가치의 보편성에 기대어 학습자의 입장을 간과하지는 않았는가를 반성하는 과정에서, 장소학습은 유효한 시사점을 주리라고 본다. 아울러, 장소학습은 대단히 포괄적으로 지리교육의 대상이라고 회자되고는 있지만, 그 접근 방식에서 구체성을 가지고 있지는 못한 것 같다. 여기서 논의한 바는 이러한 구체성의 확보를 위한 시작에 불과하다. 장소학습의 접근 방식을 보다 가시화 하면서 그 의미를 논의하는 것은 앞으로 지리 교육과정 개발, 지리수업의 실천 등과 같은 교육적 관행에 유익함을 제공할 것이다.

03

지역교과서 이해를 위한 문화기호학의 접근법

Ⅰ. 연구대상: 정체성 문제로 본 사회과 교육과정 현상

교육과정은 인간형성의 논리를 반영하고 있고, 특정 정체성의 형성과 무관하지 않다. 정체성의 형성이 가변적이고 단일한 속성을 가지지 않는다고 볼 때, 이는 정치적인 사안이다. 본래적으로 교육과정이 특히 사회과 교육과정이 정치적인 속성을 가진다고 볼 때, 교육인간상의 모색은 '정체성의 정치' 문제이다. 요컨대 정체성의 문제로 교육과정을 탐색하는 과정은 사회과에서 추구하는 인간상의 정립과 관련성을 가진다.

학교 교육과정을 보면, 사회과라는 교과교육을 통해서 기르고자 하는 인간상을 명시적으로 제시하고 있다. 사회과 교육목적론으로서 지위를 가지는 시민성의 모습을 구체적인 맥락으로 드러내 보이고 있다. 교육부에서 공시한 제7차 사회과 교육과정의 경우를 살펴보자.

"사회과는 사회 현상을 올바르게 인식하고, 사회 지식 습득과 사회생활에 필요한 기능을 익히며, 민주 사회 구성원에게 요청되는 가치와 태도를 지님으로써 민주 시민으로서의 자질을 육성하는 교과이다. … 사회과는 지리, 역사 및 제 사회과학의 개념과 원리, 사회 제도와 기능, 사회 문제와 가치, 그리고 연구 방법과 절차에 관한 요소를 통합적으로 선정, 조직하여 사회 현상을 종합적으로 이해하고 탐구한

다. … 특히, 사회과에서는 우리의 삶의 터전인 국토의 이해를 바탕으로 우리 민족
의 역사와 활동에 대한 종합적인 파악과 우리의 현실에 대한 역사적인 시각에서의
이해 및 한국인으로서의 민족적 정체성과 세계 시민으로서의 가치 · 태도 등에 관
한 요소를 중시한다."[1]

사회과는 사회현상에 대한 인식을 바탕으로 하여 한국인으로서의 정체성과
세계시민으로서의 자질을 기르도록 했다. 다시 말해서 사회과를 배운 학생은
한국인임과 동시에 세계시민으로 성장하도록 의도되고 있다. 입안된 교육인간
상은 교육내용과 교육방법을 통해 구체화되면서 학습자의 정체성을 구성한다.
이른바 교육과정은 문화적 인공물로서, 정체성의 드러냄과 구성을 촉발한다.[2]
교육과정이 실행되어 세계시민, 민족 및 지역사회의 구성원으로서 특정 정체성
을 가지도록 한다. 학습자들은 사회과를 배우면서 여러 개의 정체성들을 가지
게 되는데, 그 정체성들이 교육적인 측면에서 일정한 관계를 가진다. 정체성들
사이에 이루어지는 교육적인 관계설정은 정체성의 정치 차원이며, 학습자의 소
속 공동체가 당면한 문제 그 자체에 의해 조건화된다. 따라서 사회과교육이 추
구하는 인간상을 정체성의 정치 상황으로 검토하는 작업이 요청된다.

사회과교육이 추구하는 인간상이 교육내용으로 입안될 때, 전형적인 매체
는 교과서이다. 얼마전까지만 해도 우리나라의 경우 국정교과서 제도이고, 강
제력은 더욱 크다. 그런데, 초등학교 3학년과 4학년의 경우, 교육부가 발행하
는 교과서 이외에 각 지역(광역시와 도) 교육청별로 별도의 교과서를 발행하고 있
다. 교육과정의 지역화와 그에 따른 지역교과서 발행을 통해서 지역사회 구성

---

1   교육부, 『초등학교 교육과정』, 국정교과서주식회사, 1997, p.149.

2   W. A. Reid, Curriculum as an expression of national identity, *Journal of Curriculum and Supervision*, 15(2), 2000, pp.113-114.

원으로서의 자질 육성을 추구하고 있다. 사회과 지역교과서는 교육받은 지역인의 모습을 가정하고서 만들어진다. 이때, 지역교과서 개발자들은 그 지역에 대한 이해를 바탕으로 하여 교육성과를 생각한다. 지역에 대한 이해는 다양한 지역담론으로 재현되며, 지역교과서 개발과 무관하지 않다. 담론이 '언급되고 글로 쓰여진 것들'이라고 할 때,[3] 지역담론은 지역에 대해 언급하고 쓰여진 일련의 의미체계이며, 지역교과서 집필자에게 특정한 맥락(context)을 제공한다. 그리하여 나아가 지역교과서 그 자체가 하나의 지역담론이라고 말할 수 있다. 지역교과서는 교육의 안목에서 재현된 지역담론이며, 지역적인 의미 관계를 끌어안고 있는 문화적인 텍스트이다. 본 연구에서는 문화적인 텍스트로서 지역교과서에 대한 이해작업을 추구한다. 문화적인 텍스트로서 지역교과서가 소위 지역적인 것의 의미를 드러내는 방식을 검토하는데, 특히 민족정체성과 지역정체성의 관계국면에 초점을 두고서 살펴본다.

현행 사회과 교육과정에서 지역교과서를 개발할 때, 각 지역 간의 상보적인 관계가 고려되고 있는지 확인된 바 없다. 각 지역의 자율에 바탕하고 있으며, 국가 수준의 교과서와 대비해서 가지는 위상도 검토되고 있지 않다. 물론 지역교과서 개발 지침에서 권고사항으로 제시되고는 있으나 실제로 발행된 교과서가 그러한 권고를 반영하고 있는지는 확인되고 있지 않다. 현실적으로 각 지역교과서에서 지역적인 것의 의미를 드러내는 방식에서 다양한 차이를 나타내고 있다. 이러한 현실적인 상황은 그대로 두어야 할 사안이라기보다는 교육과정 의사결정의 관점에서 숙고되어야 할 대상이라고 판단한다. 왜냐하면 사회과를 학습한 어린이들은 단지 각 지역의 구성원으로만 살아가는 것이 아니고, 또한 자신이 살고 있는 지역을 외면한 채 한국인으로 살아가는 것도 아니기 때문이

---

3   C. H. Cherryholmes, *Power and Criticism: Poststructual Investigations in Education,* New York: Teachers College Press, 1988, 박순경 역, 『탈구조주의 교육과정 탐구: 권력과 비판』, 서울: 교육과학사, 1998.

다. 따라서 민족정체성과 지역정체성의 관계 설정이라는 정체성의 정치 상황이 교육과정 의사결정 사태가 되면서 연구과제로 떠오른다.

Ⅱ. 분석 준거: 교육의 논리에 따른 민족정체성과 지역정체성의 관계설정

교육과정 의사결정이라는 정치과정에 위치한 정체성 문제에 대해 논의를 전개해 보자. 교육받은 인간상을 고려할 때, 정체성 구성의 여러 스케일들이 어떻게 다루어져야 할까? 이 문제의 가장 추상적인 문제설정은 교육의 과정에서 시민성과 정체성의 관계를 어떻게 설정할 것인가로 등장한다. 앞서 언급하였듯이, 학습자가 소속한 사회 내부에서 제기되는 특수한 과제들과 인간 사회의 보편적 가치들 사이의 관계 설정 문제이다. 학교교육을 통해서 시민적 자질을 기른다고 할 때, 자칫 추상적인 가치나 덕목들을 탈맥락적으로 강제할 가능성이 있다. 학습자가 속한 현실의 맥락을 배제한 채로 시민성 개념을 추상화하면서 내면화를 시도할 수 있다. 그런데 이러한 시민성 교육은 학습자 개개인이 관련된 삶의 문제들, 구체적인 삶의 과정에서 제기되는 시민적 권리와 의무의 문제를 다루고 있지 못하기에 결국 교육의 실패로 치달을 수 있다. 즉, 다원주의 사회가 직면한 갈등의 문제를 주변화하면서 추구되는 교육은 시민성의 이상과 현실 사이 괴리 문제가 발생하여 비교육적인 상황을 낳는다는 것이다. 교육과정을 통해서 시민이 직면하는 공적인 쟁점을 다루어 적절하고 조화로운 이해를 도모할 필요성이 제기된다.[4] 즉, 학습자의 삶의 현실에 뿌리내린 정체성의 문제

4　R. Gilbert, Education for citizenship and the problem of identity in post-modern political culture, in Ahier, J. & Ross, A.(ed.), *The Social Subjects within the Curriculum: Children's Social Learning in the National Curriculum,* London: The Falmer Press, 1995, pp.11-30; K. Crawford, Citizenship in the primary curriculum, in Ahier, J. & Ross, A.(ed.), *The Social Subjects within the Curriculum: Children's Social Learning in the National Curriculum,* London: The Falmer Press, 1995, pp.127-138.

상황에서 시민성의 함양이 모색되어야 한다는 것이다.[5]

시민성과 정체성 사이 관계를 교육적으로 감안할 때, 반드시 정체성의 측면만을 부상시키는 것은 아니다. 아무리 다원화된 사회라고 할지라도, 그 사회구성원들 사이에는 공존의 원리가 모색되어야 하기 때문이다. 물론 지금까지 근대사회는 정치적인 단일성을 과도하게 추구해 왔기 때문에 다문화 사회의 현실을 상대적으로 더 부상시킬 필요는 있다. 하지만 그것도 사회가 붕괴되는 상황으로까지 방치하는 것은 교육적으로 온당하지 않다. 교육은 기본적으로 사회재생산의 속성을 분명히 가지고 있기 때문이다. 따라서, 정치적인 동일시를 추구하는 시민성 교육과 다양한 문화적 동일시들을 인정하는 정체성 교육이 조화를 유지해야 한다.[6] 문화적인 동일시들을 교육적으로 고려함은 교육받은 인간상으로서 다중 정체성들(multiple identities)의 소유자들을 상정한다는 것이다. 더 이상 단일성의 이름 아래 차이들을 배제하거나 무리하게 통합하려는 것이 아니라, 문화적인 다수이면서도 정치적으로 하나됨을 모색한다.[7]

개별 사회의 문화적 특수성이 차이가 있기 때문에 정치적인 가치로서의 시민적 자질을 추구하는 양태가 다양할 수 있다. 더군다나 최근 글로벌화 시대의 도래와 더불어 시민성의 조건들이 변모하면서 여러 차원에 걸쳐 시민적 자질의 모습이 탐색된다. 소위 다차원적인 시민성이 검토되는데, 이를테면, 학습자들이 개개인의 발달을 도모하면서 동시에 공적인 행위를 수행하고, 공간적으로 확장하여 외부세계와 유대를 가지며, 시간적으로 과거와 현재 그리고 미래에

---

5 박승규, 「일상생활에 근거한 지리교과의 재개념화」, 한국교원대학교 대학원 박사학위 논문, 2000.

6 W. C. Parker, Democracy and difference, *Theory and Research in Social Education,* 25(2), 1997, pp.220-234.

7 W. C. Parker, Navigating the unity/diversity in education for democracy, *The Social Studies,* Jan/Feb., 1997, pp.12-17.

대한 인식을 추구하도록 한다.[8] 그런데, 현실적으로 교육의 과정에서 시민성과 정체성 사이 조화와 균형의 문제는 개별 사회들이 처해 있는 상태에 따라 여러 가지 모습을 보인다.

지구적인 규모에서 상호이해를 바탕으로 한 시민성을 모색하는 경우에서, 개별 민족국가 사회가 처해 있는 상태에 따라 접근 방식이 다르다. 외관상으로 공통적으로 글로벌교육(global education)을 표방하지만, 구체적으로 실천하는 과정에서는 서로 다른 매개고리들을 설정한다. 글로벌교육을 통해서 인류의 보편적인 염원을 교육적으로 의도하면서도 발 딛고 서 있는 국가적인 차원의 요구를 외면할 수 없는 것이다. 글로벌교육의 의미 규정에서 민족문화의 지속적인 영향은 고려할 매개변수이다. 즉 글로벌교육은 교육의 단순한 세계화가 아니고, 민족교육(national education)이 보다 지구적으로 방향 잡힌 모형의 발달이라고도 말할 수 있다.[9] 현실적으로, 미국의 지구촌 교육은 세계 여러 나라에 대한 이해를 통해서 보편성과 유사성을 인식하는 수준에 머무는데 비해, 영국과 캐나다의 경우는 세계적인 공통 관심사를 다루면서 문제지향적인 세계에 대한 행동개입을 추동하고 있다.[10] 지구촌 교육과정을 구성할 때, 접근 방식에서 서로 다른 문제설정을 하고서 해답을 모색하고 있는 것이다.

글로벌화 시대를 맞이하면서 오히려 민족문화의 정체성에 대한 관심이 고조되고 있다. 민족적인 경계의 견고함이 다소 완화된 것은 사실이지만 여전히 군사력에 의해 국경이 유지되고 있다. 민족국가 사회는 아직도 대부분의 인류가 살아가는 삶의 기본 단위인 것이다. 그렇다고 해서, 지구화의 영향을 외면할 수

---

8   J. J. Cogan and D. Grossman, Citizenship: The democratic imagination in a global/local Context, *Social Education,* 64(1), 2000, pp.48-53.

9   G. Pike, Global education and national identity: In pursuit of meaning, *Theory into Practice,* 39(2), 2000, p.71.

10   G. Pike, 같은 논문, p.67.

는 없는 상태에서 교육을 통한 민족정체성의 확립은 현안 문제가 되고 있다. 과거 국민국가의 형성과정에서 내부 통합의 이데올로기인 민족주의의 형성에 교육이 절대적으로 개입했다면,[11] 오늘의 상황은 다소 다른 국면을 맞이하고 있다. 외부적으로 다른 민족국가에 대해 배타적인 경계를 설정하는 것이 아니라 상호유대와 공존의 흐름을 인정하면서도 고유성을 중시하고 있다. 그런데 흥미로운 사실은 글로벌화 시대에 민족정체성의 방향을 설정함에 있어서도 민족사회 내부에서도 차이를 보이고 있다는 점이다. 이러한 현실은 정치적인 시민성과 문화적인 정체성들 사이에 관계를 설정하기가 결코 쉬운 문제가 아님을 보여주고 있다.

20세기 말 일본 교육계에서는 민족정체성에 대한 대안적인 관점이 논란이 되었다. 국가의 입장을 충실히 대변하는 문부성의 교육정책과 그러한 교육정책의 대상이 되고 있는 학생과 예비교사들의 입장이 서로 다르다는 것이다. 21세기 일본의 민족정체성 교육을 둘러싼 의미 규정에서 교육주체들 사이에 차이를 보이고 있다. 문부성의 정책에 나타난 민족관은 종족적 민족주의를 보여주는데, 국제화 정책에도 불구하고 다문화주의로 가고 있지 않다. 그러나 대부분의 중학생과 예비교사들에게 민족정체성은 사회적이고 문화적인 쟁점일 뿐이다. 민족정체성은 고정된 것이 아니라 가변적이며 개인이 선택해야 할 상황의 문제이고, 어떤 경우에는 더욱 상대화되어야 할 사인이기까지도 하다.[12] 일본 교육계에서 민족정체성에 대한 입장의 차이는 글로벌화라는 현실 조건의 변화에 대한 각각의 대응들이 단일하지 않다는 것을 보여주고 있다. 교육정책이 가정하

---

11 P. M. Defarges, *Introduction à la géopolitique,* Paris: Éditions du Seuil, 1994, 이대희 · 최연구 역, 『지정학입문: 공간과 권력의 정치학』, 서울: 새물결, 1997, p.31.

12 L. Parmenter, Constructing national identity in a changing world: perspectives in Japanese education, *British Journal of Sociology of Education,* 20(4), 1999, pp.453-463.

는 민족정체성의 모습과 학생 및 미래의 교사들이 사고하는 민족정체성의 경우가 엄연한 차이를 나타내고 있고 교육과정 의사결정의 문제가 되고 있다.

교육과정 의사결정 상황에서 국가적인 요구와 충돌하는 또 다른 사례가 있다. 1999년경 미국의 경우, 연방정부 차원에서 국가교육과정 표준안들을 제시한 것에 대해, 지방의 교육 세력들이 반발하였다. 일종의 '문화전쟁'이라고 은유되고 있는 상태인데, 추구하고 있는 교육적 가치가 상반되기에 갈등의 양상을 보였다. 국가 표준안의 지지자들은 글로벌화 시대에 국가경쟁력을 유지하기 위한 노동력 준비의 논리를 전개한다. 반대자들이 보기에, 국가 표준안들은 지방 세력들이 전통적으로 수행해온 교육 통제를 거세하려는 위협이다. 즉 시장의 논리를 반영하는 국가 표준안들이 동질화의 효과를 낳기 때문에 지방의 가치들과 정체성들이 손상된다고 본다.[13] 국가 표준안들에 바탕한 학교교육이 결국은 지금까지 존중되어 왔던 지방의 다양성들을 무시할 가능성이 있기에 반발하고 있는 것이다. 그런데 국가 표준안의 반대론자들은 정치적으로 지극히 보수적인 세력이며, 연방정부의 공교육정책에 대해 반발하고 있는 것이 주목할 사안이다. 반대논리는 교육을 국가가 독점하지 말고 학부모와 지방의 자율성을 보장하라는 진보적인 요구로 보인다. 하지만 이데올로기적 성격을 자세히 보면, 반대론자들은 기독교 중심의 전통 가치를 옹호하고 있다. 실제로 반대의 대상이 되고 있는 국가 표준안들 가운데 하나인 미국사 표준안(US History Standard)의 경우 다문화주의적인 성향을 보여주고 있고, 반발의 근거가 되고 있다.[14] 따라서 미국에서 국가 교육과정 표준안을 둘러싼 논점은 복합적인 상태를 보이는

13　C. D. Merrett, Culture wars and national education standards: scale and the struggle over social repro-
　　duction, *Professional Geographers,* 51(4), 1999, pp.598-609.

14　S. J. Foster, The struggle for American identity: treatment of ethnic groups in United States history
　　textbooks, *History of Education,* 28(3), 1999, pp.277-278.

것으로 나타난다. 반대론자들은 기독교적인 정체성에 근거하고 있으며, 찬성론자들은 대외경쟁력 강화라는 신자유주의 이데올로기에 기초하여 내부 동일성을 확보하려고 한다. 동시에 국가 표준안에서는 다문화주의적인 가치를 수용하고 있어 상대적인 진보성을 나타내고 있다.

미국에서 연방정부의 교육과정 정책과 상대적인 거리를 두고 있는 또 다른 사례로 하와이의 문화정체성 교육이 있다. 하와이는 본래 전통적인 문화가치에 근거하여 삶을 영위하였지만, 미국에 편입되면서 서구 가치의 수용이 일반화되었다. 하와이의 서구화를 재생산한 기제는 미국식의 사회과였고, 근대적인 삶의 원리가 강제되었다. 그러나 최근에 와서 하와이의 토착문화에 주목하면서 본래적인 문화정체성을 회복하려는 교육적 시도가 있다. 하와이의 고유성을 보여주는 장소, 고대 유적들, 역사적 사건들을 내용요소로 하여 교육과정을 구성하였다. 하와이인들의 가치, 지식, 행동, 장소감 그리고 정체성을 회복하고자 했다. 학교학습은 지역사회 공동체와 유기적인 관계를 맺고서 구체적인 활동을 통해 전개된다. 그리고 이러한 교육활동들은 공동체에 대한 헌신, 타인에 대한 사랑, 책임, 근면 등과 같은 보편적인 가치에 바탕하고서 지속가능한 하와이 교육을 모형화 한다.[15] 하와이의 문화정체성 교육은 사회과를 통한 시민성의 확보가 서구 가치를 강제하기에 이에 대한 반작용으로 등장하였다. 즉, 보편이라는 이름으로 다가서는 본토의 시민성 교육은 하와이의 특수한 문화적 가치를 주변화하고 배제하기 때문에 여기에 일정한 개입을 시도하고 있다. 다시 말해서 하와이의 정체성 교육은 서구의 가치와 구별되는 하와이 문화의 고유성을 보편적인 삶의 원리에 비추어 보존하고 재생산하려는 의도를 드러내고 있다.

지금까지 언급한 여러 사례들에서 발견할 수 있는 일반적인 차원은 정치적

---

15 A. J. Kawakami, Sense of place, community, and identity: bridging the gap between home and school for Hawaiian students, *Education and Urban Society,* 32(1), 1999, pp.18-40.

인 단일성의 확보와 문화적인 다양성의 존중이라는 두 측면을 조화롭게 하는 문제이다. 사회인식교육에서 정치적 시민성과 문화정체성 양자 모두를 고려하기 위한 교육과정 의사결정의 문제 사태이다. 문제의 해결 상황은 경우에 따라 다소 차이를 보이고 있으나 기본적인 논의구도는 유사하다. 정치적인 단일성을 강조하는 상황에서 문화적인 다양성을 다소 소홀히 하는 효과를 낳거나, 혹은 역으로 문화적인 다양성을 부각시키면서 정치적인 단일성이 폄하되는 경우가 생긴다. 교육과정 의사결정에서 양극단 가운데 어느 하나를 선택하는 상황은 교육적으로나 정치적으로나 온당하지 못한 결과를 낳기에 대개는 중도적인 입장을 보이고 있는 것이다. 개별 사회가 처해 있는 상황에 따라서 교육과정 의사결정의 특정한 모습들을 보여주고 있으며, 인간 사회의 보편적인 삶의 원리를 개별 사회가 처해 있는 특수한 맥락에 비추어 조회하고 있다. 따라서 우리나라 교육과정 현실에서도 민족정체성과 지역정체성의 관계설정을 할 경우, 방금 언급한 사안들이 준거가 될 수 있다. 즉, 보다 특수한 개별 사회의 정체성인 지역정체성이 민족국가 수준에서의 정체성 형성과 관련해서 조화로운 상태를 모색할 필요가 있다. 또한 민족정체성의 구심력에 어긋나지 않는 범위 내에서 지역정체성의 개별성들이 존중되는 상황이 교육과정 의사결정의 근거가 될 수 있겠다. 그리하여 지역사회 구성원으로서의 자질과 민족사회 구성원으로서의 자질이 상충되지 않는 상황을 가정하고서, 교육과정의 지역화와 그에 따른 교과서의 집필이 요청된다고 본다.

III. 분석 기법

앞서 지역교과서를 일종의 의미체계를 가진 문화적 텍스트로 규정하였다. 지역교과서는 교사의 수업에 활용되면서 학생들이 지역사회 구성원으로서의 자질을 가지도록 제작되었다. 따라서 지역교과서는 지역교육에 관한 담론과 실천이 가지는 함의를 드러내는 텍스트라고 볼 수 있다. 교육과정 지역화의 자료인 지역교과서는 교육과정 문서와 마찬가지로 텍스트로서의 지위를 가진다.[16] 텍스트는 다양한 시각에서 읽혀질 수 있으며, 그 의미는 다른 텍스트들과의 관계 속에서 규명된다.[17] 지역교과서가 추구하는 의미를 논의하기 위해서는 여타의 지역 텍스트(regional text)들과의 관계 즉, 상호텍스트성(intertextuality)을 밝혀야 한다. 지역교과서와 상호텍스트성을 가지는 텍스트들은 국가와 지역 수준의 교육과정 문서, 지역에서 생산된 다양한 담론들, 기타 지역의 문화적 관행들이다. 지역교과서의 저자들은 지역적인 것의 교육적 의미를 구현하기 위해, 지역의 다양한 텍스트들을 읽고서 선택적으로 반영한다. 따라서 지역교과서의 텍스트성을 이해하는 접근방식이 요청된다. 여기서는 텍스트 이해를 위해서 문화기호학의 문제설정 아래, 구체적인 분석기법으로 비판적 담론 분석법과 도상학적 분석법에 주목한다. 비판적 담론 분석법은 교과서 내용서술이 의미하는 바를 이해하고자 한다. 도상학적 분석법은 교과서의 삽화나 사진이 드러내는 의미에 대한 이해를 추구한다. 이때 의미관계의 초점은 지역정체성의 재현이며 민족정체성과의 상호텍스트성이 가지는 교육적 함의를 도출한다.

1. 문화기호학의 문제설정

교육과정 현상의 모습으로 민족정체성과 지역정체성의 관계를 논의할 때, 기본전제는 교육이 사회관계에 탈맥락적인 현상이 아니라는 점이다. 교육이 어느 인간 사회에서나 행해지는 보편적인 현상임에는 틀림없으나, 개별 사회가 처해

---

16 W. Pinar, et al., *Understanding Curriculum: An Introduction to the Study of Historical and Contemporary Curriculum Discourse,* New York: Peter Lang, 1995.

17 C. H. Cherryholmes, 1988, 박순경 역, 1998, p.27.

있는 사회문화적 맥락과 무관한 것은 아니다. 이러한 교육현상의 본질적인 속성을 감안하여 사회문화적 맥락과의 연장선상에서 교육을 이해하고자 하는 일련의 시도들이 있었다. 교육에 대한 가치중립적인 시각에서 탈피하여, 정치적인 사안으로서의 교육과정 현상을 보려는 시각이 대표적이다. 소위 비판적 교육과정론의 전개가 전형적인데, 여기서는 교육과정 연구를 처방적인 차원으로 보지 않고 이해의 과정으로 상정한다.[18] 재개념주의자들로 명명된 이들 교육과정 연구자 집단은 기존의 교육관행에서 당연시하는 타일러 식의 체제모형을 비판적으로 검토한다. 타일러 식의 입장은 보편적이고 중립적인 관점을 보증하는 것처럼 보이지만 실제로 접근방식과 그 정치적 효과를 살펴보면, 자본주의 사회의 체제유지를 위한 세련된 기제라는 것이다.[19]

교육과정 현상을 근대사회의 합리화 기제로 바라보는 시각은 교육의 재생산론에서 비교적 체계화되었다. 학교교육은 교육과정을 통해서 경제적으로나 문화적으로 현 사회를 유지하고 재생산하는 속성이 있다는 점을 지적했다. 그런데 재생산론은 교육과정 현상을 사회의 수동적인 반영물로 보거나 아니면 사회관계에 의해 일방적으로 결정된다는 환원론적 시각이라는 비판을 받았다.[20] 그리하여 기존의 기능론적 연구들이 가정한 논리 전개를 반복한 결과밖에 되지 않고 무엇보다도 정치적 허무주의를 유포했다고 평가되었다. 재생산 이론의 소박하고 지나치게 일반화된 설명해서 탈피하고 의미생산의 역동적인 과정을 밝

18 I. F. Goodson, Studying curriculum: towards a social constructionist perspective, *Journal of Curriculum Studies,* 22(4), 1990, pp.299-312.

19 H. A. Giroux, 1981, 한준상 외 공역, 「새로운 교육과정의 사회학」, 『교육과정 논쟁』, 서울: 집문당, 1988, pp.117-129.

20 G. Whitty, *Sociology and School Knowledge: Curriculum Theory, Research and Politics,* London: Metheun, 1985, 김인식 외 공역, 『교육과정 정책과 지식사회학』, 서울: 교육과학사, 1995.

히고자 하는 시도가 모색되었다.[21] 이를테면 학교 교과서의 기호학이 하나의 사례인데, 여기서는 교육과정 자료인 교과서를 통해서 여러 의미 관계들이 작동하는 상황을 검토하고자 한다. 교과서가 중요한 이유는 교육의 과정에서 가장 중요한 맥락 가운데 하나를 제공하고 있다는 점이다. 즉 교사가 학생과 더불어 교육의 과정을 통해서 특정 의미를 생산할 때, 매개 고리로서의 역할을 하기 때문이다. 특히, 교사가 비판적인 대화과정으로 교과서를 다루지 못할 경우에는 더욱 큰 영향력을 행사한다.

> "교과서는 그 권위가 인정된 지식 주장을 성립시키는 진술의 집합체로 간주될 수 있다. 그것은 교과 내용, 사회적 가치와 질서, 무엇이 지식으로 간주되고, 어떤 정보가 중요한지에 관한 주장을 전개한다. 또한 그것은 내포와 배제에 의해 무엇이 공부에 중요하고 무엇이 중요하지 않는가를 주장하며, 단어의 의미가 고정된 것처럼 제시한다."[22]

학교 교과서의 기호학은 학교 지식 연구의 방법론이며, 교육과정 현상을 규칙체계 혹은 상징관행들로 본다. 교육과정을 통해서 제시된 지식들은 신비로운 대상이 아니라 집합적인 사회관행들에 의해 부추겨진 의미효과이다. 학교 지식은 특정한 맥락에서 중개되어 텍스트 효과를 생산하고 있는 셈이다.[23] 요컨대 교과서에서 추구되는 지식이나 의미관계는 사회 과정의 정적인 표상이라고 볼 수 없으며, 재생산론의 접근방식으로는 해명될 수 없는 측면이 있다. 따라서 교

---

21   김인식 외 공역, 1995, p.60.

22   C. H. Cherryholmes, 1988, 박순경 역, 1998, p.82.

23   P. Wexler, Structure, text and subject: a critical sociology of school knowledge, in M. W. Apple(eds.), *Cultural and Economic Reproduction in Education,* London: RKP, 1982, pp.275-303.

과서가 낳고 있는 텍스트 효과를 이해하는 연구가 요청되며, 다양한 맥락에서 작동하는 텍스트성과 상호텍스트성을 기호학의 문제설정으로 해명할 수 있다.

기호학의 관점에서는 실재(reality)를 단지 사실(fact)의 차원으로 보지 않고 기호(sign)로 간주한다.[24] 기호는 감각표상을 말하는 기표(significant)와 개념적 의미인 기의(signifié)의 결합이다.[25] 기호는 나름대로의 의미효과를 가지며, 기호학은 의미가 만들어지는 방식에 관한 연구이다. 따라서 지역교과서는 단지 교육과정 자료에 머물지 않고, 특수한 맥락에 의해서 의미효과가 생성되는 일련의 기호들이라고 말할 수 있다. 지역교과서의 기호들이 서로 연결되어 창출하는 의미는 교육적으로 의도하는 가치정향이며, 하나의 문화적 텍스트로 규정할 수 있다. 그리하여 지역교과서에 대한 기호학적 분석은 문화기호학의 텍스트 읽기 과정으로 구체화된다.

문화기호학의 텍스트 읽기는 일련의 흐름을 가지고 있다. 기본 전제는 읽기의 대상이 되는 텍스트가 '통합적 기호' 혹은 '기호들의 연쇄'이며, 일정하게 코드화되어 있다는 점이다.[26] 이 경우 코드(codes)는 기호를 식별할 수 있는 프레임을 제공하며 기호의 의미는 그것이 상황지워진 코드에 의존한다.[27] 따라서,

> "텍스트들을 읽으면서, 우리는 적절한 코드들인 것으로 여겨지는 참조체(reference)와 관련해서 기호들을 해석한다. 그리하여 코드들은 기표와 기의 사이 관계를 안정되게 하려고 한다. 코드들의 관례들은 기호학에서 사회적인 차원을 재현한다:

---

24 G. Shank, Semiotics and qualitative research in education: The third crossroad, *The Qualitative Report,* 2(3), 1995, [WWW document] URLhttp://www.nova.edu/ssss//QR/QR2--3/shank.html- [2000.7.1]

25 F. Saussure, 1915, 최승언 역, 『일반 언어학 강의』, 서울: 민음사, 1990.

26 송효섭, 『문화기호학』, 서울: 민음사, 1997, pp.238-241.

27 D. Chandler, Code, in *Semiotics for Beginners,* 1994a, [WWW document] URL http://www.aber.ac.uk/~dgc/semiotics.html [2000. 8. 1]

코드는 넓은 문화 프레임 내에서 작동하는 매개물의 사용자들에게 친숙한 관행들의 세트이다."[28]

문화기호학의 접근법에서는 이러한 코드의 추론을 출발점으로 하여 개별 텍스트가 가지고 있는 궁극적인 의미를 해석하려고 한다. 여기서 말하는 궁극적인 의미는 개별 텍스트를 보다 더 넓은 맥락 속에서 검토하여 메타텍스트를 창출하는 과정에서 나타난다. 문화기호학은 텍스트와 메타텍스트 사이에 일어나는 기호 활동을 분석하려고 하는데, 이때 코드(code)와 해석소(interpretant)라는 개념장치가 관여한다.[29] 코드의 추론에서 출발하는 문화기호학의 텍스트 읽기 과정을 도식화하면 다음과 같다.[30]

〈문화기호학의 텍스트 읽기의 과정〉

텍스트의 선정과 맥락의 검토

↓

코드를 추론하기

↓　→ 코드의 다양성 확인하기

↓　→ 보편적 코드의 가능성 찾기

체계의 전이를 통한 해석소의 산출

↓　→ 내포와 메타언어의 의미작용 확인하기

↓　→ 가치의 전이 과정 및 해석소의 생성

↓　→ 기호의 해석을 통한 메타텍스트의 산출

문화의 반성성(reflexivity)

28　D. Chandler, 1994a, 같은 논문.

29　송효섭, 1997, p.243.

30　같은 책, pp.234-305.

문화기호학의 텍스트 읽기 과정은 방금 제시한 것과 같은 흐름을 가진다. 그런데 실제로 텍스트 독자의 읽기 과정은 반대로 진행되기도 하는데, 그 이유는 독자가 특정한 의도를 가지고 시작하기 때문이다. 아무런 의도 없이 일방적으로 일련의 단계를 밟아 가는 것이 아니라 양방향적인 속성을 가진다는 것이다. 이를테면 지역교과서를 문화기호학적으로 분석하는 과정에서, 기본 출발점은 분석의 이유이며, 본 연구에서는 교육과정 의사결정에 대한 일정한 평가 작업으로 규정하였다. 각 지역교과서들이 문화적인 텍스트로서 지역적인 것의 의미를 드러낸 결과에 대한 해석 작업이다. 각 지역교과서를 정체성 텍스트로서 규명하고 난 뒤, 국가 수준에서 추구하는 교육인간상과 관련하여 의미양상의 합리성을 판단하고자 하는 것이다.

검토할 텍스트의 선정 즉, 지역교과서 사례의 선정은 방금 논의한 연구자의 의도에 비추어 가장 관련성 있는 것으로 한다. 즉, 지역의 고유성이 전국에서도 가장 선명하게 드러나는 곳을 논의대상으로 할 수 있다. 선정된 지역교과서 내부에서 관련 단원의 선정 역시 마찬가지의 기제를 밟는다. 이러한 선택과정은 텍스트를 코드화된 결과로 보고, 연구와 관련된 코드를 확인하고 무관한 코드는 배제하는 상황이다. 선택된 코드들은 다시 여러 가지 하위 범주로 재코드화되면서 일련의 위계 구조를 가지는 체계가 된다. 체계화된 코드에 대한 탐색은 텍스트의 분절을 통해서 이루어지며, 이때 변별적 자질을 근거로 쪼개어진다.[31] 변별적 자질을 통해 텍스트 내부가 분절되면서, 일정한 층위를 형성하고 적절한 분석의 단위로 기능한다. 이후 분석과정에서는 층위를 가지는 분절 단위 사이에 존재하는 관계에 대한 확인과 그 관계가 코드화되어 드러나는 문화적 의미를 규명한다.[32]

31   송효섭, 1997, p.243.

32   송효섭, 1997, p.250.

지역교과서 텍스트 내부에서 형식적 분절은 '내용서술'과 '삽화 및 사진'의 구분이 대표적이다. 이 두 가지는 텍스트의 주요 구성요소를 이루면서 코드화 되어 있다. '내용서술'의 경우는 담론 텍스트로, '삽화 및 사진'은 도상적 텍스트로 코드화되며 서로 연관성을 확보하고 있다. 교과서 텍스트는 삽화 및 사진, 내용서술 등과 같은 내용요소들이 서로 체계를 형성하면서 의미의 층위를 형성하고 있다. 이러한 형식적 분절은 의미의 실현을 위해서 형식적으로 기능적인 역할 분담을 하면서도 내용적으로 다시 의미관계를 가진다. '내용서술' 내부에서도 서로 구분되는 텍스트 층위를 가지며, '삽화 및 사진'의 경우도 마찬가지이다. 양자 모두 정체성 텍스트가 되기 위해서 분절되면서도 연관된 의미 공간을 확보하며, 이때 의미요소는 동일시 양상과 영역화 양상을 반영하는 사회적 관계의 기호들이다. 요컨대 정체성 텍스트로서의 지역교과서는 수많은 코드에 지배되는데, 그 코드는 텍스트 내부에서 의미를 결정할 뿐만 아니라, 맥락의 영향을 받아 외부와 관련된 의미를 가지기도 한다.[33]

코드의 맥락 의존성 정도에 따라 텍스트의 보편성이 결정되며, 보편적 코드는 체계의 가장 추상화된 모습을 보이는데, 보편성의 정도가 강한 코드는 모든 텍스트를 지배할 가능성이 높으며, 텍스트의 심층을 형성한다.[34] 텍스트의 의미 생성은 심층에 자리한 양항 대립의 본질적 구조가 표층으로 드러나면서 복잡해지는 과정이며, 여기서 양항 대립은 어떠한 텍스트에서든지 간에 성립하는 기호들 사이의 관계로서, 이를테면 선과 악이 대표적이다.[35] 정체성 텍스트가 그 의미를 나타낼 때, 기본적인 대립 관계는 동일자와 타자, 혹은 우리들과 그들이라는 구분이다. 이 구분은 정체성 텍스트의 심층에 존재하는 의미의 기본 구조

---

33   같은 책, p.261.

34   같은 책, p.263.

35   같은 책, p.268.

이며, 가장 전형적인 변별적 자질인 것이다. 요컨대 지역교과서가 정체성 텍스트가 될 수 있는 것은 기호적 형상에 관계없이 동일자와 타자의 관계 양상을 내포하면서 포함과 배제의 국면을 창출하기 때문이다.

다음으로 '체계의 전이를 통한 해석소 산출 과정'을 정체성 텍스트 분석과 관련해서 논의해 보자. 기호의 해석은 대상이 가지는 있는 그대로의 의미관계를 기술하는 데 머무르지 않고 맥락에 비추어 재기술하는 측면까지 포괄한다.[36] 기호학적으로 접근할 경우, 단지 경험적 사태의 확인에 그치지 않고 일정한 의미 작용을 하게 되는데, 이는 경험적 사태를 논리적이고 추상적인 수준에서 기술할 때 그러하다. 다시 말해서, 경험적 수준에 머무르지 않고 논리적이고 추상적인 수준에서 다루어짐에 따라, 체계의 전이가 이루어지면서 새로운 코드의 체계가 나타난다.[37] 퍼스(Peirce)는 구조적 차원에서 새로운 관계양상이 등장하게끔 추론하는 과정을 해석소가 산출되는 과정이라 했는데, 무한한 기호작용에서 해석소의 산출은 텍스트를 메타텍스트로 새로이 기술하는 상황이다.[38] 결국, 해석소는 기호가 만들어낸 의미이며 해석자의 마음속에 있는 기호이다.[39] 가령 초등학교 4학년 지역교과서들에서 다루어지고 있는 지역적인 것의 의미관계는 다음 학년들에서 배우는 내용에 비추어 볼 때 해석적 가치가 있다. 다음 학년의 사회과에서 배우는 내용들을 정체성의 측면에서 언급하자면, 시종일관 민족국가의 규모에서 다루어지는 사안들이다. 이렇게 다음 학년에서 가정하고 있는 교육적인 의미관계에서 보건대, 각 지역의 교과서들은 어떠한 의미양상을 보이

---

36 송효섭, 1997, p.280.

37 같은 책, p.270.

38 같은 책, 같은 쪽.

39 D. Chandler, Sign, in *Semiotics for Beginners,* 1994b [WWW document] URL http://www.aber.--ac. uk/~dgc/semiotics.html [2000. 8. 1]

고 있는지가 논의과제이다. 각 지역교과서의 정체성 텍스트들은 민족 국가 수준이라는 체계에 조회할 경우, 내부적인 의미가 다른 양상으로 해석된다. 이른바 다른 체계를 가져와서 이전의 것들을 검토하면, 의미작용이 변하고 새로운 텍스트의 해석소를 산출한다. 하나의 체계에 또 하나의 체계를 중첩시키면서 내포와 메타언어의 의미작용이 발생한다는 것이다.[40]

메타언어를 확보하는 과정에서 중요한 점은, 하나의 구조를 또 다른 구조로 기술할 때 특정 가치가 개입된다는 사실이다. 체계의 변환 과정에서 해석소가 산출되면서 동시에 이 과정에서 '가치의 전이'가 이루어진다는 이야기이다. 아울러, 가치의 전이를 통해서 해석소 사이에 우선성이 매겨지는데, 이는 종국에 가서는 가장 보편성을 띤 최종 해석소를 낳는다. 최종 해석소에 비추어 볼 때, 개별 텍스트들이 가지는 의미관계가 상대적으로 파악되며, 이 과정에서 의미작용이 새로이 전개되어 텍스트 해석의 가변성과 역동성이 생긴다. 결국 문화기호학의 텍스트 읽기 목적은 메타텍스트의 산출이며, 개별텍스트를 특정한 형식으로 범주화하는 작업이다. 이러한 작업은 반성성(reflexivity)이라 명명되는데, 기호적 대상에 대해 경계설정을 시도하면서 재코드화를 부추기는 과정이다.[41] 요컨대 문화기호학의 텍스트 읽기는 현재 벌어지고 있는 정체성 만들기에 대한 평가 작업이고, 이후에 가치의 전이를 통해서 변화를 추구함으로써 정체성의 정치가 실현되는 과정이다.

지금까지 지역교과서를 문화적 텍스트로 규정하고, 이 텍스트에 대한 기호학

---

40 '내포'와 '메타언어'는 롤랑 바르트의 용어이다. 바르트가 보기에, 1차적 체계에서 2차적 체계로의 전이 과정에서 1차적 체계가 2차적 체계의 표현국면 혹은 기표가 되는 과정을 내포의 기호학이라고 불렀다. 아울러, 1차적 체계가 2차적 체계의 내용국면 혹은 기의가 되는 경우를 메타언어라고 했다. R. Barthes, *Elements of Semiology,* trans., Lavers, Annette & Smith, Boston: Beacon Press, 1970, 송효섭, 1997, p.279에서 재인용.

41 송효섭, 1997, p.303.

적 연구과정을 기술하였다. 논의의 요지는 코드의 기호학과 해석소의 기호학이 결합되는 모습으로 문화기호학의 텍스트 읽기가 진행된다는 점이다. 코드의 기호학은 텍스트 그 자체에 내재된 의미관계를 추론하는 과정이며, 정체성 텍스트의 경우 기본적으로 동일시와 영역화의 양상, 그리고 스케일의 측면 등을 검토하는 차원이다. 코드화된 의미관계에 대한 분석 작업은 지역교과서가 포함하고 있는 형식적 분절에 따라 구체적인 접근법을 달리한다. 즉, '내용서술'의 경우 비판적 담론분석법을 적용하고, '삽화 및 사진'의 경우 도상학적 분석법을 적용하고자 한다. 이는 지역교과서를 담론 텍스트와 도상적 텍스트로 규정하고 그 의미관계를 기호학적으로 논의하는 것이다. 해석소의 기호학은 하나의 체계를 또 다른 체계에 비추어 의미관계를 따져보는 과정으로 전개되며, 이 과정에서 특정 가치가 개입한다. 기호학적 텍스트 읽기의 출발점은 텍스트에 내재된 코드의 추론에서 출발하며, 궁극에 가서는 텍스트에 대한 반성적인 가치 판단에까지 나아간다.

2. '내용서술'에 대한 비판적 담론분석법

기호학적 접근은 흔히 내용분석법이라는 연구방식과 유사하다고 언급된다. 차이점을 찾자면 기호학의 경우, 보다 해석학의 전통에 위치하고 내용분석법은 경험과학의 전통에 속한다는 것이다. 내용분석은 미디어 내용의 분석에서 양적인 접근법을 사용하지만, 기호학은 구조화된 전체인 미디어 텍스트의 잠재적이고 함축적인 의미를 탐색하려고 한다.[42]

---

42   D. Chandler, Introduction, in *Semiotics for Beginner,* 1994c, [WWW document] URL http:-//www. aber.ac.uk/--~dgc/semiotics.html [2000. 8. 1]

"내용분석은 명백한 내용에 초점을 두고 이것이 단일하고, 고정된 의미를 재현하는 것을 제시하려고 하는 반면에, 기호학적 연구는 의미 형성에서 기호학적 텍스트의 역할을 강조하면서, 미디어 텍스트에 관련된 '담론'이 관할하는 규칙 체계들에 초점을 둔다."[43]

기호학의 접근은 미디어 텍스트를 담론구성체로 규정하고, 단지 바깥으로 드러난 표층의 의미 이해에 머무는 것이 아니라, 심층의 의미까지 따지려고 한다. 요컨대 기호학에서는 의미관계를 담론분석의 차원으로 다루려는 경향이 있다. 여기서는 교과서 내용서술에 대한 기호학적 접근에서 보다 구체화된 기법으로 비판적 담론분석을 논의하고자 한다.

비판적 담론분석은 사회제도들에서 작동하고 있는 언어와 담론에 대한 연구이며, 여기서 담론이란 비트겐슈타인의 용어로 말하자면, '삶의 형식'으로서 세계를 알고 가치를 부여하고 경험하는 방식들이다.[44] 그리고 비판적 담론분석에 '비판적'이라는 수식어가 함의하는 바는 담론이 불평등한 사회적 관계들의 재현이고, 이를 분석하여 은폐효과를 밝히고 궁극적으로 극복의 대상으로 본다는 것이다. 비판적 담론분석에서 보기에 화자와 청자, 독자와 저자 사이에는 순수한 의미 교환이 원만하게 이루어지지 못하고 권력관계의 불균형이 자리하고 있다.[45] 이른바 비판적 담론분석은 사회적 관행의 형식으로 쓰여지고 말해진 '담론'을 이해하려고 한다. 즉,

---

43 J. Woollacott, 1982, Messages and meanings, in Gurevitch, M., et. al. (eds.), *Culture, Society and the Media,* London: Routledge, D. Chandler, 1994c 에서 재인용.

44 A. Luke, Introduction: theory and practice in critical discourse analysis, 1999, [WWWdocument] URL http://www.gseis.ucla.edu/courses/ed253a/Luke/SAHA6.html [2000. 8. 15]

45 같은 논문, p.6.

"한편으로, 상황적, 제도적 그리고 사회적 맥락들이 형태지워지고 담론들에 영향을 준다. 다른 한편으로, 담론들은 사회적이고 정치적인 실재에 영향을 미친다. 달리 말하자면, 담론은 사회적 관행을 구성하고 동시에 사회적 관행에 의해 구성된다."[46]

따라서, 특수한 담론 사건들과 상황들, 구체화된 제도들과 사회적 구조들 사이 변증법적 관계를 가정한다.[47] 결국, 학교 교과서에서 드러나는 담론의 경우도 예외는 아니며, 교과서에 내재한 문화적 가치의 맥락성을 분석하도록 요구하고 있다.

정체성 텍스트로서의 학교 교과서를 담론 분석할 때, 다른 텍스트에 대한 분석 사례를 참고할 수 있다. 정치가들의 연설문이라든지, 신문이나 잡지의 기사, 문학작품 등에 대한 담론분석 사례가 좋은 보기가 된다. 즉, 정체성 텍스트가 여러 가지 미디어를 통해서 담론적으로 구성되고 있는 상황에 대한 분석이 시도되고 있다. 특히, 최근에 와서 민족정체성의 사회적 구성에 대한 비판적 담론분석 사례가 보고되고 있어 시사점을 주고 있다. 오스트리아의 정체성이 다양한 미디어 형식으로 나타남에 대한 비판적 담론 분석이 바로 그것이다. 비판적 담론분석은 민족정체성의 담론적 구성을 연구하기 위한 방법론으로 정련화되는데, 여러 맥락을 가진 민족정체성 내러티브를 기술하기 위해서 동화(assimilation)와 이화(dissimilation)의 담론 전략들을 드러내야 한다. 동화의 담론 전략은 민족적 동일성이 대내적으로 구성되는 양상을 포착하고, 이화의 전략은 민족적 차이들의 구성에 주목한다. 정체성 담론에 대한 구체적인 분석에서 실제로 사용할 수 있는 범주들은 내용·토픽, 전략, 언어 수단과 실현형식이 대표적이다.[48]

내용·토픽들은 내부적으로 동일시의 양상으로 정체성이 구성되는 모습을

---

46 R. D. Cilla, *et al.*, The discursive construction of national identities, *Discourse & Society,* 10(2), 1999, p.157.

47 같은 논문, p.157.

48 R. D. Cilla *et al.*, 1999, pp.157-166.

보여주는 대목인데, 특정 민족이나 지역에 대한 감성적 애착, 집합적인 정치사의 내러티브, 공통문화의 담론적 구성, 집합적 현재와 미래의 담론적 구성, 민족 및 지역적 실체의 담론적 구성이 그 사례이다.[49] 내용·토픽들은 포괄적으로 정체성의 담론적 구성 양상을 이해할 수 있도록 해주며, 분석 단위의 윤곽을 잡아준다고 말할 수 있다. 다음으로 전략이란 특정 정체성들의 담론적 구성, 지속, 변형 그리고 해체에 관련되는 사안들인데, 구성적 전략, 영속화와 정당화 전략, 변형전략, 해체전략 등이다.[50] 구성적 전략은 내부에 동일성 혹은 유사성을 가정하는 경우이고, 영속화와 정당화 전략은 단일성을 강조하면서 고정관념적인 일반화를 재생한다. 변형 전략은 상황의 변화에 따라 정체성을 다시 규정하는 경우이고, 해체 전략은 현존하는 정체성을 탈신비화하거나 삭제하는 과정이다. 전반적으로 전략의 경우, 정체성들이 구성되는 역동적인 과정을 이해할 수 있는 매개 장치이다.

언어적 수단들과 실현 형식들은 가장 구체적인 분석기법이며, 정체성의 담론적 구성에 관련된 다양한 언어적 양태들에 대해 관심을 가진다.[51] 분석의 초점은 어휘 단위들, 논의 도식들, 구문적 수단들이며, 이것은 내부적인 포함과 외부적인 배제의 상황을 보여준다. 예를 들어 인칭대명사 '우리'의 사용은 내부적으로 포함의 상황이고 '그들'은 배제의 경우이다. 수신인이 민족적 '우리', 지역적 '우리'의 대상인 경우는 포함을, 반대로 '그들'인 경우는 배제의 상태를 나타낸다. 또한 일정한 비유법을 통해서 정체성의 구성에 관여하는데, 환유(換喩)와 제유(提喩), 은유(隱喩)와 의인화(擬人化) 등이 사용된다. 부분으로 전체를 나타내는 제유의 경우, 이를테면, '충청도 사람들은 양반이다'라고 규정한다. 환유는

---

49   R. D. Cilla, et al., 1999, 같은 논문, pp.158-160.

50   같은 논문, pp.160-163.

51   같은 논문, pp.163-165.

어떤 것을 직접 가리키는 대신 그 속성 혹은 특징을 나타내는 경우이며, '요람은 아동기'라고 표현한다. 아울러, 추상적 실체는 의인화를 수반하며, '오스트리아는 전쟁을 하기 위해 태어나지 않았다'고 말해진다.

지금까지 학교 교과서 내용에 대한 비판적 담론분석의 기본전제와 구체적인 분석기법을 살펴보았다. 비판적 담론분석은 지역교과서의 '내용서술'에 주로 초점을 두고서 정체성의 담론적 구성에 주목한다. 정체성의 담론적 구성을 분석하기 위한 주요 기법들은 서로 상관성을 가지면서 기능적인 역할분담을 한다. 내용·토픽, 전략, 언어적 수단과 그 실현 형식은 분석단위에서 차별적인 모습이다. 내용·토픽은 미디어 텍스트의 내용을 정체성 내러티브로 규정할 수 있는 포괄적인 범위를 제시한다. 전략, 언어적 수단과 그 실현 형식은 정체성이 담론적으로 구성되는 과정에 대한 이해를 가능하게 한다. 특히 언어적 수단과 그 실현 형식은 분석 단위를 분절하여 정체성 내러티브의 제요소들을 확인 가능하도록 한다. 따라서 연구자가 실제 분석을 시도할 때, 그 초점을 내용·토픽으로부터 전략을 거쳐 언어적 수단과 그 실현 형식으로 갈수록 보다 구체적인 분석 작업을 행하는 것이라고 말할 수 있겠다.

3. '삽화 및 사진'에 대한 도상학적 분석법

교과서의 '삽화 및 사진'은 '내용서술'과 마찬가지로 교육적인 의미관계를 반영하고 있다. 이때, '삽화 및 사진'은 교육적인 의미관계를 가시적인 모습을 띤 경관 이미지로 드러낸다. 경관(landscape)은 환경을 재현·구조화·상징화하는 시각적인 방식이면서 동시에 문화적인 이미지들인데, 다양한 자료매체에서 재현된다.[52] 실물 경관이 '삽화 및 사진'의 모습으로 재현되고, 교과서에서 일정한

---

52 S. Daniels and D. Cosgrove, Introduction: iconography and landscape, in *The Iconography of Landscape: Essays on the Symbolic Representation, Design and Use of Past Environments,* Cambridge:

의미공간을 확보한다. 교과서 '삽화 및 사진' 경관은 의미구성에 있어서 '내용 서술'과 유기적인 상관관계를 가지는 물질화된 담론의 재현이다.[53] 따라서 재현 된 경관은 단지 보는 대상이 아니라, 그 의미관계를 읽어야 할 상황이며,[54] 기호 학의 문제설정 아래 구체적인 전략이 모색될 수 있다.

기호학의 관점에서 볼 때, 경관을 재현하고 있는 삽화와 사진은 도상적인 시 각기호이다.[55] 도상(icons)은 상징(symbols), 지표(indexes)와 함께 기호의 일종으로 의미체계의 구성에 관여한다. 도상기호는 유사한 자질을 통해 대상을 나타내는 기호이며, 관습적인 법칙을 가지기도 한다.[56] 도상적인 의미에 대한 이해방법은 주로 도상학과 도상해석학의 입장에서 구체화된 전략을 가지고 있다. 본래 도 상학은 '미술 작품의 내용적 서술과 해석을 의미'하며, 두 가지 개념적 유형, 즉, '의지적 또는 무의식적으로 함축된 도상학'과 '해석적 도상학'으로 구분할 수 있 다.[57] 전자의 경우가 시각적 상징 및 그림이 가지는 기능과 의미를 확인하는 반 면, 후자의 경우는 그 작품의 내용에 대한 해석까지 나아간다.[58] 도상학의 두 가

Cambridge University Press, 1988, pp.1-10.

53 R. H. Schein, The place of landscape: A conceptual framework for interpreting an American scene, *Annals of the Association of American Geographers*, 87(4), 1997, pp.660-680.

54 J. C. Duncan, *The City as Text: The Politics of Landscape in the Kandyan Kingdom*, Cambridge: Cambridge University Press, 1990.

55 G. Sonesson, 5. From iconicity to picturehood, in *Pictorial Semiotics: The State of the Art at the Beginning of the Nineties*, 1999 [WWW document] URLhttp://www.arthist.lu.se/~kultsem/sonesson/ pict_sem_1.html [2000. 9. 1]

56 C. Hartshorne and P. Weiss(eds.), *Collected Papers of Charles Sanders Peirce 2*, Cambridge, Massachusetts: The Belknap Press of Harvard University Press, 1965, 송효섭, 1997, p.84에서 재인용.

57 J. Bialostocki, Skizze einer Geschichte der beabsichtigten und der interpretierenden Ikonographie, in Kaemmerling, E.(ed.), *Iknographie und Iconologie. Theorien, Entwicklung, Probleme*, 1994, 이한순 외 공역, 「도상학의 역사」, 『도상학과 도상해석학』, 서울: 사계절, 1997, pp.17-70.

58 이한순 외 공역, 1997, pp.17-18.

지 개념적 유형은 파노프스키(Panofsky)에 의하자면 세 단계로 더욱 구체화될 수 있는데, '전(前)도상학적 기술', '도상학적 분석' 그리고 '도상해석학적 분석'이 바로 그것이다.[59]

파노프스키의 분석 작업은 미술작품의 모티브나 의미해석을 위해 세 단계를 거치면서 기능적인 역할분담을 한다. 첫 번째 단계에서는 분석 대상의 '일차적인 또는 자연스러운 모티브'를 확인하는데, '이 형태들이 서로 어울려서 표현하는 의미는 무엇인가'를 찾아내는 상황이다.[60] 두 번째 단계에서는 '이차적인 또는 관습적인 주제'를 파악하는 과정이며, 그림이나 일화, 알레고리의 외피로 등장하는 주제성이나 구성의도를 분석하는 차원이다.[61] 세 번째 단계는 미술작품의 '본래적 의미 또는 숨은 내용'을 해석하는 작업인데, 이 작업과정에서 볼 때 형태, 모티브, 그림, 일화, 알레고리 등은 어떤 의도된 원칙 혹은 상징가치를 드러내는 요소가 된다.[62] 이렇게 볼 때, 파노프스키의 세 단계 분석은 서로 연관성을 가지면서, 대상에 대한 이해의 밀도를 높여 가는 속성을 보여준다.

도상해석학이 주관적으로 흐르지 않고, 객관성을 확보하려면 그 이전 단계에서 수행된 분석결과를 검토해야 한다. 도상해석학은 단지 주관적인 관점의 드러냄이 아니라, 객관적인 근거에 기초한 사려 깊은 해석이라는 것이다. 또한 도상해석학의 이전 단계인, 전(前)도상학적 기술과 도상학적 분석 역시 객관적 근거를 마련한다. 전(前)도상학적 기술은 정확성을 위해서 양식사적인 자료를 확인하는데, 이는 해당 작품이 그 당시의 시대 양식과 일치하고 있는지의 여부를

59　E. Panofsky, Iconographie und Ikonologie, in Kammerling, E.(ed.), *Iknographie und Iconologie. Theorien, Entwicklung, Probleme,* 1994, 이한순 외 공역, 「도상학과 도상해석학」, 『도상학과 도상해석학』, 서울: 사계절, 1997, pp.139-160.

60　같은 책, p.143.

61　같은 책, pp.143-145.

62　같은 책, pp.145-146.

판단한다.[63] 도상학적 분석은 유형사의 측면에서 조회되며, 이는 주어진 문제가 동시대의 묘사방법과 일치하는지의 여부를 검토하는 측면이다. 그리고 도상해석학은 그 이전 단계에 기반하면서도, 동시대의 전체적인 문화사인 상징의 역사에 관련해서 그 타당성을 검토한다.[64] 요컨대, 도상학적 분석과 해석의 과정은 보다 넓어지는 맥락 속에서 대상이나 작품이 가지는 의미관계를 확인하는 작업이라고 말할 수 있겠다.

교과서의 경관은 교육적인 의도를 기반으로 하면서 재현되며, 그러하기에 학습자들이 쉽게 알아볼 수 있도록 상징화한다. 파노프스키의 도상학적 분석단계에 비추어 볼 때, 학습자의 경우 전(前)도상학적 기술을 할 수 있는 상황이라고 볼 수 있다. 학습자들은 수업 상황에서 교과서의 삽화 및 사진을 교재로 사용하면서 자연스럽게 모티브를 마주할 수 있다. 삽화 및 사진은 내용서술과 기능적 보완성을 가지는 차원으로 확인되는 것이다. 그러나 교사 혹은 다른 해석자의 입장에서 볼 때, 삽화와 사진은 전(前)도상학적 기술뿐만 아니라 도상학적 분석과 해석의 차원에까지 확장될 수 있다. 삽화나 사진 경관들이 함축하고 있는 의미관계를 정체성의 재현이라는 측면에서 보려고 할 때, 이는 도상학적 분석과 해석의 차원까지 추상화되는 것이다. 교사나 해석자의 입장에서 볼 때, 삽화와 사진 경관은 특정 정체성의 구현으로 읽혀진다. 따라서 교과서가 정체성 텍스트로서의 의미효과를 가진다고 볼 때, 삽화와 사진은 의미재현의 통로이며, 이는 도상학적인 검토의 대상이다.

---

63 M. Liebmann, Ikonologie, in Kammerling, E.(ed.), *Iknographie und Iconologie: Theorien, Entwicklung, Probleme,* 1994, 이한순 외 공역, 「도상해석학」 『도상학과 도상해석학』, 서울: 사계절, 1997, p.252.

64 같은 책, 같은 쪽.

04

정체성의 이해와 문화연구의 접근법

Ⅰ. 시민성과 정체성의 문제

얼마 전까지만 해도 사회과에서 시민성의 개념화는 정치적 단일성의 확보에 초점이 있었다. 시민은 정치적으로 하나 됨을 수용한 주체이며, 그러한 소속감의 기본단위는 주로 민족국가였다. 이른바, 국민형성의 관점에서 시민성의 개념화를 시도하고, 그러한 시민을 사회과를 통해서 기르고자 했다. 민족국가의 구성원으로 시민을 규정하다 보니, 민족국가 내부의 문화적 다양성은 순화와 통제의 대상이었다. 국가주의의 논리가 가치판단의 지배적인 준거가 되다 보니, 개인이나 지역이 본래적으로 가지고 있는 삶의 다양성들이 존중받기가 어려웠다. 이러한 상황은 특히 냉전체제라는 이데올로기적 대립구도에 의해 더욱 강화되는 양상을 보였다. 즉, 민족국가의 외부는 내부의 체제유지를 위해 이데올로기적 잣대에 의해 분류되고 대응방식에 있어서 차별화되었다. 예컨대, 국가의 지배이데올로기와 비교했을 때 대립적인 이데올로기를 표방하는 다른 민족국가나 내부의 사회세력은 배제하고 타자화 하였다. 이른바 국가에 의해 공식화된 이데올로기만 진리효과를 가지면서 그러한 이데올로기를 수용한 주체가 시민적 자질의 소유자로 규정되었다. 그러나 이러한 시민주체의 개념은 글로벌화 시대의 도래, 냉전체제의 붕괴, 민주주의 운동의 활성화 등과 같은 사회적 조건의 변화로 인해 급속도로 상대화되기 시작했다.

최근 국가주의로부터의 탈피가 자연스러운 삶의 형식이 되면서, 시민성 역시 새로운 개념화의 대상이 되고 있다. 정치적 단일성에 의해 지나치게 억눌려 있었던 문화적 다양성의 차원이 정당한 대우를 받고 있다. 정치적 단일성과 문화적 다양성 양자 사이에는 물론 긴장관계가 있지만 어느 하나가 다른 하나를 폄하할 수 없다는 인식이 수용되고 있다. 즉, 특정 개인이 진정으로 시민이라면 문화적으로 차이가 있는 다른 주체를 시민으로서 인정하고 정치적으로 공존할 수 있어야 한다는 것이다. 오늘날과 같이 다원화된 사회에서 이질적인 삶의 원리들이 나타나는 것은 자연스러운 것이며, 이러한 차이의 국면들 사이에서 서로의 시민적 권리를 존중하는 차원이 탐색되고 있다. 이러한 시민성의 재개념화 상황은 단지 선언적인 구호에만 머무는 것이 아니라 사회과 교육과정 수준에서 이미 현실성을 확보하고 있다. 미래 사회의 주역들이 어떤 시민주체로 성장해야 하는지 교육받은 인간상을 교육과정 문서에서 명시하고 있다.

> "사회과에서 가르치고자 하는 민주 시민은, 사회생활을 영위하는 데 필요한 지식을 가지고 인권 존중, 관용과 타협의 정신, 사회 정의의 실현, 공동체 의식, 참여와 책임 의식 등의 민주적 가치와 태도를 함양하고, 나아가 개인적 · 사회적 문제를 합리적으로 해결하는 능력을 기름으로써 개인의 발전을 물론, 국가, 사회, 인류의 발전에 기여할 수 있는 자질을 갖춘 사람이다. … 특히 사회과에서는 우리의 삶의 터전인 국토의 이해를 바탕으로 우리 민족의 역사와 활동에 대한 종합적인 파악과 우리의 현실에 대한 역사적인 시각에서의 이해 및 한국인으로서의 민족적 정체성과 세계 시민으로서의 가치 · 태도 등에 관한 요소를 중시한다."[1]

제 7차 사회과 교육과정의 성격에 나타난 바와 같이, 사회과를 통해 민주시

---

1   교육부, 『사회과 교육과정』, 대한교과서주식회사, 1997, p.28.

민을 기르고자 하는데, 그 시민은 '민족적 정체성과 세계 시민으로서의 가치·태도'를 내면화한 주체이다. 여기서 민족적 정체성은 국가주의의 다른 모습이라기보다는 민족 내부와 외부의 문화적 차이를 그 내용으로 하고 있다. 즉, 학습자들이 '인간과 자연 간의 상호 작용에 대한 이해를 통하여 장소에 따른 인간 생활의 다양성을 파악하며, 고장, 지방 및 국토 전체와 세계 여러 지역의 지리적 특성을 체계적으로 이해'한 것에 기초하고 있다.[2] 한국 사람으로서의 정체성이 국가 이데올로기에 의해 만들어지는 것이 아니라, 다양한 생활양식에 대한 비교 과정을 통해 문화적 고유성을 확인하는 차원에서 형성되도록 했다. 아울러 '인권 존중, 관용과 타협의 정신 등'을 시민적 자질로 규정하여, 삶의 과정에서 나타나는 '차이'를 인정하고 공존의 길을 걸어갈 수 있는 시민주체의 형성을 의도하고 있다. 요컨대 우리나라의 사회과 교육과정에서 교육받은 인간의 모습 즉, 시민성의 소유자는 단지 정치적 단일성에만 함몰되는 것이 아니라 문화적 다양성을 사고할 수 있는 여지까지 나아가고 있다.

　정치적 단일성과 문화적 다양성 사이 관계 설정 양상은 다른 시민교육의 실제에서도 확인할 수 있다. NCSS(National Council for the Social Studies)에서는 사회과의 일차적인 목적을 '어린이들이 상호의존적인 세계에서 문화적으로 다양하고, 민주적인 사회의 시민으로서 공공선을 위해 합리적인 의사결정을 내릴 수 있도록' 하는 데 두었다.[3] 교육과정 문서 수준에서도 공동의 관점과 다중적인 관점을 동시에 채택하고 있다. 각 개인들은 개별적인 방식으로 삶을 경험하고 개별적인 관점에서 세계에 대한 반응을 보이며, 동시에 역동적인 세계 공동체

2　교육부, 1997, p.29.

3　National Council for the Social Studies, *Expectations of Excellence: Curriculum Standards for Social Studies,* Washington D.C.: NCSS, 1994, p.3.

의 구성원들로서 공동의 관점을 공유한다고 보았다.[4] 그래서 정치적인 단일성의 확보 차원만이 아니라 문화적 다양성에 대한 접근방식들을 구체화하고 있다.

> "학생들이 다양성에 기초한 다원주의자의 관점을 구성하도록 도와주어야 한다. 이 관점은 견해와 선호; 인종, 종교 그리고 성(gender); 계급과 종족성; 일반적으로 문화의 차이에 대한 존중을 포함한다. 이러한 구성은 차이가 개인들 사이에 존재한다는 점의 현실화에 그리고 이러한 다양성이 긍정적이며 사회적으로 풍요로울 수 있다는 확신에 기초해야 한다. 학생들은 문화적이고 철학적인 차이들이 해결되어야할 '문제들'이 아님을; 게다가, 민주적인 공동체 삶의 건강하고 바람직한 차원들임을 배우는 것이 필요하다."[5]

정치적 단일성을 위해 문화적 다양성이 배제되는 것이 아니라 그러한 차이의 국면이 자연스러운 삶의 형식으로 다루어지고 있다. 개인이나 집단 간의 문화적 차이는 정치적인 공동체의 형성에 필수적인 자산임을 인식하고 있다. 이른바 '차이'는 공동체의 분열을 야기하는 문제가 아니라 그러한 공동체에 풍요로움을 제공하는 원천으로 인식되고 있다. 따라서 차이의 양상으로 나타나는 문화의 현실을 존중하고 공존할 수 있는 마음상태의 모색이 필요하며, 이러한 조화의 상황이 바로 정치적 단일성의 내용인 것이다. 그래서 문화적으로는 다양하지만 정치적으로 하나됨을 모색하는 것이 이 시대가 요구하는 시민성의 요체가 되고 있다.[6] 한편, 문화적 다양성은 NCSS 교육과정 문서에 나타난 바와 같이, 다양한 주체들이 간직하고 있는 자연스러운 삶의 형식들이다. 선과 악,

---

4   National Council for the Social Studies, 1994, p.6.

5   같은 책, pp.6-7.

6   W. C. Parker, Democracy and difference, *Theory and Research in Social Education,* 25(2), 1997, pp.220-234.

우와 열을 가릴 수 있는 성질의 것이 아니고, 다만 차이만 있을 뿐인 정체성의 차원이다. 그리하여 시민성이라 함은 개인이나 집단들의 정체성이 존중받고 어느 한쪽이 다른 쪽을 일방적으로 배제하는 것이 아닌, 공존과 상생의 상황을 마련하는 과정이며, 이것이 바로 진정으로 정치적 단일성을 확보하는 길이다.

II. 지역의 재현, 지역교과서 그리고 정체성의 담론

제7차 사회과 교육과정에서와 같이, 시민성의 내용을 한국인으로서의 정체성 형성에 국한하여 문화적 다양성과 정치적 단일성 사이의 관계 문제를 부연해 보자. 한국인으로서의 정체성이 국가주의의 산물이 아니고 앞서의 논의에서처럼 문화적 맥락에 의해 구성된다면 주목해야 할 관계 국면은 무엇인가? 자율적인 개인들이 모여서 집단적 우리가 만들어진다고 볼 때, 소위 민족문화의 내용은 여러 지역문화의 융합으로 봄이 온당할 것이다. 이때 다양한 지역문화들은 해당 지역에 살고 있는 주체들이 영위하고 있는 생활양식이다. 각 지역은 단지 민족국가의 부속품으로만 보기에는 어려움이 있는 자율적 실체이다. 따라서 민족문화의 풍요로움을 생각할 때 다양한 지역문화들을 배제할 수 없다. 즉, 한국 사람이라는 정체성은 탈맥락적인 것이 아니고, 국지화된 정체성들의 접합(articulation)을 통해 사고해야 할 것이다. 그리하여 사회과에서 시민성의 내용으로 민족정체성의 형성을 추구할 때, 지역정체성의 문제를 외면할 수 없는 것이다.

현 단계 사회과에서 지역정체성의 문제는 교육과정의 지역화라는 제도적 관행에서 다루어지고 있다. 국가 수준의 교육과정이 단지 기능적 효율성을 발휘하는 데 머무는 것이 아니라 지역정체성의 함양이라는 이념의 실현까지도 고려하고 있다. 특히 최근 지방화 시대의 도래와 더불어 지역연구가 활발해지고 있으며, 이러한 연구의 성과물이 교육의 과정에서 활용되는 양상을 보이고 있다. 다시 말해서 지역 수준에서 정체성 찾기 움직임이 진행되면서, 교육과정의 지역화 조건을 형성하고 있다. 교육과정의 지역화 혹은 지역교육의 실천은 관념적인 권고사항만이 아니라 지역교과서의 발행으로 구체화되고 있다. 따라서, 지역교육의 현실을 검토하려면 각 지역에서 발행하고 있는 교과서가 좋은 사례를 제공한다. 교과서가 한 개인의 저작물이 아니고 집단의 합의 과정을 통해서 만들어진다고 볼 때, 지역교과서의 경우 해당 지역의 목소리들을 담고 있다. 즉, 지역교과서는 시민교육이라는 사회적 관행 속에 자리하고 있는 '텍스트'의 일종이다. 지역교과서가 텍스트인 것은 삽화, 사진, 내용서술 등과 같은 기호체계의 유기적 배치를 통해 일정한 의미를 창출하고 있기 때문이다. 이 텍스트는 지역적인 것의 의미관계를 재현하고 있으며 수용자의 독해를 기다리고 있다.

　지역교과서가 텍스트로서 지역적인 것을 재현하고 있는데, 그 알맹이 속을 보면 지역의 고유성 혹은 지역의 독자성을 드러내 보이려고 한다. 막연하게 시민교육의 교재가 아니라 '지역'교과서로서의 지위를 인정받기 위해 지역에 관한 담론들을 쏟아내고 있다. 그리고 각 지역들은 다른 지역들과의 관계 속에서 차별화가 되어야 하기 때문에, '구별 짓기'라는 모습으로 교과서의 내용을 확보한다. 이른바 '티내기' 전략이 지역교과서에 나타나고 있으며, 이 점에 주목하는 것이 바로 정체성 텍스트로서의 교과서 읽기이다. 지역교과서가 지역의 정체성을 담아내기 위해, '티내기' 혹은 '구별 짓기'를 구사한다면 이러한 전략들을 분석하는 과정이 필요하다. 지역교과서에서 '티내기' 혹은 '구별 짓기'의 과정은 내용서술, 삽화 및 사진 등의 형식 속에 있으며, 이러한 형식들은 정체성의 '담론'이라고 규정할 수 있다. 정체성은 서술되고 말해진 '담론' 속에서 자신을 드러내고 있기 때문이다.

III. 이해의 방법론: 문화연구의 문제설정과 비판적 담론분석법

그렇다면, 정체성 텍스트로서 지역교과서를 독해할 때, 즉 '티내기' 혹은 '구별 짓기'의 담론을 이해하고자 할 때 보다 구체적으로 어떤 문제설정을 필요로 하는가? 이러한 연구문제는 기존의 주류적인 교과서 연구법, 즉, 경험과학의 패러다임으로는 해명이 불가능하다. 경험과학의 패러다임은 현상 그 자체를 사실관계로만 바라보기 때문에 현상에 내재한 의미의 세계를 판독해내기가 불가능하다. 필자가 보기에는 문화연구(cultural studies)의 문제설정이 의미가 있다. 문화연구는 문화를 의미화 관행들로 규정하고 이것을 간학문적 혹은 초학문적으로 연구하는 분야이다.[7] 즉, 인간 생활의 의미화 관행들 속에서 권력의 쟁점들에 관계된 언어게임 혹은 담론구성체를 탐구하며, 문화, 의미화 관행, 재현, 담론, 권력, 접합, 텍스트 등이 주요 개념이다. 따라서 지역교과서가 정체성 텍스트로 규정되고, 이 텍스트에 내재된 의미관계를 고찰하는 데 있어서 문화연구의 접근법이 유효하다.

지역교과서가 문화연구의 대상이 될 때, 이것은 앞서 언급한 '의미화 관행'의 일종이다. 지역교과서는 교육과정의 지역화라는 문화적 관행 속에서 물질화된 의미체이며, 국가수준의 교육과정에 대해 모종의 관련성을 가지고 있다. 교육과정의 지역화는 지역의 자율성을 근간으로 하면서, 그 교육적 의미를 생산하려고 한다. 앞서도 언급했듯이 학습자가 민족사회의 구성원 혹은 세계시민으로서 호명될 때, 그 내부에는 지역주민으로서의 정체성을 내재하고 있다. 그래서 지역교과서에서는 지역 내부와 외부 사이 경계를 설정하고 내부의 고유성 혹은

---

7   C. Barker, *Cultural Studies: Theory and Practice,* London: Sage Publications, 2000; C. Barker, *Making Sense of Cultural Studies,* London: Sage Publications, 2002; S. During(ed.), *The Cultural Studies Reader(second edition),* London and New York: Routledge, 2003.

독자성을 드러내려고 한다. 이러한 과정이 바로 지역의 고유성 찾기 혹은 지역화 과정이며 공간적으로 영역화 과정이기도 하다. 따라서 '지역'은 필연적으로 '중앙'을 의식하면서 차별화를 시도하며, 지역 외부와 관련해 '변별적 특징들'을 발명한다. 지역이 영역적으로 자율성을 확보하면서 고유성 혹은 독자성을 확보하게 되며, 이것이 바로 지역정체성의 형성 차원이다. 이러한 맥락에서 지역교과서는 내재적으로 의미 있는 교재가 되기 위해 본능적으로 지역정체성을 드러내려고 하며, 이러한 의미의 생산과정이 문화연구의 대상으로 포섭된다. 아울러, 지역교과서에 나타난 정체성이 과연 진정성이 있는지도 문화연구의 대상이 될 수 있는데, 이 점은 특히 사회적 권력관계가 정체성의 재현 과정에서 어떻게 관여하고 있는지를 확인할 수 있도록 한다.

앞서 언급한 바와 같이, 지역교과서는 정체성 텍스트로서 의미화 관행의 일종으로 문화연구의 대상이었다. 그래서 지역교과서는 지역적인 것의 의미관계를 담론적으로 드러내고 있으며, 이것이 구체적인 분석대상이다. 즉, 지역교과서에서 지역정체성이 담론적으로 구성되고 있으며 이러한 구성과정을 확인하는 것이 필요하다. 요컨대, 지역교과서는 정체성의 담론들을 생산하고 있으며, 이러한 생산과정을 분석하고 유형화하는 작업이 요청되고 있으며, 이것은 비판적 담론분석법을 통해 가능하다. 다시 말해서 교과서에서 담론적으로 재현되고 있는 지역정체성을 검토할 수 있으며, 재현방식의 유형화, 재현방식의 차이가 함의하고 있는 바 등을 논의할 수 있다. 비판적 담론분석법을 통해, 지역교과서가 함축하고 있는 정체성 내러티브들의 구성전략을 규명할 수 있다.

비판적 담론분석법은 '담론'을 당연한 것으로 신비화하지 않고 사회적 산물로 규정한다. 다시 말해서, 서술되고 말해진 의미화 관행들은 가치 내재적이며, 충돌하는 가치들이 잠정적으로 타협한 상황이다.

"담론은 특정 주제에 관한 특정 신념들 혹은 사상들을 자명하고 상식적인 것으로 자연화시키기 위해 그것들을 순환시키고 유지시키는 진술들, 이미지들, 이야기들, 그리고 실천들의 관계망을 묘사하는 용어이다."[8]

즉, 담론은 '어떤 중요한 주제에 관한 일관성 있는 일단의 의미들을 만들고 순환시키기 위해 사회적으로 발전된 언어 혹은 재현체계'이다.[9] 이른바 담론은 사회적 관계의 형성과 변형에 관계된 의미의 집합체이다. 담론은 사물들이 말해지는 방식이며, 무엇이 말해지며, 말해지는 곳은 어디이며, 말하는 자는 누구인가가 중요해진다.[10] 요컨대, 담론은 사회적 구성물, 선택 체계이면서 이데올로기적 속성을 표방하고 있다.[11] 따라서 지역교과서가 정체성 텍스트로서 담론적으로 드러난다고 할 때, 다음과 같은 차원을 함축하고 있다.

첫째, 지역교과서의 내용은 사회적 관행의 형식으로 서술되고 말해진 것이다. 교과서의 서술은 막연하게 교육내용이 아니라 교육과정의 지역화라는 제도적 관행을 맥락으로 삼고 있다. 즉, 교육과정의 지역화라는 제도의 틀 속에서 의미를 실현하기 위해 교육내용이 담론적으로 표출되고 있는 것이다. 따라서 지역교과서의 내용서술은 담론적 관행으로서 가치중립적이지 않으며 교육과정의 지역화라는 사회 역사적 현실을 배경으로 하고 있다.

둘째, 지역교과서의 내용은 일정한 선택의 산물이다. 지역교과서의 내용은

---

8   J. Giles and T. Middleton, *Studying Culture: A Practical Introduction,* Oxford: Blackwell, 1999, 장성희 역, 『문화 학습』, 서울: 동문선, 2003, p.111.

9   J. Fiske, *Television Culture,* London: Routledge, 1987, 장성희 역, 『문화 학습』, 서울: 동문선, 2003, p.111 에서 재인용.

10   A. Thwaites, L. Davis and W. Mules, *Introducing Cultural and Media Studies: A Semiotic Approach,* New York: PALGRAVE, 2002, p.141.

11   C. Baker and D. Galasinski, *Cultural Studies and Discourse Analysis,* London: Sage Publications, 2001, pp.64-66.

반드시 저자들이 있다. 이들은 지역적인 것의 의미관계를 교과서의 내용으로 재현하고 있다. 지역교과서가 지역의 재현이기에, 재현과정 및 재현방법 등이 논의거리이다. 지역적인 것의 재현 그 자체보다 더 중요한 것은 어떤 과정을 통해서 그러한 재현이 발생하였는가이다. 교과서의 저자들은 지역적인 것을 나타내기 위해 필연적으로 고심을 했을 것이며, 선택의 산물로서 내용서술이 이루어졌을 것이다. 다시 말해서 저자들은 해당 지역의 속성을 가장 잘 드러낼 것이라고 가정한 대상들을 선택하여 교재화를 하였을 것이다. 따라서, 지역교과서의 내용에서 선택과 배제의 양상을 살펴보는 것이 중요하다.

셋째, 지역교과서의 내용은 이데올로기적 담론들이다. 지역교과서의 내용이 사회현실에 기초하고 있기에 이데올로기적 속성을 띠는 것은 당연하다. 그런데, 이러한 이데올로기는 자명성을 근간으로 하면서 집단구성원들에 의해 공유되고 있다. 우리는 공기와도 같은 이데올로기적 공간 속에서 살아가고 있다. 특정 공간 속에서 영향력을 행사하는 이데올로기는 이른바 '지배' 이데올로기이며, 이것이 지배적인 것은 권력관계를 통해서 그 효과를 행사한다. 따라서 지역교과서의 내용은 이데올로기와 무관하지 않으며 권력관계를 일정하게 반영하고 있다. 즉, 교육과정의 지역화는 국가 수준의 교육과정과 모종의 관련성을 가지면서 상대적 자율성을 확보하고 있다. 지역교과서가 국가주의에 기초한 교육과정을 기능적으로 합리화하는 차원일 수도 있고, 아니면 지역의 자율성을 옹호하는 상황이기도 하다.[12]

---

12 남호엽 · 김일기, 지역학습에 있어서 민족정체성과 지역정체성의 관계, 『대한지리학회지』, 36(4), 2001, pp.483-494; 남호엽, 역사경관의 재현과 지역교육의 합리성, 『시민교육연구』, 34(2), 2002, pp.27-41.

IV. 연구의 실제: 지역교과서에 나타난 정체성 담론

지역교과서는 지역적인 것의 의미관계를 재현하면서 지역정체성을 담론적으로 구성하고 있다. 지역정체성이 교과서에서 담론적으로 형성되는 과정을 분석할 때, 구체적으로 고려해야 할 사안들은 무엇인가? 가장 기본적인 출발점은 동일성과 차이가 발생하는 국면을 이해하는 것이다. 지역적 동일성이 재현되는 상황과 지역적 타자성이 부과되는 상황에 주목한다. 다시 말해서 지역의 내부와 외부가 구별되고 있는 관계국면을 찾아내는 것이다. 이러한 관계양상이 나타나고 있는 곳은 내용서술이 기본적으로 정체성의 담론이라고 규정할 수 있다. 이렇게 교과서 내용 서술에서 정체성 내러티브들이 구조화된 장면을 포착하고 난 뒤, 세부적으로 분석의 대상을 찾자면 다음과 같다.

먼저, 정체성 담론의 내용·토픽에 주목한다. 이것은 교과서의 독자에게 동일시 대상이며, 예컨대, 특정 지역에 대한 감성적 애착, 집단적인 정치사의 내러티브, 공통문화의 담론적 구성, 집단적 현재와 미래의 담론적 구성, 지역적 실체(body)의 담론적 구성 등의 모습을 취한다.[13] 예컨대 지역교과서에서 단원의 명칭을 '서울의 뿌리'라고 명명할 경우, 그 단원의 서술들은 집단적 기억의 대상으로 서울에 대한 내용·토픽을 제시하고 있는 것이다. 여기서 '집단적 정치사의 내러티브'가 제주 지역교과서에서 재현되고 있는 상황을 살펴보자.

"아주 오랜 옛날, 제주도에는 사람이 살고 있지 않았다. 하루는 한라산 북쪽 기슭, 지금의 삼성혈에서 세 신인이 솟아 나왔다. 이들은 들판에서 사냥을 하기도 하고, 서로 도와가면서 생활하였다. 그러던 어느 날, 동쪽 바닷가에 나무 상자가 떠내려

---

13   R. D. Cilla, M. Reisigl and R. Wodak, The discursive construction of national identities, *Discourse & Society,* 10(2), 1999, pp.158–160.

왔다. 세 신인은 이상하게 여겨 열어 보았다. 그 상자 속에는 파란 옷을 입은 세 처녀와 망아지, 송아지, 그리고 오곡의 씨앗이 들어 있었다. 또 세 처녀를 데리고 온, 동해 벽랑국의 사자도 나왔다."[14]

위 사례는 제주도의 내력에 대하여 학습하는 제재의 내용이다. 지역 주민들이 가지고 있는 공통의 기억들을 교재화 하면서 내부적으로 동일성을 확보하려는 상황이라고 말할 수 있다.

둘째, 정체성 담론의 전략에 주목한다. 전략이란 특정 정체성들의 담론적 구성, 지속, 변형 그리고 해체에 관련되는 사안들이다.[15] 여기에는 구성적 전략, 영속화와 정당화 전략, 변형전략, 해체전략 등이 있다. 구성적 전략은 내부에 동일성 혹은 유사성을 가정하는 경우이고, 영속화와 정당화 전략은 단일성을 강조하면서 고정관념적인 일반화를 만들어낸다. 변형전략은 상황의 변화에 따라 정체성을 다시 규정하는 경우이고, 해체전략은 현재의 정체성을 탈신비화하거나 삭제하는 과정이다. 예컨대, 지역교과서에서 '서울이 오랜 역사를 지닌 도시'라고 규정할 경우, 이는 고정관념적인 일반화를 통해 단일성을 강조하는 담론 전략이다. 정체성 담론의 전략 중에서 영속화와 정당화, 그리고 변형의 상황이 나타나고 있는 경우를 보자.

"우리 제주도는 자연과 인간이 조화를 이루며 독특한 문화를 일구어 온 평화로운 섬이다. 이 속에서 우리는 제주인의 얼과 역사가 살아 있는 한라산, 희망으로 푸르게 맥박치는 바다와 더불어, 개척과 창조의 강인한 정심으로 살아 왔다. 제주의 자연은 우리의 생명이요, 희망이다. 맑은 공기, 깨끗한 물, 청정한 바다, 다양한 생물

---

14   교육부, 『아름다운 제주도』, 서울: 국정교과서주식회사, 1998, p.49.

15   R. D. Cilla, et al., 1999, pp.160-163.

은 우리의 소중한 자산이며, 세계인이 함께 누려야 할 영원한 유산이다. 그러나 그 동안 양적 성장과 급속한 발전을 추구해 온 결과, 조상으로부터 물려받은 아름다운 삶의 터전과 건강한 제주 공동체의 미래가 위협받고 있다. 이제 우리 모두는 생태계의 일원임을 자각하여 제주 환경을 아끼고 보전함으로써, 자연의 질서와 조화를 유지, 회복하기 위해 정성을 다하여야 한다. 이에, 우리는 '영원한 푸른 섬, 제주'를 지구촌과 후손에게 물려주기 위하여 다음 사항을 성실하게 실천할 것은 다짐한다."[16]

위 사례는 제주 지역교과서에서 제주 환경 선언을 교재 내용으로 구성한 결과이다. 제주 지역의 미래를 모색하는 상황에서 지역의 정체성을 담론적으로 구성하고 있는 국면이다. 제주지역의 고유성이 지속적으로 이어지려면 생태적으로 재맥락화 되어야 한다고 규정하고 있다. 따라서 제주의 정체성이 담론적으로 드러날 때, 그 담론의 전략이 영속화와 정당화 그리고 변형의 차원까지 나아가고 있다.

셋째, 정체성 담론에 나타나고 있는 언어적 수단들과 실현 형식들이 있다. 분석의 초점은 어휘 단위들, 논의 도식들, 구문적 수단들이며, 포함과 배제의 상황을 구체적으로 드러내 준다.[17] 예컨대, 인칭대명사 '우리'의 사용은 내부적으로 포함의 상황을, '그들'의 경우는 배제의 상황을 보여준다. 아울러 비유법을 통해 정체성의 담론적 구성을 시도하고 있으며, 환유와 제유, 은유와 의인화 등이 대표적이다. 이를테면, 제유는 부분으로 전체를 나타내는데, '충청도 사람들은 양반이다'라고 규정할 때 그러하다.

"우리나라 사람들은 어디에서나 충청도 사람을 만나면 따뜻한 정을 느낀다고 한

---

16   제주도 교육청, 『아름다운 제주도』, 서울: 국정교과서주식회사, 2001, p.130.

17   R. D. Cilla, M. Reisigl and R. Wodak, 1999, pp.163-165.

다. 또, '충청도 양반이시군요' 하고 미소를 띤다. 우리가 사는 충청북도는, 인심이 좋고 산과 호수가 잘 어우러진 아름다운 곳으로, 예로부터 '청풍명월'의 땅이라 하였다. 곳곳의 높고 낮은 산과 맑은 물이 흐르는 골짜기는 마치 한 폭의 그림처럼 아름답다."[18]

위 사례는 충북 지역교과서의 일부이며, 자연스러운 담론의 상황에서 지역주민들의 정체성을 제유법으로 드러내고 있다. 즉, 교과서의 내용서술은 지역을 언어적 표현으로 인격화 하면서 동일시의 공간으로 만들고 있다.

V. 결론

지금까지 지역교과서의 연구논리를 문화연구의 관점에서 탐색하였다. 지역교과서는 교육과정의 지역화라는 교육적 관행의 산물이었다. 교육과정의 지역화는 사회과를 통해서 기르고자 하는 인간상에 비추어 마련한 장치이며, 학습자에게 문화적 적절성을 고려하여 교육과정을 제공하고자 했다. 학습자의 생활세계가 간직하고 있는 삶의 형식들이 문명화된 생존을 위해 필요하다는 것을 확인하고 이를 교육의 과정으로 포섭하고 있다. 즉, 어린이가 사회과를 교육받은 주체, 즉 시민성의 소유자라면 지역정체성을 형성하고 있어야 한다고 보았다. 그래서 지역교과서에서는 교과서의 독자들이 지역적인 것을 내면화할 수 있도록 모종의 조치를 취하고 있다. 지역교과서는 지역적 고유성 혹은 지역정체성을 담론적으로 재현하면서 다른 지역과의 차별화를 시도하고 있다. 이에 지역교과서는 정체성 텍스트로 규정할 수 있었으며, 아울러 문화연구의 접근법으로 그 의미관계를 분석할 수 있었다.

---

18   교육부, 『살기 좋은 충청북도』, 서울: 국정교과서주식회사, 1998, p.6.

지역교과서가 정체성 텍스트로서 의미화 관행을 재현하기에 문화연구의 대상이 되었는데, 이 텍스트에서 의미화 양상들은 담론의 형식을 띤다. 그래서 지역교과서의 내재적 가치를 따져보기 위해서 구체적인 분석법을 선택해야 하며, 여기서는 비판적 담론분석법이었다. 지역교과서의 내용서술에 나타나고 있는 의미관계를 분석하기 위해 담론에 주목하는 것이며, 이때 담론은 사회적 구성물이면서 선택 체계였고 아울러 이데올로기적 속성을 담보하고 있다. 요컨대, 지역교과서의 내용서술은 정체성 담론들의 집합체이며 어떤 양상으로 지역적 고유성을 표출하고 있는지 분석되어야 했다. 지역교과서의 정체성 담론은 '내용·토픽', '전략', '언어적 수단과 실현형식' 등의 견지에서 분석할 수 있었다. 이러한 분석들을 행하면서 확인할 수 있는 것은 정체성 텍스트로서 지역교과서가 다양한 방식으로 지역의 고유성을 재현하고 있다는 점이다. 다시 말해서, 정체성 텍스트에서 의미관계들은 여러 가지 방식으로 담론적 재현의 상황을 드러내고 있었다. 아울러 재현 양상은 몇 가지 규칙성을 보여주고 있으며, 이러한 의미화의 패턴이 바로 정체성 텍스트로서의 전형들을 확보하고 있었다.

　이제 본 연구와 관련해서 이후의 연구 과제를 제시하고자 한다. 먼저, 지역교과서를 정체성 텍스트로 규정할 수 있는 근거에 기초하여 다양한 사례 교과서를 민속지적으로 분석한다. 지금까지 수행된 작업들은 몇몇 지역의 교과서에 국한되어 있기에, 전국적으로 범위를 확대하여 분석들이 수행될 수 있을 것이다. 이러한 분석 작업의 결과에 기초하여, 한국 사회과의 독특한 현상인 '교육과정의 지역화와 지역교과서의 발행'이라는 교육적 관행을 충실하게 검토할 수 있다. 즉, 외관상으로 보기에 모두가 지역교과서의 모습을 띠고 있지만, 각 지역마다 지역적 고유성을 찾기 위해 어떤 접근법들을 구사하고 있는지 확인할 수 있을 것이다. 한편, 분석 작업을 통해서 정련화된 개념과 방법론은 소위 '지역의 얼굴 찾기' 모습을 표방하고 있는 최근의 지역학 연구 프로젝트에 적용할 수 있을 것이다.

둘째, '정체성의 이해와 문화연구의 접근법'이라는 기획은 지역적인 차원 이외에 다른 주제에도 적용할 수 있다. 예컨대, 사회과 교육과정에 역사적으로 나타나고 있는 '애국주의' 담론을 분석할 수 있다. 교육과정 시기별로 국정교과서의 내용서술에서 확인할 수 있는 '애국주의'의 양상을 확인하고 그 의미관계를 추론할 수 있다. 사회과라는 교과가 사회인식교과로서 국민국가의 생존과 밀접한 관련성이 있다고 볼 때, '애국주의'에 대한 담론분석은 많은 시사점을 줄 것이다. 즉, 국민국가의 이데올로기적 재생산 과정을 천착할 수 있는 계기로 '사회과' 연구가 수행가능하며, 이는 비판적 담론분석법이라는 견지에서 더욱 구체성을 가질 수 있다. 그리고 이러한 접근법들은 기능주의 교육학 연구의 한계를 보완할 수 있다. 기존의 교육사회학 연구가 교육적 관행 속에서 나타나고 있는 사회적 관계에 대한 이해를 제공하고 있기는 하지만, 재생산론의 입장에서 그 한계가 있다고 보았을 때, 문화연구의 접근방식은 새로운 돌파구를 마련하고 있다.

셋째, 문화연구의 접근법이 가지고 있는 의도성에 관련된 사안이다. 문화연구의 입장은 연구의 실천적 효과를 가정하고 있다. 예컨대, 의미화 관행에 나타나고 있는 권력관계를 확인하고자 하는데, 그 이유는 그러한 권력관계에 변화를 주기 위해서이다. 다시 말해서 역사적 진리의 입장에서 현실을 분석하고 변화를 모색하는 과정 속에 문화연구가 자리하고 있는 것이다. 이 점을 사회과교육 연구의 차원으로 논의하자면, 교사가 학습자와 더불어 시민성의 본질을 실현하도록 의도하고 있는 상황이다. 즉, 학습자가 처해 있는 현실에 기초하면서 그러한 현실 속에서 민주적인 마음상태를 형성하고 적극적으로 실천할 수 있는 국면들을 가정하고 있다. 이른바 비판적 페다고지(critical pedagogy)의 입장에서 사회과를 전화(transformation)시키려는 의도에서 문화연구의 접근법을 선택하고 있는 것이다. 바로 이러하기에 학습자와 관련된 문화적 맥락에 주목하고, 그 맥락 속에서 교육의 진정성을 찾으려는 일련의 기획들이 연대의 고리를 형성하고 있다.[19]

---

19 J. Morgan, Critical pedagogy: the spaces that make the difference, *Pedagogy, Culture and Society,* 8(3), 2000, pp.273-288; D. A. Gruenewald, The best of both worlds: a critical pedagogy of place, *Educational Researcher,* 32(4), 2003, pp.3-12.

제2부

사례 연구(Ⅰ)

05

지역학습에서 민족정체성과 지역정체성의 관계

Ⅰ. 서론

지역학습은 교육과정의 지역화라는 관행을 통해 적극적으로 실천되고 있다. 특히 초등학교 3학년과 4학년 학생들의 경우, 지역에서 발행된 교과서를 통해서 지역적인 것에 대한 내면화를 시도하고 있다. 이러한 교육과정의 지역화는 단지 지역에 있는 것을 교육의 과정 속에서 다루고 있다는 점에만 의의를 두고 있지는 않다. 지역적인 것이 가지고 있는 교육적 가치를 적극적으로 실현하고자 하는 의도를 드러내고 있다. 학습자의 당사자 관련성에 기초하여 사회적 삶의 형식을 가르치려고 한다. 즉, 지역학습은 지역에 전개된 공간질서와 지역의 고유성에 대한 합리적인 인식을 추구하고 있다.[1] 다시 말해서 학습자들이 발 딛고 있는 생활공간이 간직하고 있는 삶의 의미를 이해하도록 조건화하고 있다.

또한 교육과정의 지역화를 통한 지역학습의 실천은 지역 간의 차이를 기본 전제로 하고 있다. 미래사회의 주역들이 단지 국민국가의 구성원으로서만이 아니라 각 지역사회의 주체로도 성장하게끔 의도하고 있다. 여기서 각 지역 간의

---

1   김일기, 「지지교육의 제문제」, 석천이찬박사화갑기념논문집간행위 편, 『지리학의 과제와 접근 방법』, 서울: 교학사, 1983, pp.595-613.

차이는 문화적 다양성에 기초하며, 서로 구별되는 측면이 있다. 각 지역의 교육과정은 다른 지역과의 영역적인 차별성에 바탕하여, 일종의 구별 짓기 행위라는 측면에서 지역적인 것의 고유성, 지역정체성을 표출시키고 있다.[2]

그런데 교육과정의 지역화가 아무리 적극적으로 실행된다고 할지라도 민족국가로서의 정치적 단일성을 배제하는 정도는 아니다. 교육과정에서 각 지역의 문화적 고유성이 다루어질지라도 민족국가의 지위를 고려해야 할 실정이다. 요컨대, 교육과정의 지역화와 지역학습의 실천은 민족국가 수준에서의 정치적 단일성과 지역 수준에서의 문화적 다양성 사이에서 조화를 고려해야 할 상황이다. 어느 한쪽을 향해 일방적으로 경사되거나 양자택일의 문제는 아니고 상보적인 관계설정이 요청되고 있는 것이다.

지금까지 교육과정의 지역화를 안내하는 입장에서는 민족과 지역 간의 스케일적 고려를 제시하고 있는데, 실제적으로 적용되고 있는 교육과정에서도 그러한지는 검토된 바 없다. 중앙정부의 입장에서 교육과정의 지역화 정책을 추진할 때, 민족과 지역 사이의 관계를 상호 조화의 견지에서 다루고 있기는 하다.[3] 그러나 학교현장에서 광범위하게 적용되고 있는 각 지역의 교육과정에서도 이러한 원칙들이 유지되고 있는지는 검토가 필요한 사안이다. 따라서 본 연구에서는 다른 지역에 비해 고유성이 상대적으로 잘 나타나고 있는 제주 지역의 교과서를 사례로 하여 민족과 지역 간의 관계 추구 방식을 살펴보고자 한다.

연구 목적을 추구하기 위해 검토한 자료는 제주 지역의 교과서인데, 제주 지역에서 집필되고 교육부의 인가를 받은 '아름다운 제주도'라는 제목으로 제6차

---

2   박승규 · 김일기, 「사회과 지역학습에서 '지역'의 의미 탐색」, 『사회과교육연구』, 5, 1998, pp.71-90; 박승규 · 심광택, 「경관과 '기호' 표상을 활용한 지역학습」, 『대한지리학회지』, 34(1), 1999, pp.85-90.

3   김일기 외, 『제7차 교육과정의 상세화를 통한 사회과 내용 체계에 관한 연구』, 한국교원대학교 사회과교육과정 연구위원회, 1998.

교육과정 시기에 4학년 어린이들을 대상으로 사용되었다. 아울러 또 다른 검토 자료는 제주지역의 담론들인데, 이것은 다양한 형식으로 드러나고 있는 지역연구 결과물들을 대상으로 했다.

연구목적에 비추어 연구 자료를 분석할 때, 사용한 방법은 비판적 담론분석법과 도상학적 분석법이다. 전자는 자료의 내용서술을 분석하고, 후자는 자료의 삽화 및 사진을 분석하였다. 비판적 담론분석법이란 사회제도들에서 작동하고 있는 언어와 담론에 대한 연구이며, 여기서 담론이란 '삶의 형식'으로서 세계를 알고 가치를 부여하고 경험하는 방식들이다.[4] 이 분석법은 사회적 관행의 형식으로 쓰여지고 말해진 '담론'을 이해하려고 한다. 지역교과서와 지역연구 결과물을 비판적 담론 분석법으로 검토할 때, 이 두 가지는 정체성 텍스트로서의 지위를 가진다. 정체성의 담론적 구성을 분석할 때, 분석의 의미범주는 내용 · 토픽, 전략, 언어적 수단들과 실현 형식들로 구분할 수 있다.[5] 여기서 내용 · 토픽이란 특정 민족이나 지역에 대한 감성적 애착, 집단적인 정치사의 내러티브, 공동문화의 담론적 구성, 집단적 현재와 미래의 담론적 구성, 민족 및 지역적 실체의 담론적 구성이 그 사례이다. 전략이란 특정 정체성들의 담론적 구성, 지속, 변형, 그리고 해체에 관련되는 사안들이며, 구성적 전략, 영속화와 정당화 전략, 변형 및 해체 전략 등이다. 예컨대, '서울이 오랜 역사를 지닌 도시'라고 규정될 경우, 이는 고정관념적 일반화를 통해 단일성을 강조하는 전략이다. 언어적 수단과 실현 형식들은 정체성의 담론적 구성에 관련된 다양한 언어적 양태들에 대해 관심을 가진다. 인칭대명사 '우리'의 사용은 내부적으로 포함

---

4   A. Luke, Critical discourse analysis, in J. P. Keeves and G. Lakomski(ed.), *Issues in Educational Research,* New York: Pergamon, 1999, pp.161-173.

5   R. D. Cilla, M. Reisigl and R. Wodak, The discursive construction of national identities, *Discourse & Society,* 10(2), 1999, pp.149-173.

의 상황을, '그들'의 사용은 외부적으로 배제의 상태를 보여준다.

연구자료 중 교과서의 삽화 및 사진은 교육적인 의미관계를 가시적인 경관 이미지로 드러낸다. 이때, 경관이란 환경을 재현 · 구조화 · 상징화하는 시각적인 방식이면서 동시에 문화적인 이미지이며 독해의 대상이다.[6] 도상학적 분석법은 이러한 경관의 의미관계를 독해하는 방법이며, 파노프스키에 따르면 전(前) 도상학적 기술, 도상학적 분석, 그리고 도상해석학적 분석으로 구분된다.[7] 첫 번째 단계에서는 분석 대상의 '일차적인 또는 자연스러운 모티브'를 확인하며, 두 번째 단계에서는 '이차적인 또는 관습적인 주제'를 파악하는 과정이다. 세 번째는 경관이미지의 '본래적인 의미 또는 숨은 내용'을 해석하는 작업이다. 예컨대, 초등학교 제주 지역교과서를 전도상학적 기술로 보자면, 문화재 학습을 추구하면서 내용서술과 함께 관련 사진들을 유기적으로 구조화하고 있음을 알 수 있다. 같은 경우를 도상학적 분석으로 보자면, 유교문화경관, 불교문화경관, 민속문화경관의 순서와 비중으로 다루어지고 있다. 그리고 도상해석학적 분석으로 검토하자면 유교문화경관이 중심적이며, 이는 민족정체성을 의식한 경관의 선정 및 재현이라는 해석이 가능하다.

한편, 연구 자료를 비판적 담론분석법과 도상학적 분석법의 견지에서 검토하고 난 뒤, 연구 자료들 사이 의미관계에 대한 논의를 시도하였다. 즉, 지역교과서와 지역담론 간의 상호텍스트성에 대한 이해작업도 병행하였다. 여기서 말하는 상호텍스트성이란 지역교과서와 지역담론 각각을 하나의 텍스트로 규정하

---

6 D. Cosgrove and S. Daniels, Introduction: iconography and landscape, in D. Cosgrove and S. Daniels(ed.), *The Iconography of Landscape: Essays on the Symbolic Representation, Design and Use of Past Environments,* Cambridge: Cambridge University Press, 1988, pp.1-10.

7 E. Panofksy, Iconographie und Ikonologie, in E. Kammerling(ed.), *Ikonographie und Iconologie: Theorien, Entwicklung, Probleme,* 1994, 이한순 외 역, 「도상학과 도상해석학」, 『도상학과 도상해석학』, 서울: 사계절, 1997.

고 그 의미를 확인할 때, 양자가 주고받는 의미효과이다.[8] 예컨대, 지역적인 것의 의미관계가 지역교과서와 지역담론에서 동일하게 재현되고 있는지 아니면 상대적으로 차별적인 모습을 보이고 있는지가 검토사안이다. 만약에 서로 차이가 있는 의미 관계를 보여줄 경우, 차이의 원인에 대한 추론작업을 통해서 반성적인 가치판단을 도모할 수 있다. 따라서 지역교과서라는 텍스트의 상호텍스트성을 규명하는 과정은 교육과정의 지역화 정책에 대한 평가 작업이 될 수 있다.

II. 민족정체성과 지역정체성의 사회공간적 구성

1. 동일시 경관의 영역화와 정체성의 형성

정체성(正體性, identity)이라는 말은 동일성(同一性)이라고도 번역되는데, 반대어는 타자성(他者性)이며 어원은 '같은'을 뜻하는 라틴어 'idem'이다. 일상적인 맥락에서 외관상 시시각각으로 변화하는 모습을 보이지만, 그런 모습을 넘어서 가지고 있는 자기동일성의 문제가 곧 정체성의 문제이다.[9] 정체성은 무엇에 대한 동일시 과정의 특정 국면, 즉, 무엇과 같거나 그렇지 않다고 여기는 일련의 심리적이고 사회적인 과정을 통해서 구성된다.[10] 페슈의 동일시 이론에 비추어 언급하자면, 정체성의 형성은 동일시(identification)와 역동일시(counteridentification) 그리고 비동일시(disidentification)의 모습을 가진다.[11] 여기서

---

8   P. Cloke, Self-other, in P. Cloke, *et al.* (ed.), *Introducing Human Geographies,* London: Arnold, 1999, p.47.

9   E. Clement, *et al.*, *Pratique De La Philosophie De A Z*, Paris: Haiter, 1994, 이정우 역, 『철학사전: 인물들과 개념들』, 서울: 동녘, 1996.

10 S. Hall, The question of cultural identity, in Hall, S. *et al.* (eds.), *Modernity and its Futures,* Oxford: The Open University Press, 1992, 김수진 역, 「문화적 정체성의 문제」, 『모더니티의 미래』, 서울: 현실문화연구, 2000.

11 M. Pêcheux, *Language, Semantics and Ideologies*, 1975, trans, H. Nagpal, New York: St Martin's Press, 1982.

동일시 국면들은 특정 주체의 형성을 세 가지로 범주화한 것이며, 역동일시와 비동일시는 동일시하지 않기의 속성을 보여준다. 동일시와 역동일시가 동전의 앞뒤와 같은 관계라면, 비동일시의 경우는 독자적인 경로를 만든다. 특정한 정체성의 형성은 이 세 가지 동일시 국면의 어떤 측면이 작동하고 있는 것이다.

정체성의 형성이 동일시 국면을 통해서 구조화될 때, 이는 항상 현실적인 시공간좌표 속에서이며 구체적인 물질장치를 전유하고 있다. 이때 이 물질장치는 가시성을 기본 속성으로 하면서, 문화적인 의미관계를 내재하고 있는 인공물이며, '경관'(景觀, landscape)이라고도 불린다. 이른바 정체성은 경관이라는 문화적 인공물을 통해서 물질적으로 구성되고 있고 경관을 어떻게 파악하느냐가 관건이다. 특정 정체성의 형성과정에서 경관이 개입하는 양상에 대한 이해작업은 인간주의와 급진주의 지리학자들에 의해 주로 진행되었다. 이들은 경관을 인간 외부에 객관적으로 존재하는 가치중립적 실체로서 파악하지 않으며 경관 스스로가 말을 한다고 여긴다. 즉, 경관이라는 것은 특수한 시간과 장소 그리고 특수한 사람들에 의해 만들어지면서 사회에 관한 메시지를 전달한다.[12]

인간주의 지리학에서 경관은 개인들의 전기라고 비유된다. 경관은 인간 외적인 어떤 힘이 작용하며 생긴 것이 아니라, 대지에 거주하고 있는 사람들의 책임이며, 바로 그러하기에 경관 형성에서 개인들 각자가 결정적인 변수로 작용한다.[13] 경관은 특정 장소에 살아가는 사람들의 욕구가 반영된 결과물이며, 누군가 경관을 이해하려고 한다면, 그 경관의 장소에 거주하는 사람들을 알아야 한

---

12   C. Nash, Landscape, in P. Cloke, *et al.* (ed.), *Introducing Human Geographies*, London: Arnold, 1999, pp.217-218.

13   M. Samuels, The biography of landscape, in D. Meinig(ed.), *The Interpretation of Ordinary Landscapes,* New York: Oxford University Press, 1979, pp.51-88.

다.[14] 인간주의 경관론에서 정체성의 형성을 논의하자면, 개인이나 집단의 정체성은 개인들 각자가 선호하는 경관취향을 통해서 드러난다. 예컨대, 잉글랜드인들의 정체성은 그들이 선호하는 경관미로 나타나는데, 이것은 시골의 자연스러운 모습이 표출된 전원시와 같은 경관이다.[15] 그런데, 인간주의 경관론에서 본 정체성은 경관을 만든 주체의 취향이 드러난다고 볼 때, 일정한 영역성의 산물이다. 여러 가지 가능성들 중에서 하나의 취향이 선택된 것이기에, 배제의 어떤 측면을 보여준다. 다만 선택한 입장이 다른 입장에 대해 배타적인 권력을 행사하는 양상이 지배적인 것은 아니다. 내부자가 선택한 경관취향은 자신들의 정체성을 자연스럽게 재현한 필연적인 차원이라고 본다면, 다른 경관취향은 우연적인 차원으로 비교의 대상이 될 뿐이다. 따라서 인간주의 경관론에서 정체성은 특정 경관과의 적극적인 동일시하기의 과정으로 형성되며, 동시에 '소극적으로' 다른 경관에 대한 동일시하지 않기가 개입한다.

급진주의 지리학에서 경관은 단지 주관적인 관념의 산물이 아니라, 특정한 사회적 과정의 현실적인 모습 그 자체가 드러난 것이다. 즉, 경관은 일종의 의미체계로서, 하나의 텍스트이며 특정한 방식으로 바라본 결과이다.[16] 경관은 사회집단의 특수한 관점 혹은 사회 이데올로기를 상징화한다. 경관이 특정 집단의 관점이나 의도를 반영하는 과정에서 필연적으로 권력관계가 뒤따른다. 특정 집단의 관점은 가치중립적이지 않고, 다른 의도들과 충돌하면서 일정한 변형을

---

14 D. Meinig, Reading the landscape: an appreciation of W. G. Hoskins and J. B. Jackson, in D. Meinig(ed.), *The Interpretation of Ordinary Landscapes,* New York: Oxford University Press, 1979, pp.195-244.

15 D. Lowenthal and H. C. Prince, English landscape tastes, *Geographical Review,* 54(3), 1965, pp.309-346.

16 D. Cosgrove and S. Daniels, Introduction: iconography and landscape, in Cosgrove, D. Cosgrove and S. Daniels(ed.), *The Iconography of Landscape: Essays on the Symbolic Representation, Design and Use of Past Environments,* Cambridge University Press, 1988, pp.1-10; J. S. Duncan, *The City as Text: The Politics of Landscape in the Kandyan Kingdom,* Cambridge: Cambridge University Press, 1990.

가져온다. 기존의 입장이 더욱 공고해지거나 아니면 약해져서 주변화된다. 주변화되는 경우는 어떤 계기를 통해서 배제되는 국면이며, 타자로서의 정체성을 부여받는 상황이다. 이처럼 급진주의 지리학에서 경관은 단지 물질적인 구성물이 아니라 사회적 관계의 변모를 가져올 수 있는 권력효과이다. 권력효과로서 경관을 볼 경우, 그것은 동일자의 경관과 타자의 경관으로 구분된다.[17] 동일자의 경관은 내부적으로 '우리'라는 소속감을 야기한다. 타자의 경관은 동일자에 의해 외부적으로 '그들'로 범주화되면서 배제된다. 경관은 영역화의 과정에서 경계를 창출하는 요인으로 작동한다. 영역화의 과정은 영역 만들기의 상황이며, 경계의 창출과 재현 그리고 제도화의 수순을 밟는다. 이른바 영역적 인식과 그 외양의 가정, 상징적이면서 제도적인 틀 지우기 과정을 겪는데, 이때 경관이 그 매개 고리 역할을 한다.[18] 다시 말해서, 경관은 현실적인 사회관계에서 포함과 배제의 과정을 도출하면서 영역화를 추구하며 영역적 정체성의 구심이 된다. 예컨대, 서구인들이 오리엔트에 대해서 가지는 관념은 유럽과의 대조 효과를 통해서이다.[19] 이른바 서구는 문명의 장소인데 비해, 오리엔트는 야만의 장소로 경관화한다. 유럽인들의 문화정체성은 오리엔트 경관을 타자화하면서 혹은 역동일시 하면서 형성된다고 말할 수 있다.

2. 공간스케일과 정체성의 형성

개인이나 집단의 정체성은 항상 지표상의 특정 위치에서 구성된다. 이때, 그 위치는 절대적으로 고정되어 있는 것이 아니라 상대적 국면의 특정 지점이다.

---

17 P. Atkins, I. Simmons and B. Roberts, *People, Land and Time,* London: Arnold, 1998.

18 A. Paasi, Geographic perspective on Finnish national identity, *GeoJournal,* 43, 1997, pp.41-50.

19 E. Said, *Orientalism*, London: Penguin, 1978, 박홍규 역, 『오리엔탈리즘』, 서울: 교보문고, 1995.

개인이나 집단의 사회적 관계는 다양한 매듭의 결과이고, 이는 단일한 차원으로 범주화될 수 없다. 즉, 특정 개인이나 집단의 정체성은 일면적인 속성을 가지는 것이 아니라 다차원적인 측면을 가진다. 따라서 다양한 사회적 관계 수준을 개념화하는 스케일에 주목할 필요가 있다. 통상적으로 마을이나 읍구와 같은 생활공간을 국지적 스케일(local scale)이라고 칭하고, 국가주권에 의해 강력하게 경계 설정된 민족적 스케일(national scale)이 있고, 그 사이에 지역적 스케일(regional scale)이 있다.[20] 그런데, 이러한 공간스케일을 단지 물리적인 크기나 수준의 차이로만 보면 문제가 있는데, 이유는 사회적 관계의 특수한 계기들을 지나치게 단순화할 수 있기 때문이다. 공간스케일은 크기나 수준의 측면이 배제된 것은 아니지만, 근본적으로는 관계의 산물로서 볼 필요가 있다. 이른바 스케일들은 공간과 장소, 그리고 환경을 포함하는 복합체에서의 관계적인 요소이다.[21] 각 스케일들은 지리적인 총체성의 구성과 역학에서의 요인인데, 국지적인 스케일이라 할지라도 그 총체성들을 담보하고 있으며 그런 총체적 실재의 특정 계기들이다.

또한 스케일들이 사회적 관계의 흐름을 포착하려면 미리 정해진 존재론적 범주로 이해하기보다는, 현실을 틀 지우는 인식론적 관점이 요청된다.[22] 스케일들은 미리 고정되어 있는 존재화의 결과가 아니라, 사회적 관계의 유동성을 발견하기 위한 방법론적 장치이다. 스케일들은 '결과'로서 의미를 가지지 않고, '과정'으로서 구성되는 측면이다. 예컨대, 글로벌화는 민족국가의 위상을 현저

---

20   J. Levy, The spatial and the political: close encounters, in G. B. Benko and U. Strohmayer(ed.), *Geography, History and Social Sciences,* Dordrecht: Kluwer Academic Publishers, 1995, pp.227-242.

21   R. Howitt, Scale as relation: musical metaphors of geographical scale, *Area,* 30, 1998, pp.25-28; S. A. Marston, The social construction of scale, *Progress in Human Geography,* 24(2), 2000, pp.219-242.

22   K. Jones, Scale as epistemology, *Political Geography,* 17, 1998, pp.25-28.

히 변모시키고 있고, 이는 스케일적 사고의 대상이다. 과거 포디즘의 시기에 민족국가는 다른 민족국가와의 경쟁을 위해 내부적으로 발생하는 불균등 발전을 조정했다. 그러나 포스트포디즘의 시기가 되면서 국내의 불균등 발전은 더 이상 조정의 대상이 아니다. 그 이유는 한편으로, 지역과 도시 스케일이 글로벌화의 흐름에 대응하여 등장했기 때문이며, 다른 한편으로, EU나 NAFTA와 같은 대륙적 스케일에 국지적이고 지역적인 사회관계가 결부되기 때문이다.[23] 요컨대 지구적인 차원에서 작동하고 있는 경제운동을 이해하기 위해서, 단지 민족국가의 차원에서만이 아니라 여러 스케일에 걸친 사고가 필요하다. 즉, 스케일들은 상대적인 자율성을 가지면서도 상호침투적인 성격을 가지며, 이는 '공간 스케일들의 비계설정'이라고 칭한다.[24] 스케일들의 비계설정은 위계적이고 층화된 형태를 구성하는 작업이며, 이것은 현실의 복합성과 역동성을 인식할 수 있도록 해준다.

지금까지 언급한 스케일적 사고에 바탕하여 정체성의 형성을 논의해 보자. 어떤 민족이 동일성을 확보하려고 할 때, 혹은 하나의 민족이 되려고 한다면, 일련의 스케일적 기제를 구성한다. 특정 민족은 내부적으로 상상의 공동체와 발명된 전통에 기초하여 통합적인 구심력을 확보한다.[25] 특정 민족의 동일성은 민족적 스케일을 넘어서 다른 민족들과 대비되어 그 효과로서 성립된다. 내부적으로도 차별화의 과정을 통해서 특정 지역의 정체성이 민족적 동일성의 핵심

23 N. Brenner, Global, fragmented, hierachical: Henri Lefebvre's geographies of globalization, *Public Culture,* 24, 1997, pp.135-167; S. A. Marston, The social construction of scale, *Progress in Human Geography,* 24(2), 2000, pp.219-242.

24 S. A. Marston, 2000, p.227.

25 B. Anderson, *Imagined Communities: Reflection on the Origin and Spread of Nationalism,* London and New York: Verso, 1983, 윤형숙 역, 『민족주의의 기원과 전파』, 서울: 나남, 1993; E. Hobsbawm and T. Ranger, *The Invention of Tradition.* Cambridge: Cambridge University Press, 1983, 최석영 역, 『전통의 날조와 창조』, 서울: 서경문화사, 1995.

으로 영향력을 행사한다. 그리고 다시 특정 지역 내부에서도 국지적인 장소가 동일화와 차별화의 흐름을 창출한다. 이른바 지역주의는 지역적 스케일에서 영역화된 정체성의 산물인데, 지역적 스케일에서 주민들이 동일성을 확보한 결과이다.[26] 지역정체성이 이데올로기적으로 반영된 지역주의가 민족정체성의 측면과 조화롭지 못한 경우에는 자주독립을 요구하게 된다. 이를테면 스코틀랜드의 지역주의는 지역적 스케일의 장소에 뿌리를 둔 민족주의적 성향이면서 그 장소는 스코틀랜드의 영역적 정도를 보여준다. 그 영역적 정도는 소위 영국적인 것(the British)과의 이질성을 낳으면서 분리 독립의 근거가 된다.

그런데 현실적으로 영국적인 것의 내용을 보면 잉글랜드적인 속성이며, 잉글랜드 내부에서도 남부지방의 전원 경관이 구심점이다.[27] 남부지방의 경관이 가져다주는 상징이 바로 잉글랜드적인 것 그 자체이고 전체로서의 민족을 나타냈다. 잉글랜드 남부지방은 도시가 아니라 인간과 자연 사이 조화로운 관계가 드러난 촌락경관의 장소였다. 경관은 자연환경에 대한 인간적 질서부여를 통해서 창출되었고, 합의와 계속성의 의미를 보여주는 민족의 내용이었다. 이러한 잉글랜드 촌락경관의 장소감은 문학과 예술, 건축물 등에서 다양하게 재현되었고, 특히 세계 대전 중에 강한 호소력을 가졌다. 즉 특정 지역의 장소에 바탕한 정체성이 민족정체성으로 전화하고 민족 외부와의 갈등관계를 통해서 공고히 된다. 이른바, 잉글랜드 정체성은 코츠월드(Cotswold)라는 장소가 가지는 고유성에 바탕하여 구성되었다. 다른 지역의 경관들과 비교하여 차별화되면서 잉글랜

26   D. B. Knight, Identity and territory: geographical perspective on nationalism and regionalism, *Annals of Association of American Geographers*, 72(4), 1982, pp.524-531.

27   G. Rose, Place and identity: a sense of place, in D. Massey and P. Jess(ed.), *A Place in the World?*, Oxford: The Open University Press, 1995, pp.87-118.

드 정체성의 상징적 구심이었다.[28] 이렇게 가장 독특한 국지적 장소의 경관이 지역정체성의 핵심이 되고 나아가 민족화되었다.

III. 분석 결과

1. 동일시 과정으로서의 제주 정체성

제주 지역교과서에서는 어린이들이 제주 사람으로서의 정체성을 가지도록 다양한 동일시 대상들을 제시하고 있다. 미래의 지역주체들이 지역적 자부심을 불러일으키는 동일시 대상을 확인하고 그 가치를 탐색하면서 제주 사람으로 성장하도록 유도하고 있다. 동일시 대상의 사례는 지역의 아름다운 자연경관, 지역주민들의 집단적 기억인 문화재, '고장을 빛낸 인물들', 그리고 관념체계로서의 지역정신 등이 대표적이며, 본 논의에서는 지역의 문화재를 동일시 사례로서 검토하고자 한다. 문화재는 지역의 공유된 역사를 반영하면서 집단적 기억을 부추긴다고 볼 때, 이러한 문화재를 애호하고 동일시하면서 지역정체성이 형성될 수 있음을 가늠할 수 있다. 그런데 여기서 중요한 점은 지역문화재의 일반적 가치 확인에 머무는 것이 아니라 실지로 어떤 내용의 문화재가 적극적인 동일시의 대상이 되는 가이다. 교과서에서는 지역의 여러 문화재 중에서 일부가 선택적으로 재현되었다고 볼 때, 그 선택의 잣대와 결과가 논점이다.

문화재가 독립된 하나의 제재로서 다루어지고 있는 곳을 살펴보면 다음과 같은 양상이다. 제재의 도입부는 지역의 문화재를 조사하고 보존 방법을 모색하는 활동이 제시되었다. 그리고 조사 대상은 관덕정, 관덕정 안의 벽화, 불탑

---

28 C. Brace, Finding England everywhere regional identity and the construction of national identity, 1890-1940, *Ecumene,* 6(1), 1999, pp.90-109.

사 오층석탑이 선정되었고, 부가적으로 지역문화재의 종류를 유형화하고 있다. 부가적으로 제시된 문화재는 유형문화재와 무형문화재, 천연기념물, 민속도구 등이며, 제주 향교, 영감놀이, 담팔수 자생지, 연자매를 재현하는 경관 사진이 제시되었다. 지역의 여러 문화재들 중에서 유교문화경관과 불교문화경관이 주요 답사 대상이 되었다. 여타의 문화재들은 문화재를 유형화하는 데 도구적으로 결합될 뿐이다. 관덕정과 불탑사 오층 석탑은 적극적인 검토의 대상이 되고 있는데, 제재명에서 알 수 있듯이 관덕정이 비중 있게 다루어지고 있다. 관덕정의 경우, 외부의 경관 모습뿐만 아니라 그 안의 벽화가 두 가지 제시되고 있다. 벽화의 내용은 중앙정부로부터 관리가 파견되는 상황이 그려지고 있다. 아울러 내용서술에서는 관덕정이 보물로 정해진 이유가 제시되면서, 사회적인 의미가 다루어진다. 즉,

> "이 건물은 세종대왕 때에 지은 목조 건물로, 그 속에 있는 벽화와 함께 역사적으로 소중한 가치가 있어 보물로 지정하게 되었다는구나. … 관덕정에서는 어떤 일을 했어요? … 응, 관청으로 이용하기도 하고, 군사들을 훈련시키는 곳으로 쓰기도 했단다."[29]

물론 불교문화경관인 불탑사 오층석탑의 경우도 경관 사진이 제시되지만 그 사회적인 의미는 나타나고 있지 않다. 다만 '불탑사 오층석탑에 대해 조사하여 보자'는 탐구과제가 부가되고 있다. 한편, 칠머리 당굿과 영감놀이, 오돌또기, 삼성혈, 만장굴, 초가집, 갓일, 돌하르방 등을 나머지 문화재로 언급하고 있다. 그러나 이러한 무속적이거나 민속적인 문화경관들은 적극적인 검토의 대상이

---

29 교육부, 1996, pp.53-54.

되지는 않고 단지 문화재의 한 종류로 확인하는 수준이다. 따라서 제주 지역교
과서에 적극적인 동일시의 대상으로 재현된 문화재는 유교문화, 불교문화, 무
속 및 민속문화의 순서라는 것을 알 수 있다.

향토조사반 활동 보고서

1. 조사 일시: 199*년 *월 *일 *요일

2. 조사한 곳: 애월읍 고성리 항파두리성

3. 조사한 내용
   - 이 성은 몽고의 침입에 맞서 끝까지 싸우기 위해 쌓은 성 이다.
   - 돌과 흙으로 쌓은 독특한 형태의 성으로, 원래의 길이는 6km였다고 하나, 현재 1km 정도를 옛 모습
     대로 다시 쌓았다.
   - 700여 년 전에 몽고의 침입으로 우리나라는 많은 어려움을 겪었다.

4. 느낀 점
   - 우리 조상들은 나라를 지키기 위해 애써 왔다.
   - 다른 나라의 침략에 맞서 끝까지 싸웠던 삼별초의 정신을 본받아야 하겠다.

지역의 문화재를 학습하는 상황은 향토조사반 활동과 연표 만들기 활동을
통해서 더욱 구체화된 모습을 보인다.[30] 향토 조사 활동은 어린이들이 살고 있
는 지역에 대한 이해를 바탕으로 지역을 사랑할 수 있는 계기라고 간주된다. 연
표 만들기 과정은 지역의 역사를 인식하는 방법으로 제시된다. 향토 조사 활동
은 교재화하는 그 자체가 의미 있기도 하지만 보다 더 중요한 점은 무엇이 조사
대상이 되는가 하는 점이다. 교과서의 사례는 제주성지, 항파두리성, 대정성지,
성읍성지, 명월성지, 그리고 봉수대와 연대 등이다. 모두가 전쟁에 관련된 역사
경관이며, 대외적인 침략에 대비한 변방의 요새들이다. 제주성지를 제외하고는
모두가 고려 시대 이후에 외적의 침략에 대비한 것이다. 이러한 역사경관의 교

---

30   교육부, 1996, pp.68-78.

재구성은 오늘을 살아가는 어린이들에게 단지 사실적인 차원만 이해하는 것이 아니라, 특정한 느낌이나 태도의 형성까지 의도하고 있다.[31]

즉, 가시적인 역사경관을 조사하여 그 내력을 확인하고 경관 창출자의 의도에 동일시하는 차원이 모색되고 있다. 한편, 연표만들기 활동을 통해서 지역의 내력을 확인하는 과정에서, 사례로 제시된 역사경관은 연북정, 일관헌, 대정 향교, 오현단 등 유교문화의 유적지이다.

2. 제주 정체성의 영역적 구성

지역교과서에서 제주 정체성의 영역적 구성은 여러 단원에 걸쳐서 드러나고 있는데, 기본적인 의미 요소는 제주 지역이 하나의 영역 단위로서 다른 영역 단위와 접합하는 양상을 보이고 있다. 지역교과서는 영역의 접합관계를 통해서 제주 지역의 고유한 단위를 확인하는 모습으로 서술되고 있다. 제주 지역이 다른 영역 단위와 영향력을 주고받는 상황으로 영역화의 양상을 가질 때, 개방적 영역성과 배타적 영역성을 구분할 수 있다. 제주 지역이 개방적 영역성을 가지는 경우는 자율적인 삶의 단위인 다른 영역적 단위와 공존하는 상황으로 드러나고 있다. 상호교류와 이해과정으로서 영역의 접합이 상황적으로 다루어진다. 예컨대, 삼성혈 신화는 제주인들이 최초로 사회를 이루어 살아가는 모습이 기술되고 있는데, 여기서 제주 지역 외부와의 교류 상황이 다루어지고 있다. 삼성혈에 세 신인이 살고 있었는데, 어느 날 동쪽 바닷가에 나무상자가 떠내려 왔고, 거기서 여러 가지가 나왔다는 정황이다.

---

31   교육부, 1996, p.71.

"그 상자 속에는 파란 옷을 입은 세 처녀와 망아지, 송아지, 그리고 오곡의 씨앗이 들어 있었다. 또 세 처녀를 데리고 온, 동해 벽랑국의 사자도 나타났다. 그 사자는 세 신인을 향해 두 번 절하고 엎드려 말했다. '저는 동해의 벽랑국 사자입니다. 저희 임금님께서 말씀하시길 [서쪽 바다의 섬에 세 신인이 있어 앞으로 나라를 세우고자 하나, 부부가 될 만한 짝이 없을 것이다]라고 하셨습니다. 이에, 제가 세 공주님을 모시고 왔사오니, 세 분께서 각각 부인으로 맞아들여 큰일을 이루소서.'"[32]

신화의 내용에서 알 수 있듯이, 제주 지역은 독자적인 영역 단위로서 외부와의 교류를 통해 국가로 발전했다는 상황이 묘사되었다. 이 상황은 제주 지역이 정치적으로 독립된 영역 단위이며, 육지와 대등한 관계를 통해서 고유성을 확보했다는 의미를 가정하고 있다. 하지만 이 관계가 상호배타적인 것은 아니고 교류를 통해서 공존을 모색하는 차원이다.

개방적 영역성이 다루어지는 다른 사례는 타지인이 제주지역을 방문하고서 지역이미지를 이야기하는 상황이 있다. 또한 제주인의 입장에서 타지인에게 지역을 알려주는 경우가 대표적이다. 이 상황은 일상생활에서의 만남과 교류의 모습을 보이고 있는데, 편지를 주고받는 상황으로 재현되고 있다.

"은영 언니! 파란 하늘과 그보다 더 파란 바다, 높은 한라산, 아직도 눈에 선하게 떠올라. 제주도에서 지내는 동안 많은 것을 가르쳐 주고, 여러 곳을 안내해 주어서 고마웠어. 친구들에게 한라산과 바다, 폭포, 동굴에서 찍은 사진을 보여 주며 설명하니까, 모두 부러워했어. … 제주도를 여행하면서 느낀 것은 제주도민들이 전통을 아끼고 문화를 사랑한다는 거야. 나도 고장을 아끼고 사랑하는 어린이가 되겠

32   교육부, 1996, pp.49-50.

어. 그럼 안녕."[33]

　외지인이 제주를 방문하고 난 뒤 가지는 지역이미지를 제시하여 어린이들의 영역적 인식을 유도하고 있다. 그런데 특이한 점은 외지인의 입장에서 보기에 지역이미지가 긍정적으로 나타나면서 제주 지역 어린이들로 하여금 지역에 대한 자부심을 가지도록 상황 설정이 이루어졌다는 것이다. 타지인의 긍정적인 시각이 내지인에게는 적극적인 동일시의 대상이 되게끔 관계가 구조화되었다.
　다음으로 제주인의 입장에서 타지인에게 지역이미지를 전달하는 경우를 살펴보자. 내지인의 입장에서 타지인에게 지역을 소개하는 것이기 때문에 타지인이 보기에 특이한 점을 강조한다. 제주 지역의 고유성을 외부와의 경계설정을 통해서 확인하고 그것을 타지인에게 알려주는 과정이다.

> "현주에게. 어제는 우리 반 아이들과 함께 민속촌 구경을 갔었단다. 민속촌에는 옛날 초가집이 그대로 있어서 우리 조상들의 생활 모습을 잘 알 수 있었어. 초가집은 여름철에는 시원하고, 겨울철에는 따뜻한 집이래. 그런데 지붕은 바둑판처럼 매어 놓은 집줄이 신기하더라. '우리 제주도의 초가집들은 왜 집줄로 꽁꽁 얽어매었을까? 하고 생각하다가 선생님께 여쭈어 보았어. … 너도 잘 알겠지만, 우리 제주도는 바람의 고장이라고 할 만큼 바람이 많거든. 여름철에는 태풍이 불고, 겨울철에는 차갑고 세찬 북서풍이 불어오니까 바람에 견딜 수 있도록 집줄로 묶어 놓은 것이지."[34]

　제주인들이 자연환경에 적응하는 모습으로 나타난 문화경관인 초가집을 지

33　교육부, 1996, p.61.

34　교육부, 1996, p.160.

역의 고유한 것으로 상정하고 있다. 초가집은 다른 지역에서도 볼 수 있지만 제주도의 것은 차이가 있으며, 그것은 특수한 자연환경에 적응한 산물로 부각시키고 있다. 제주 지역이 가지는 고유성을 내부에서 찾고 타지인에게 알려 주는 상황설정은 영역적 효과를 낳는다. 어린이들이 다른 지역과 차별화되는 과정을 인지함으로써 영역성을 가지게 된다. 다만 이것이 상대방에 대해 배타적인 관계를 가지게끔 하는 것은 아니고 차이의 확인을 통해 정체감을 가지는 수준이다.

지역교과서에서 대외적인 영역성을 나타낼 때, 배타적인 경우는 외부를 적극적으로 타자화하는 경우이다. 외부와의 차별화 양상에서 배타적인 타자성이 강제되면서 동일시하지 않는 대상을 창출하고 있다. 외부를 적극적인 배제의 대상으로 간주하면서 내부적으로 동일성을 확보한다. 이 경우는 전쟁 경관, 영웅과 위인을 매개로 하면서 지역적인 동일시를 추구할 때 잘 나타난다.

> "제주도는 사면이 바다로 둘러싸여 있어서 왜구의 침입이 잦았다. 우리 조상들은 이를 막아내기 위하여 외적이 쳐들어오는 것을 잘 볼 수 있는 산봉우리에 봉수대를 만들고, 바닷가에는 연대를 세웠다. … 지금도 제주도 곳곳에는 봉수대와 연대가 남아 있어, 고장을 스스로 지키려 했던 우리 조상들의 의지를 알 수 있다."[35]

왜구는 제주도를 침략하는 타자이며, 타자와의 경계는 '봉수대'와 '연대'라는 경관으로 가시화된다. 어린이들은 봉수대와 연대의 모습과 그 역할을 확인하면서 외부와의 경계를 확인한다. 이러한 배타적인 경계의 확인은 다른 역사경관을 통해서도 이루어지는데, 항파두리성, 대정성 등이 대표적이다. 이 성들은 몽고와 왜구의 침략에 맞서서 구축한 대외적인 경계이기에 타자를 확인하도록 해

35　교육부, 1996, p.70.

준다. 즉, 어린이들이 침략자인 타자를 확인하고 이들에게 배타적인 태도를 가지면서 내부적으로 동일성을 확보하도록 했다.

3. 공간스케일의 측면에서 본 제주 정체성

제주 정체성의 스케일적 구성을 살펴볼 때, 논의의 출발점은 지역적 스케일이다. 제주의 정체성은 지역적 스케일을 기준으로 내부적으로는 국지적 스케일이, 외부적으로는 민족적, 대륙적 그리고 지구적 스케일이 관련된다. 지역적 스케일 내부에서 동일시의 경관이 선정되고 있는데, 이들은 자연경관과 문화경관으로 구분할 수 있다. 자연경관은 심미적인 체험을 유발하는 수려한 장소의 경관들이며, 한라산과 해안의 경관이 대표적인 경우이다. 문화경관의 경우에도 마찬가지인데, 지역에 산재한 문화재들이 동일시 대상이 되고 있다. 문화재는 특히 역사유적지와 연행예술로 나누어지면서 동일시되며, 모두가 물리적으로는 지역 내부의 국지적 장소에 자리하고 있다. 그러나 문화재들 중에는 단지 지역 내부의 고유성으로만 그 성격이 논의될 수 없는 여지가 있다. 즉, 지역교과서에서는 국지적이고 지역적 스케일에 바탕한 자연경관과 문화경관을 지역 외부의 스케일로까지 확장하여 그 고유성을 부각시키고 있다.

지역의 고유성이 민족적 스케일에서 다루어지는 경우를 살펴보자면, 문화재학습에서 가장 두드러진다. 유교문화경관이 가장 적극적인 동일시의 대상으로 비중 있게 다루어지고 있고, 아울러 민족의 변방으로 지역을 상징화하고 있다. 유교문화의 경우, 제주 지역의 자생적인 산물이라기보다는 한반도 본토로부터 유입된 지배문화이다. 또한 봉수대와 연대와 같은 유적지들은 지역의 타자를 겨냥하기보다는 민족적 타자를 고려하고 있는 것이다. 또한 오늘날에 와서도 지역의 고유성이 지역 외부의 사람들에게 알려지고 이것이 자부심의 대상이 된다는 논의형식이 구조화되어 있다.

"특히, 아름다운 자연과 독특한 환경이 우리나라는 물론 다른 나라에까지 널리 알려지고 있어. 많은 사람들이 찾아오고 있다는 말씀도 들었다.[36] … 대전에 살고 있는 은아는 어머니와 함께 사촌언니가 살고 있는 제주도 여행을 하게 되었다. 제주도에는 구경할 만한 곳이 매우 많았다."[37]

이와 같이 지역의 고유성이 민족적인 스케일에서 관계설정이 되기에, 제주지역은 지역적 스케일 외부의 일부로서 다루어진다.

지역교과서에서 지역적인 것의 의미관계가 민족적 스케일보다도 더 확장하는 경우도 있다. 대표적인 사례는 삼성혈 신화에 대한 이야기에서 드러난다.[38] 삼성혈 신화는 앞서도 언급되었듯이 제주 사람들의 탄생 신화이다. 제주 지역의 뿌리는 대륙적 스케일에서 문화교섭의 과정을 통해 만들어졌다는 내용이다. 따라서 제주의 정체성이 지역 내부에 국한된 상황에서가 아니라, 또한 한반도와의 관계에서 머무는 것이 아니라, 대륙적 스케일에서 나타나고 있다. 제주의 정체성이 지역교과서에서 민족적 스케일 외부에까지 확장하여 드러나는 또 다른 경우는 제주 지역의 위치를 상대적으로 파악하는 경우이다. 제주라는 지역단위가 특정한 관계 국면 속에서 다루어지는 상황 설정이다. 교과서 1단원 처음 부분에서 제주도의 위치를 확인하는 과정이 나온다. 제주 지역의 구체적인 특성을 알기 전에 그 출발점으로 먼저 상대적인 위치를 파악한다. 이때 제주의 위치 파악은 여러 스케일에서 시도되고 있다. 제주도의 위치 지도를 제시하면서 내용서술이 이루어지고 있다.

---

36 교육부, 1996, p.10.

37 같은 책, p.61.

38 같은 책, pp.49-50.

"제주도는 우리나라의 남쪽 바다에 자리 잡고 있으며, 동쪽으로는 일본, 서쪽으로는 중국, 남쪽으로는 태평양이 있어서 세계로 뻗어 나가기에 좋은 곳이야. 그 주위에는 크고 작은 섬이 많이 있지. 가장 남쪽에 자리 잡고 있는 섬은 마라도란다."[39]

이러한 제주의 위치가 미래에 발전을 가져올 수 있는 조건이라는 점이 부가적으로 기술되고 있다. 제주 지역이 단지 우리나라 전체에서 가지는 위치 관계뿐만 아니라 대륙적 스케일과 지구적 스케일로 확장하여 고려해 볼 때, 그 중요성을 확인할 수 있다는 점이다. 이러한 경우는 제주의 고유성이 미래 상황을 예측하는 과정에서 두드러지게 나타나고 있다.

"제주도가 세계적인 관광지로 알려지면서 나라 안팎에서 많은 관광객이 찾아오게 되었고, … 제주국제공항은 세계 여러 나라 사람들이 드나드는 제주도의 대문이기도 하다. 관광을 하기 위해 오는 사람, 국제회의 참석하기 위해 오는 사람, 학술 연구를 위하여 오는 사람 등 여러 가지 목적을 가지고 찾아오는 사람들이 점점 많아지고 있다."[40]

제주의 정체성은 미래의 발전 방향과 관련해서도 모색될 수가 있고, 이때 사회적인 관계 수준은 민족국가 스케일을 넘어서 대륙적 스케일, 지구적 스케일로까지 확장된 상태이다.

---

39 교육부, 1996, p.10.
40 같은 책, pp.124-126.

IV. 논의 및 결론

지금까지 지역교과서에서 제주 정체성이 드러난 바를 살펴보았다. 제주 지역의 교과서에서 동일시 대상은 여러 가지 가시적인 경관들이 복합적으로 등장하고 있다. 지역의 문화재들은 대표적인 동일시의 대상인데, 유교문화와 무속문화, 민속문화 등이 혼재되어 있고, 유교문화가 지배적인 구조를 확보하고 있다. 한편, 정체성이 영역적으로 구성되는 상황을 보자면 다음과 같다. 개방적 영역성이 나타나는 경우는 먼저, 제주 지역이 다른 지역이나 다른 나라와의 교류에서 문화적 고유성을 부각시킬 때이다. 배타적 영역성이 드러나는 경우는 변방으로서의 '제주' 지역에서 전쟁경관이 강조될 때이다.

이상과 같은 분석결과를 보건대, 지역담론과 지역교과서에서 경계설정의 방식이 차이가 있다. 물론 양자 모두 제주지역의 정체성을 내부의 고유성에서 찾고 있으며, 동일시 대상이 일치하는 경우도 있다. 그러나 제주 정체성의 영역화 측면에서 볼 때, 그 차이가 드러난다. 제주 정체성이 지역담론에서 영역적으로 구성될 때, 배타적인 영역화의 대상은 부당한 중앙권력이었다.[41] 오늘날에 와서는 민족국가의 일부가 되어 정치적으로는 단일하지만, 문화적 고유성이 계승의 대상이다. 지역담론에서는 한반도 본토와의 문화적인 차별화를 바탕으로 지역의 정체성을 확인하고 있다.[42] 이 경우 그러한 차별화는 과거 중앙권력과의 배타적인 영역화 과정에서 창출된 역사적 경험에 그 뿌리를 두고 있다. 하지만 지역교과서에서 대외적으로 배타적인 영역화의 대상은 다른 민족이었다. 대외적

---

41   현길언, 「제주전설과 제주사람들의 삶의 양식」, 양순필 외, 『제주문화의 재조명』, 서울: 도서출판 一念, 1986, pp.240-259.

42   송성대, 『제주인의 해민정신: 문화의 원류와 그 이해(개정 증보판)』, 제주: 파피루스, 1998; 김항원 외, 『전환기 제주의 의식과 제주정신』, 제주: 제주대학교출판부, 2000.

인 영역화의 경계선이 이제는 지역의 경계라기보다는 민족의 경계이다. 지역교과서에서 제주 지역은 민족국가의 변방 혹은 요새라는 장소감이 생기도록 구조화되어 있다. 요컨대, 교과서에서 지역정체성이 영역적으로 구성될 때, 지역적 경계의 '느슨함'과 민족적 경계의 '뚜렷함'을 확인할 수 있다. 이것은 지역교과서에서 제주 정체성이 영역화될 때, 그 경계선이 '민족화'되는 모습을 보인다고 말할 수 있겠다.

지역교과서에서 제주의 정체성이 민족정체성의 차원에서도 다루어지고 있는 상황은 대외적인 경계설정뿐만 아니라 지역 내부에서 고유성을 확보하는 과정에서도 드러난다. 유교문화는 지역담론의 정체성 내러티브에서 타자화의 대상이지만, 지역교과서에서는 동일자로 규정된다. 지역담론에서는 제주 정체성의 전형적인 상징으로 무속문화경관을 동일시하고 유교문화경관을 배제하고 있다.[43] 하지만 지역교과서에서는 둘 다 동일시의 대상으로 삼으며, 특히 유교문화경관을 제주적인 것으로 표상하고 있다. 한편, 지역담론에서는 제주 지역 전체에서도 국지적인 장소에 자리한 경관과 관행들이 정체성의 구심이 되고 있다.[44] 그러나, 지역교과서에서 정체성의 구심은 지역 내부에서 엄격한 차별화를 시도하고 있지 않고, 동일시 대상이 지역담론의 경우에 비해 혼합되어 있음을 발견할 수 있다.

이렇게 볼 때, 제주의 지역교과서에서는 민족국가의 스케일을 기준으로 제주 정체성을 부상시키고 있다고 여겨진다. 지역의 고유성은 주로 민족국가의 스케일에서 다른 지역이나 다른 나라와의 차별화를 통해서 드러나고 있다. 물론, 지역담론의 경우와 마찬가지로 대륙적 스케일이나 지구적 스케일에서 제주의 고

---

43   현길언, 「제주문화의 그 의식의 저류」, 제주국제협의회, 『전환기의 제주』, 서울:신라출판사, 1992, pp.31-43.

44   송성대, 『제주인의 해민정신: 문화의 원류와 그 이해(개정 증보판)』, 제주: 파피루스, 1998.

유성이 다루어지기도 한다. 그러나 지역담론과 차이를 낳고 있는 사안들을 살펴보자면, 지역의 고유성을 확인하는 단위가 민족국가의 스케일을 기본으로 한다. 지역교과서에서 민족적인 것들이 제주의 고유성으로 부상하고 있는 상황은 그것이 어떤 의미효과를 가지는지 검토사안이 된다. 동일시의 경관이 지역 내부의 국지적인 장소에 자리한다고 해서 항상 지역의 고유성을 나타낸다고 볼 수 있는가가 논란거리이다. 물리적으로는 국지적인 장소에 위치하지만, 경관들이 가지고 있는 의미의 속성이 국지적이고 지역적 스케일이 아니라 다른 관계 국면일 수 있다.

이상에서와 같이, 지역교과서에서 제주의 정체성은 민족국가의 스케일을 기본 구도로 하고 있다. 지역교과서에서 제주의 고유성은 민족국가의 일부 혹은 민족적인 것 그 자체가 되고 있다. 즉, 제주 지역에 자리한 민족적인 것들이 그 지역의 고유성으로 부각되고 있기도 하다. 따라서 제주 지역교과서에서는 민족 정체성을 고려한 지역정체성의 제한적 구성이 추구되고 있음을 알 수 있다. 이러한 제주 지역교과서의 정체성 재현방식이 가지는 함의에 대한 평가를 시도하자면, 기본적으로 지역의 고유성이 잘 드러나지 못한 것으로 여겨진다. 지역담론들에서 추구하고 있는 정체성의 재현방식과 괴리가 있는 것이다. 즉, 제주 지역교과서에서 재현하고 있는 지역적인 것의 의미가 과연 교육과정 지역화의 본래적인 취지에 부합하는지는 논란의 여지가 있다. 요컨대, 제주 지역교과서에서는 온당하게 다루어져야 할 지역정체성이 주변화되고 있는 것으로 보인다. 따라서 앞으로 제주 지역에서 지역교과서를 통해 교육과정의 지역화를 추구할 때에는 제주 지역의 정체성이 정당하게 반영될 필요가 있겠다.

06

역사경관의 재현과 지역교육의 합리성

Ⅰ. 서론

시민성 교육은 역사적인 국면으로 보아야 현재의 위치와 미래의 지향점을 가늠할 수 있다. 오랜 시간 동안 시민성 교육은 근대사회의 합리화 기제였다. 특히 근대국가의 구성원들을 이데올로기적으로 호출하는 데 있어서 시민 교과는 그 역할을 충실히 해왔다. 한국 사회에서 이러한 상황은 이른바 국적 있는 교육 내지는 충실한 한국인의 육성이었는데, 사회과가 그 과제를 중심적으로 수행해 왔다. 사회과는 근대적인 교과의 핵심으로서 그 지위를 누려왔지만, 탈근대의 상황이 도래하면서 위기에 직면했다. 지구화와 지방화 시대가 도래하면서 민족국가의 위상은 현저하게 상대화되었고, '국민형성'을 목적으로 했던 사회과 역시 궤도 수정이 불가피한 상황이다. 한국의 사회과에서 이러한 변화의 추세는 교육과정의 지역화를 통해서 수용이 되고 있는 것 같다. 교육과정의 지역화가 '국민형성'의 경로를 유연화 하는 하나의 전략에 불과하다고 폄하할 수도 있지만, '지역'에 대한 공식적인 고려를 하고 있다는 점에서 과소평가만 할 수 없는 시점이다.

교육과정의 지역화는 5차 교육과정 때부터 공식적인 관행으로 자리잡았는데, 특히 보통교육의 장소인 초등학교 사회과 교육과정에서 널리 실천되고 있다. 단지 교육과정 문서 수준에서 권고하는데 머물지 않고, 지역교과서의 발행과 지역학습의 실천이라는 독특한 문화적 관행을 만들고 있다. 주지하다시피, 3학년의 경우 시·군·구 수준에서, 4학년의 경우는 시·도 수준에서 교과서가 만들어져 교재로 사용되고 있다. 이러한 지역교과서에서는 어떠한 형태로든 지역적인 것의 의미체계를 교육내용으로 선정하고 있으며, 그것은 이른바 '중앙'과의 관계 구도를 가지고 있다. 무엇을 지역적인 것들로 규정하여 교육내용으로 삼고 있으며, 그 내용요소들이 서로 어떤 배치 구도를 가지고서 의미효과를 낳고 있는지 확인이 필요한 시점이다. 이제 교육과정 지역화의 현실을 반성하고, 바람직한 방향을 탐색해야 할 상황이다.

지금까지 교육과정의 지역화에 대한 연구는 다음의 경우들로 진행되어 왔다. 첫째, 계몽적인 관점에서 교육과정 지역화의 취지를 소개하고 그 접근법을 모색하는 연구가 있어 왔다.[1] 이 연구경향은 대개가 국가 수준의 입장에서 교육과정의 기능적 합리성을 도모하려는 의도를 가지고 있었다. 둘째, 해체론의 관점에서 교육과정 지역화의 정신을 재해석하고 그 접근법을 모색하는 연구이다.[2] 이 연구경향은 교육과정 지역화는 국가 교육과정의 합리화 차원이 아니라고 보며, 지역의 고유성들이 가지는 교육적 의미를 탈근대적 시각에서 해석하고 그 실천방안을 모색한다. 다음으로, 현 단계 교육과정의 지역화 관행에 대한 비판적 이해를 시도하고 그 대안을 탐색하는 연구이다.[3] 이 연구경향은 교육과정 지

---

1   서울특별시교육위원회, 『사회과 교육과정 운영의 지역화 자료』, 서울특별시교육위원회, 1984; 김용만, 「사회과 교육과정 지역화의 이론적 배경과 접근법」, 『사회과교육』, 제19호, 1986, pp.9-19; 서울특별시교육연구원, 『교육과정의 지역화 안내 자료』, 서울특별시교육연구원, 1999.

2   박승규·김일기, 「사회과 지역학습에서 '지역'의 의미 탐색」, 『사회과교육연구』, 제5집, 1998, pp.71-90; 박승규·심광택, 「'경관'과 '기호' 표상을 활용한 지역학습」, 『대한지리학회지』, 제34권 제1호, 1999, pp.85-98; 전종한, 「사회과에서 지역학습 내용구성의 실제에 관한 연구」, 『대한지리학회지』, 제37권 제2호, 2002, pp.177-190.

3   남호엽·김일기, 「지역학습에 있어서 민족정체성과 지역정체성의 관계」, 『대한지리학회지』, 제36권 제4호, 2001, pp.354-369.

역화 관행을 사실적인 차원으로 규정하고 그 의미효과를 해체론적 관점에서 분석한다. 두 번째 연구경향이 결국은 규범적 연구의 성격을 가진다면, 세 번째 경향은 경험적 연구로서의 속성을 가진다. 교육과정 지역화에 대한 연구경향은 전체적으로 보아 첫 번째 경우가 지배적이고 나머지 경우는 소수인데, 특히 세 번째 경향은 극소수이다. 교육과정 지역화의 현실을 반성적으로 검토하는 연구가 많이 필요하며 이러한 연구방법은 장기적으로는 한국의 사회과 교육과정에 대한 경험적 연구의 일부분이기도 하다.

이상과 같은 연구의 배경 속에서 본 장에서는 교육과정의 지역화 관행에 대한 경험적 연구를 수행하였다. 사례 지역은 제주 지역이며, 이 지역에서 만들어진 교과서들을 구체적인 분석의 대상으로 삼았다. 특히 5차 교육과정 시기의 제주 지역교과서와 6차 교육과정 시기의 경우를 비교 분석하였다. 여기서 주된 분석의 대상은 지역교과서에서 재현되고 있는 역사경관의 특성이다. 양자를 비교하는 이유는 지역적인 것의 의미화 양상이 서로 차이가 있는지, 차이가 있다면 그 현상을 어떻게 해석해야 할 것인지가 주된 탐구 과제이기 때문이다. 탐구과정을 통해서 기대할 수 있는 연구효과는 교육과정 지역화 관행에 대한 심층 이해가 가능하고, 차후 바람직한 지역교육의 방향을 모색해 볼 수 있다는 것이다.

II. 교육과정 지역화의 본질과 역사경관의 재현 문제

1. 교육과정 지역화의 의미와 지역교육의 방향성

우리나라에서 교육과정의 지역화는 역사적 현상이다. 5차 교육과정 시기에 와서 공식적인 담론체계를 형성하고 물질적인 관행으로 자리 잡았다. 교육과정의 지역화는 사회과에서 특히 강조되었는데, 국가에서 발행한 교육과정 문서에서 명시적으로 드러나고 있다. 국가 교육과정의 입장에서 교육과정의 지역화가 추구되었으며, 바로 이 점이 모순적인 쟁점을 내재하고 있다. 즉, 국가 교육과정의 입장에서 이루어지는 교육과정의 지역화가 국가 교육과정을 유연하게 하는 전략의 산물인지 아니면, 지역의 독자성을 교육과정 제도에서 허용하는 '민주화'의 차원인지 논란의 여지가 있다는 것이다. 역사적인 흐름을 주시하건대, 그 출발은 전자의 입장이었으나, 그것의 원심력이 작동하여 후자의 경향성을 보이고 있다고 여겨진다. 그렇다면, 교육과정 의사결정의 사례로 간주할 수 있는 '교육과정의 지역화'는 어떤 방향으로 정책적인 흐름을 가져야 할까?

교육과정의 지역화가 제도적으로 시작되었던 시기에 지역화 정책은 이른바 '방법'으로서의 지역화 정신을 표방했다. '방법'으로서의 지역화는 사회과의 목표 달성을 위해서 수단적인 장치로서 교육과정의 지역화를 활용하는 차원이다. 즉, 학습자의 신변주변에 있는 사회적 사실들이나 현상을 통해서 사회과의 내용과 방법을 재구조화하여 실천하면 효과적일 것이라는 가정이었다.

> "교육과정의 지역화는 향토 자료를 많이 이용하는 데서부터 시작해야 되는 것입니다. … 사회과의 경우 지역화하는 교육과정은 스스로 공부하는 자료를 지역 사회 안에서 찾아 주는 것입니다. … 서투르지만 스스로 도서실 작업, 자원 인사 방문, 현장 조사, 질문 조사 등을 해 보는 것이 효과적이며, 그러면 경험 범위도 자연히 교실에서 지역 사회로 확대되기 마련입니다."[4]

교육과정의 지역화는 학습의 효율성을 높이기 위한 장치이며, 이때 지역은 하나의 '좋은' 학습 환경으로서의 지위를 가진다. 이른바 지역은 사회과 학습의 효과를 높이기 위한 기능적인 고려였던 것이다. '방법'으로서의 지역화는 그 주

---

4 문교부, 『초등학교 교사용 지도서 사회 5-1』, 문교부, 1990, p.5.

체가 국가 교육과정이었고, 지역은 도구적으로 그리고 기능적으로 활용되었다.

이에 비해 '목적'으로서의 지역화는 지역이 교육방법 차원에서만 고려되는 것이 아니라, 교육내용과 교육목적의 차원에서 그 가치가 의미를 가지는 경우이다. '지역'에 대한 이해를 위해 교육과정의 지역화가 추구되며, 궁극적으로는 지역에 대한 사항 혹은 지역 주체로서의 자긍심을 가지는 상황이다. 이러한 현상은 6차 교육과정 시기부터 나타나는데, 교육과정의 지역화란 '중앙 통제적이며 일률적인 교육과정 구성과 운영 및 관리를 지양하고, 지역사회의 특수성에 따라 교육과정을 구성하여 운영하는 것'을 말한다.[5] 그러나 이러한 '목적'으로서의 지역화가 진정으로 그 '목적'을 실현하고 있다고 보기에는 무리가 있다. 교육과정의 지역화를 하다보면, '타 지역에서 대한 이해나 인식이 소홀히 될 우려'가 있고 '애향심을 기르는 것은 자칫 잘못하면 배타심을 기르게 할 수'도 있다는 점을 지적하고 있다.[6] 6차 교육과정 시기에 와서 교육과정의 지역화가 더욱 체계적으로 강조되면서도, 지역화의 정신 혹은 방향의 정립에 있어서는 불분명한 면이 있는 셈이다.

교육과정 지역화의 논리가 애매한 점은 7차 교육과정 시기에서도 마찬가지이다. 그 이전 시기에 비해, 교육과정 지역화의 의미가 더욱 체계적으로 언급되고 있지만, 앞서의 내재적인 딜레마는 해소되지 않고 '절충적인' 합리주의를 표방하고 있다. 사회과 교육과정의 지역화가 인류 문명사적 흐름인 '세계화'와 '지역화'의 추세를 적극적으로 반영하는 것으로 보면서도, '지역화'에 대한 교육과정 정책이 국가 교육과정의 탄력적인 운영 차원으로 격하되고 있다.

---

5   교육부, 『초등학교 교사용 지도서 사회 4-1』, 교육부, 1996, p.27.

6   같은 책, p.28.

"사회과 교육과정의 지역화를 종합적으로 정의하면 '중앙 통제적이며 획일적인 교육과정 운영 및 관리를 지양하고, 지역사회의 특성에 따라서 교육과정을 재구성하여 운영'하는 것을 말한다. … 이러한 지역화의 개념은 교육과정 편성·운영의 지역화를 말하는 것으로서, 우리나라의 경우 '결정'의 지역화, 곧 교육자치 단위별로 서로 다른 교육과정을 결정할 수 있다는 본질적인 의미의 지역화는 도입되지 있지 않다."[7]

교육과정의 지역화는 국가 교육과정의 운영에 있어서 도구적 합리성의 견지로 이해되고 있다. 즉, '방법'으로서의 지역화와 '목적'으로서의 지역화 사이에서 애매한 입장을 가지고 있다. '세계화'와 '지역화'에 부응하는 교육과정 지역화의 정신이 도구적 합리성의 수준에 머물고 있는 상황은 논란의 여지가 있다. '세계화'와 '지역화'의 가속화 추세 속에서 교육과정의 지역화는 어떤 입장을 취해야 하는가? '목적'으로서의 지역화를 추구하면 국가 교육과정의 붕괴를 가져오는 것인가? 교육과정은 국가주의의 관점에서 순화되어야 하는가 아니면 지역의 다양성들이 반영되는 교육과정을 만들어야 하는 것인가?

국가 교육과정의 정신은 기본적으로 보편주의를 자신의 미덕으로 삼는다. '국가'라는 '보편'이 다양한 지역들 즉, '특수'의 융합이라는 점을 간과하고 있다.[8] 소위, 개인이나 지역의 입장은 특수주의로 배제되어야 할 대상으로 간주한다. 차이와 다양성은 이른바 '보편'이라는 이름으로 통제될 뿐이다. 이러한 보편 '신화'는 집단주의의 승화라고 볼 수 있는데, 역사의 차원에서 보면 국가의 정사(正史)가 있고 오직 하나일 뿐이다. 교육내용은 이른바 '진리'를 가르쳐야 하

7   교육부, 『초등학교 교사용 지도서 사회 5-1』, 교육부, 2002, p.41.

8   임재해, 「민속문화의 지역성과 보편성을 보는 눈」, 실천민속학회 편, 『민속문화의 지역성과 보편성』, 서울: 집문당, 2000, pp.11-61; 이해준, 『지역사와 지역문화론』, 서울: 문화닷컴, 2001; 김형국, 『고장의 문화판촉: 세계화 시대에 지방이 살 길』, 서울: 학고재, 2002.

고, 진리의 복수성은 인정이 되지 않는다. '보편주의' 구도에서 교육과정의 지역화가 추구되다 보니, 그 본질이 왜곡되고 있는 셈이다. 국가주의 교육과정이 해체되고, '복수'로서의 역사 혹은 개별성과 다원성이 존중되는 교육내용이 구성될 시점이라면,[9] 교육과정 지역화의 방향은 분명해진다. 이제, 왜곡된 민족교육에서 벗어나 지역교육과 세계시민교육의 실현을 추구해야 할 상황이다. 글로벌화 시대에 있어서 민족국가의 위세는 탈중심화되고, 국지적인 문화의 고유성들이 존중되는 상황으로 즉 지금까지 타자로서 규정되었던 다양한 주체들이 목소리를 내도록 하는, 정체성의 정치가 교육의 과정으로 펼쳐져야 한다.[10] 그리고 이러한 실천을 위해 지금 현재에 벌어지고 있는 교육과정 지역화 관행들에 대한 구체적 이해가 진행되어야 한다.

2. 역사경관의 재현과 재현의 정치

인간은 자신을 둘러싼 환경과의 관계 맺음을 통해 삶을 영위하고 있다. 여기서 말하는 환경은 인간으로부터 분리된 절대 독립의 실체들이 아니고, 인간의 삶과 관련이 있다. 지표상에 존재하는 거의 모든 것들에 이미 인간의 손길이 닿아 있다. 자연은 인간의 손길을 받아 일정하게 변형되어 있고, 가시적인 모습을 보이고 있는데, 이를 경관(landscape)이라 칭한다.[11] 이러한 경관을 인간 주체로부

---

9   마나부, 「개인 신체 기억으로부터의 출발: 전후 역사교육에 대한 반성」, 이규수 역, 『국가주의를 넘어서』, 서울: 삼인, 1999, pp.354-369; 가와모토 다카시, 「민족 · 역사 · 애국심: '역사 교과서 논쟁'을 역사적으로 상대화하기 위하여」, 이규수 역, 『국가주의를 넘어서』, 서울: 삼인, 1999, pp.198-217; D. Coulby, *Beyond the National Curriculum: Curricular Centralism and Cultural Diversity in Europe and the USA,* London: RoutledgeFalmer, 2000.

10   K. Hall, Understanding educational process in an era of globalization: the view from anthropology and cultural studies, in E. C. Lagemann and L. S. Shulman(ed.), *Issues in Education Research: Problems and Possibilities,* San Francisco: Jossey-Bass Publi-cations, 1999, pp.13-64.

11   C. Sauer, The morphology of landscape, in J. Leighley(ed.), *Land and Life: A Selection from the*

터 독립된 외적인 실체로 보기에는 어려움이 있는데, 그 이유는 경관이 인간과 끊임없이 메시지를 주고받기 때문이다. 따라서 경관은 객관적 실체라기보다는 의미관계를 내재하고 있는 사회적 구성물이며,[12] 상징적인 속성을 띠기도 한다.[13]

경관의 내용은 공간적으로 드러나지만 거기엔 항상 시간의 흔적들이 담겨 있다. 경관은 생활양식의 어떤 측면을 나타내기에 항상 문화경관이기도 하지만, 변화의 양상들을 포함하면서 사회적 효과를 낳기에 역사경관이기도 하다. 우리의 시선에 멈춘 대상들을 보면 시간의 퇴적물로 존재하고 있는데, 이때 그 시간은 단지 물리적 시간이 아니라 일종의 사회적 '기억'이다.[14] 그래서, 경복궁 내에 있었던 총독부 건물을 무너뜨리는 것은 일제 식민지 잔재의 청산이라는 역사적 의미를 가지고 있다.[15] 요컨대 인간은 경관을 통해 역사를 공간적으로 쓰고 있는 셈이다.

인간이 경관 만들기의 주체라면, 경관은 인간의 선택적인 의도를 반영하며, 사회적 발언의 모습을 가진다. 경관은 '말해진 것' 즉, 언어로서의 속성을 가지기에 텍스트로서의 경관을 가정할 수 있다.[16] 그리고 경관이 텍스트로서 인간의

Writing of Carl Sauer, Berkeley: University of California Press, 1962, pp.315-350; M. W. Mikesell, Landscape, in P. W. English and R. C. Mayfield(ed.), *Man, Space, and Environment,* New York: Oxford University Press, 1972, pp.9-15.

12   L. Head, *Cultural Landscape and Environmental Change,* London: Arnold, 2000, p.49.

13   D. Cosgrove, *Social Formation and Symbolic Landscape,* New Jersey: Barnes & Noble Books, 1984.

14   M. Ogborn, History, memory and the politics of landscape and space: work in historical geography from autumn 1994 to autumn 1995, *Progress in Human Geography,* 20(2), 1996, pp.222-229.

15   윤홍기, 「경복궁과 구 조선총독부 건물경관을 둘러싼 상징물 전쟁」, 『공간과 사회』, 제15호, 2001, pp.282-305.

16   J. Duncan, *The City as Text: The Politics of Landscape Interpretation in Kandyan Kingdom,* Cambridge: Cambridge University Press, 1990; S. Sörlin, The articulation of territory: landscape and the constitution of regional and national identity, *Norsk Geografisk Tidsskrit-Norwegian Journal of*

의도를 반영한다면, 그 경관은 인간의 마음 혹은 정신세계를 드러낸다. 경관은 실재적인 것 그 자체에 머물지 않고, 이제 정신 혹은 마음의 경관이고, 단지 보는 것이 아니라 독해해야 할 상황이다. 따라서 경관은 순수 객관적인 독립체라기보다는 '재현'된 양상을 보인다. 재현이 개념의 틀로 구체적 실물들을 포섭한 것이라면,[17] 경관도 거기에 해당한다. 그래서 경관은 그 자체로 재현물인 동시에 다양한 미디어를 통해서 다시 재현되는 속성을 가진다. 경관이 재현이고 또다시 재현이 된다면, 인간의 선택을 거치게 되면서, '포함'과 '배제'라는 역사적으로 특수한 관념들에서 사회적으로 정초되기에, 그러한 포함과 배제의 상황들이 가지는 힘의 원천, 권력관계가 '고고학'적으로 탐색되어야 한다.[18] 그리고 이러한 '경관의 고고학'은 경관이 가지고 있는 재현적 속성에 대한 규명을 통해서 보다 수월한 작업이 진행될 수 있겠다.[19]

재현은 영어로 'representation'을 말하는데, 맥락에 따라 '표상', '대표' 등의 의미를 가지기도 한다. 단어의 쓰임은 약간씩 다르지만, 공통적인 의미 속성은 간접적이면서 재생산적인 의미화 과정을 보여주고 있다는 것이다.[20] 재현은 일정한 의미화 과정의 산물이며, 개념적 동일성 아래, 개별적 사물들이 포섭되는 것이라면, 그 포섭과정에서 미묘한 차이들은 제거된다.[21] 재현은 일정한 잣대에 비추어 여러 대상들을 하나로 범주화하는 상태이기에, 분류하고 명명하는 과정

Geography, 53, 1999, pp.103-112.

17 S. Hall, The work of representation, in S. Hall(ed.), *Representation: Cultural Representations and Signifying Practices,* Milton Keynes: The Open University Press, 1997, pp.28-29.

18 W. J. Darby, *Landscape and Identity: Geographies of Nation and Class in England,* Oxford: Berg, 2000, p.9.

19 D. Trend, *Cultural Democracy: Politics, Media, New Technology,* New York: SUNY Press, 1997, 고동현 · 양지영 역, 『문화민주주의』, 서울: 한울, 2001, p.259.

20 R. Williams, *Key Words,* London: Flamingo, 1983, p.269.

21 박성수, 「재현, 시뮬라크르, 배치」, 『문화과학』, 제24호, 2000, pp.43-46.

이다. 그래서 재현과정을 통해 우리는 다음과 같은 처지에 놓인다.

> "… 규범적 차이와 배열을 체험한다. 사물이란 '자신들의' 자리에 있고, 그렇게 되기 위해서는 그 자체에 사물을 '명명하기' 위한 '속성'을 부여해야 할 필요가 있다. 범주화의 형태 하에 끊임없이 지표를 설정하려는 과정, 그것은 실제로 다른 것과 관련해서 경계를 설정하려는 것이고, 다음과 같이 영원한 질문이 되는 이중 질문, 즉, '나는 누구인가? 우리는 누구인가?'라는 질문을 규정짓기 위한 것이다."[22]

따라서 재현과정에서는 차이에 대한 고려가 필수적이며, 기본적으로 선택 상황을 표방하고 있다.

재현이 선택의 문제라면, 그러한 선택에서 구별하기의 근거 즉, '차이'의 장치에 대한 이해가 필수적이다. 차이가 대립적인 국면들을 가정해야 한다면, 그 국면의 모습은 경계를 통해서 드러난다. 그러니까 재현과정은 경계선 긋기의 과정이며, 그 경계선의 안과 밖이 존재한다. 재현을 통해서 나타난 것이 있고, 배제된 것이 있다. 도대체 무엇을 근거로 재현에서 포함되고 배제되는가가 따져봐야 할 문제가 되는데, 그러한 포함과 배제의 흐름은 권력관계를 반영한다. 이른바 재현의 문제는 권력의 문제가 되면서, 우리는 재현의 정치에 대해 사고할 수 있다. 누가 무엇이 포함되거나 배제되는지 그리고 왜 그런지를 고려할 수 있고, 그러한 재현과정에 개입할 수 있는 여지를 찾을 수 있게 된다. 재현은 지배적인 것들이 단순하게 반복되는 것으로만 볼 필요는 없다.

재현 과정을 들여다보면, 현실의 질서에 변화를 가져올 수 있다. 위에서 본 것처럼, 재현은 분류하고 범주화하는 과정이고, 그 과정에는 여러 가지 구성요

---

22 G. Vignaux, *Le Démon dduuu Classement: Penser et Organiser,* Paris: Éditions du Seuil, 1999, 임기대 역, 『분류하기의 유혹: 생각하기와 조직하기』, 서울: 동문선, 2000, p.93.

소들이 서로 관계를 설정하고 있다. 이른바 재현체계를 통해서 의미가 만들어지고 있는 것이다. 재현체계의 구성이 인위적인 산물이라면, 체계의 구성요소들을 배치할 때, 다른 시도가 가능하고 재현의 현실효과에서 변화를 가져올 수 있다. 예컨대 교육과정의 지역화가 국가주의 교육과정의 재생산에 불과하다면, 그 지역화의 구성요소들을 달리 배치하여 변화를 도모할 수 있다. 물론 이것이 가능하려면, 교육과정의 지역화라는 사회적 관행으로 나타난 바, 즉 구체적인 재현체계로서 지역교과서에 대한 분석이 필수적이다. 재현체계로서의 지역교과서가 내부적으로 포함하고 있는 의미요소들이 과연 교육과정의 지역화 정신을 반영하여 잘 배치되어 있는지 규명해야 한다. 보다 구체적으로 말하자면, 지역교과서라는 재현체계 내부에서 지역적 동일성이 나타나는 양상, 지역적 타자성이 행사되는 메커니즘에 대한 이해 작업을 통해서 변화를 도모할 수 있겠다.

Ⅲ. 분석대상 및 방법

1. 분석대상

본 연구의 분석 대상은 5차 교육과정 시기와 6차 교육과정 시기의 제주 지역 교과서이다.

〈표 1〉 분석 대상 지역교과서 목록

구분	책명	발행기관	출판연도	출판사
5차 교육과정	사회 4-1 제주도	교육부	1990	국정교과서주식회사
6차 교육과정	아름다운 제주도	교육부	1996	국정교과서주식회사

두 교과서 사이에는 형식체제 면에서 차이가 있는데, 5차 교육과정의 경우

제1단원만이, 6차 교육과정의 경우는 전 단원이 지역화 되었다. 지역교과서 내용 중에서 구체적인 분석의 대상은 사진이나 그림으로 재현된 역사경관들이다.

2. 분석방법

연구대상을 분석할 때 사용한 방법은 내용분석법과 도상학적 분석법이다. 내용분석법은 지역교과서에서 역사경관이 재현되는 빈도를 확인하기 위해 사용되었다. 교육과정 시기별로 교과서에서 재현되고 있는 경관을 지역경관과 민족경관으로 분류하고 그 빈도를 확인한다. 여기서 지역경관이란 제주도 지역에서만 볼 수 있는 고유한 것들이고, 민족경관은 그 내용이 단지 지역적 스케일에 머무는 것이 아니라 민족적 스케일에서 다루어진 경우이다. 즉, 민족경관의 경우, 제주도에 물리적으로 위치하는 경관이지만 그 내용을 보면 한반도 본토의 문화이거나 민족적 타자성을 드러낸 결과들이다.[23] 도상학적 분석법은 사진이나 그림으로 드러난 경관이미지의 의미관계를 해석하기 위해 사용되었다. 도상학적 분석의 과정은 크게 세 단계로 구분되는데, 첫 단계에서 분석 대상의 '일차적인 또는 자연스러운 모티브'를 확인하며, 두 번째 단계에서 '이차적인 또는 관습적인 주제'를 파악하면, 세 번째 단계에서 경관이미지의 '본래적인 의미 또는 숨은 내용'을 해석한다.[24]

제주 지역교과서에 대한 도상학적 분석은 문화재 학습 제재에서 잘 적용될 수 있다.[25] 문화재 학습 제재를 보면, 첫 번째 단계에서 내용서술과 함께 관련된

23 남호엽 · 김일기, 「지역학습에 있어서 민족정체성과 지역정체성의 관계」, 『대한지리학회지』, 제36권 제4호, 2001, pp.489-492.

24 E. Panofsky, *Studies in Iconology*, Oxford: Oxford University Press, 1939, 이한순 역, 『도상해석학 연구』, 서울: 시공사, 2002, pp.26-30.

25 남호엽 · 김일기, 2001, p.485.

경관 사진들이 유기적으로 구조화하고 있음을 알 수 있다. 두 번째 단계에서 경관 사진들의 내용을 보면, 유교경관, 불교경관, 민속경관 등이 배치되어 일정한 관계를 형성하고 있다. 세 번째 단계에서 경관 사진들을 보면, 어떤 경우는 어느 특정한 경관이 지배적인 형세를 이루고 있어 의미효과의 권력관계가 규명될 수 있고, 다른 경우는 경관 이미지들이 서로 혼재되어 어느 특정 경관도 헤게모니를 행사할 수 없는 상황으로 해석된다. 이렇게 도상학적 분석의 차원에서 교과서 내용을 보면, 단지 형식적 사실 확인에만 머무는 것이 아니라, 그러한 형식체제가 숨기고 있는 의미화 과정을 해석해낼 수 있다.

Ⅳ. 분석결과 및 논의

1. 분석결과

분석결과는 내용분석과 도상학적 분석의 경우로 나누어 제시한다. 먼저, 내용분석의 결과를 보면 다음과 같다.

〈표 2〉 교과서에 지역경관과 민족경관이 나타나는 빈도

구분	지역경관	민족경관	합계
5차 교육과정	10	6	16
6차 교육과정	17	28	46

〈표 3〉 교육과정 시기별 교과서에 재현된 경관 목록

구분	지역경관	민족경관
5차 교육 과정	삼무의 고장 이미지, 삼성혈, 돌하르방과 초가, 칠머리 당굿, 방앗돌 굴리기(민속놀이), 주낭 이미지, 수놀음 이미지, 정낭, 성읍민속마을, 삼사석	고인돌, 토성, 만세동산, 관덕정, 관덕정의 벽화, 제주향교

구분	지역경관	민족경관
6차 교육 과정	삼성혈, 정낭, 삼성혈신화 이미지, 영감 놀이, 방앗돌 굴리기, 한라문화제 공연모 습, 오돌또기, 삼무의 섬 제주도 이미지, 정낭 이미지, 수놀음 이미지, 민속자연사 박물관, 제주성, 제주 초가집, 고팡, 김만 덕 할머니 영정, 삼사석, 목석원	별방진, 관덕정, 관덕정 벽화, 제주향교, 명월성지, 항파두리성, 대정성, 성읍리성, 연대, 봉수대, 연북 정, 일관헌, 대정향교, 오현단, 제주향교, 만세동산, 불탑사 5층 석탑, 모충사와 그 정문, 순국지사 조봉 호기념비, 조봉호지사 만화, 강승우 소위 만화, 추 사적거지, 최영장군 사당, 법화사지, 비석거리, 맷 돌, 연자매, 하멜기념비, 올림픽 성화대

위의 표에 나타난 바와 같이, 5차 교육과정 시기와 6차 교육과정 시기의 제
주 지역교과서에서 역사경관이 재현되는 양상은 차이가 있다. 5차 교육과정 시
기에는 지역경관이 민족경관보다 더 많이 재현되었고, 6차 교육과정 시기에는
그 반대이다. 왜 재현의 일관성이 보이지 않고 변화의 모습을 보일까?

다음으로 도상학적 분석의 결과인데, 여기서는 앞서 분석방법에 대한 논의
에서도 언급했듯이, 문화재 학습 관련 제재를 대상으로 했다. 이 제재를 선정한
이유는 문화재라는 것이 가장 전형적인 역사경관이며, 이 경관들이 교과서에서
가장 집중적으로 드러나기 때문이다. 5차 교육과정 시기 문화재 학습 관련 제
재는 다음과 같은 상황으로 구조화되어 있다. 즉, '제주도에 있는 중요한 문화
재를 조사하고, 이들을 어떻게 보호해야 할 지 생각해 보자'고 하면서 모두 6가
지 경관을 제시하고 있다.[26]

6가지 경관들은 서로 병렬적으로 제시되어 있는데, 지역경관은 돌하르방과
초가, 칠머리 당굿, 삼사석이며 민족경관은 관덕정, 관덕정의 벽화, 제주향교이
다. 각각 3가지씩 균등하게 선정되어 배치되어 있다. 교과서에서 각 경관들이
배치되어 있는 양상을 보면 어떤 특정 경관이 더 강하게 부각되고 있다고 볼 수
없다. 그런데 이러한 역사경관들이 6차 교육과정에 와서는 다른 배치의 양상을

---

26   교육부, 『사회 4-1 제주도』, 국정교과서주식회사, 1990, p.21.

보이고 있다. 관덕정이라는 유교경관은 하나의 제재로 독립되어 중심성을 확보하고 민속경관은 주변화되어 부차적인 지위를 가진다.[27] 왜 '칠머리 당굿'이라든지 '삼사석'과 같은 제주 지역 고유의 경관들은 중심적인 재현 모습을 가지지 못했을까? 왜 문화재 학습의 상황에서 '관덕정'이 가장 중점적인 검토 대상이 되었는가?

2. 논의

내용분석의 결과를 보면, 교육과정 시기별로 역사경관의 재현 내용이 차이가 있었다. 재현의 일관성은 보이지 않았다. 5차 교육과정 시기보다 6차 교육과정 시기에서 민족경관을 더 강조하고 있는 상황이었다. 교육과정의 지역화가 공식화되어 지역교과서가 처음으로 발행되었던 시기는 지역경관을 강조하는 추세였지만 그 다음 교육과정 시기에는 그 관계가 역전되었다. 이것은 지역교과서에서 지역적인 것의 의미관계를 나타내는 제요소들을 배치할 때 그 배치의 모습이 가변적인 것임을 보여주고 있다.

한편, 도상학적 분석의 경우에서도 변화가 나타나는데, 문화재 학습 제재를 사례로 볼 때, 지역경관이 주변화되는 모습이었다. 5차 교육과정 시기에서는 민족경관과 지역경관이 서로 병렬적으로 조화를 이루었으나, 6차에 와서는 민족경관이 중심이고 지역경관은 주변적인 위치를 가졌다. 도상학적 분석의 결과에서도 내용분석의 결과와 마찬가지로 교과서 내용 요소의 배치관계가 가변적인 모습을 보였다.

이러한 분석결과를 보면, 교과서의 저자들이 가지고 있는 의도에 따라 지역적인 것의 의미관계를 재현하는 방식에서 상당한 차이가 있다는 것을 알 수 있

---

27   교육부, 『아름다운 제주도』, 서울: 국정교과서주식회사, 1996, pp.52-55.

다. 그래서 어떤 재현 방식이 과연 교육과정 지역화의 취지를 잘 반영하고 있는지 평가가 가능해진다. 교육과정의 지역화가 지역적인 삶의 형식들을 충실하게 교육내용으로 담아내야 한다는 입장에서 볼 경우, 제주 지역에서 교육과정 지역화 정책은 퇴보했다고 볼 수 있다.

V. 결론

지금까지 교육과정 지역화의 근본정신을 검토하고 난 뒤, 이것을 준거로 제주 지역의 사례에 대한 평가를 시도하였다. 글로벌화와 지방화 시대에 부응하는 시민성 교육의 관점에서 볼 때, 사례 지역의 교육과정 정책은 보다 지역적 고유성을 부각시키는 방향으로 나아가야 할 것으로 보인다. 지역 주민들이 가지고 있는 고유한 생활양식들이 지역 교육과정의 내용으로 선정될 수 있도록 해야 할 것이다. 이러한 변화를 위해서는 지역에 관한 연구가 풍부하게 진행되어야 할 것이고, 그러한 연구 성과를 교육과정의 형식으로 변화시키는 작업도 필요하다.

한편, 교육과정의 지역화는 국가 교육과정의 유연화 전략으로만 머무르지 않고 있다는 것이 확인되었다. 교육과정의 지역화라는 탈중심화 추세는 필연적으로 지역적 고유성의 확인과 강조라는 결과를 낳고 있다. 지역화는 교육과정 의사결정 과정에서 권한을 지역에 위임하는 형식적 절차에만 머물지 않고 있다. 이른바 '방법'의 지역화는 '목적'의 지역화와 분리할 수 없는 차원인 것이다. 따라서 앞으로의 교육과정 지역화 정책은 '목적'으로서의 지역화가 가지는 교육적 합리성을 이해하고 이를 적극적으로 실현하는 방향으로 진행되어야 할 것으로 보인다. 그리고 이러한 변화는 지역교과서 내용의 재현과정에서 지역적인 의미체계들의 배치 양상에 대해 숙고하는 작업으로부터 출발한다.

07

서울 지역교과서에서 지도의 스케일 재현 방법

Ⅰ. 서론

초등학교 사회과에서 교육과정의 지역화는 지역교과서를 통해서 가장 구체화된 모습을 보이고 있다. 지역별로 독자적인 교과서를 만들어 지역적인 것의 의미관계를 교재화하고 있다. 외관상 보기에 지역별로 자체의 교과서를 만들어 실천하는 것으로 보아 교육과정의 지역화가 만족할 만하다고 볼 수도 있다. 그러나 제도의 형식만으로 교육과정의 지역화 정책을 평가하는 것은 문제가 있다. 지역교과서의 내용에서 어떤 의미관계가 포섭되며, 어떤 접근방식으로 그 의미관계를 드러내고 있는가를 살펴볼 필요가 있다. 이제 교육과정의 지역화 정책은 선언적인 실천만이 아니라 내실화를 위한 반성이 필요한 시점이고, 본 연구는 그러한 반성의 사례를 제공하고자 한다.

지금까지 교육과정의 지역화에 대한 논의는 규범적인 권고안들이 다수를 이루고, 사실에 기초한 경험적 연구는 소수였다. 규범적인 권고안들은 대개가 교육과정의 지역화에 관한 당위론적 의미를 다루고 있다. 사실에 기초한 경험적 연구는 교육과정의 지역화 정책이 현실적으로 어떻게 현장에서 적용되고 있는가를 보고하는 모습이다.[1] 교육과정의 지역화를 둘러싼 연구가 어느 한쪽으로

---

1   남호엽·김일기, 「지역학습에 있어서 민족정체성과 지역정체성의 관계」, 『대한지리학회지』, 제36권 제4

만 기우는 것은 바람직하지 못하다고 보며, 후자의 연구방식이 보다 활성화되어야 할 것으로 본다. 왜냐하면, 교육과정의 지역화 정책은 이제 학교현장에서의 실천 그 자체에 만족하기보다는 그 실천이 어떤 의미가 있는가를 평가해야 할 상황이기 때문이다. 이러한 교육과정의 지역화 정책에 대한 반성작업에서도 여러 가지 접근법이 필요한데, 특히, 역사적으로 어떤 변화의 양상을 보이고 있는가가 검토되어야 할 시점이다. 교육과정의 지역화 정책이 5차 교육과정 때부터 본격화되어 벌써 두 차례의 개정이 있었기 때문에 종단적 변화 양상을 살펴보는 것이 의미가 있다고 본다.

이상에서의 문제의식에 기초해 본 연구는 서울 지역의 교과서를 사례로 하여 교육과정의 지역화 관행에 대한 평가를 시도해 본다. 서울 지역의 교과서 내용구성 방식에서 어떤 변화들이 있는가를 분석하고자 하는데, 특히, 지도(地圖)를 통해 지역적인 것을 재현하는 방식에 초점을 두었다. 지역교과서 내용 중에서 지도에 주목하는 이유는 그것이 정체(政體)의 상징으로서 영역적 관계 상황을 가장 극명하게 드러내기 때문이다. 지도는 지역적인 것을 재현하는 상징 이미지이며, 지역 주체의 형성 과정 혹은 지역교육에서 효과적인 매개수단으로 기능하고 있다. 그래서 지도는 지역교과서 곳곳에서 지역의 의미를 표상하고 있으며, 그 표상방식이 검토의 대상이다.

호, 2001, pp.483-494; 남호엽, 「역사경관의 재현과 지역교육의 합리성」, 『시민교육연구』, 제34권 제2호, 2002, pp.27-41.

II. 지도(地圖)의 재현과 지역정체성의 문제

1. 지도(地圖): 정체(政體)의 상징 혹은 영역의 재현

지도(地圖)는 통상적으로 객관적인 정보를 담고 있다고 간주된다. 미지의 장소를 처음 갈 때, 우리는 그 장소를 나타내고 있는 지도에 의존한다. 그 지도는 특정 장소나 지역에 대한 정보를 객관적으로 반영하고 있다고 여긴다. 지역이나 장소의 정보를 충실하게 담고 있는 매개물로서 지도를 간주할 때, 지도에 대한 사용자의 태도는 경외감까지 느끼고 그 지도에 복종하게 된다. 그런데, 이러한 지도의 신성함은 맥락을 달리하면 금방 흔들리고 만다.[2] 지금 현재의 실용적인 목적에 기초하여 사용하는 지도가 의문에 여지가 없이 합리적으로 보이는 반면, 옛날 조상들이 사용하던 지도를 보면 그런 생각이 그대로 유지되지는 않는다.

대동여지도 이전의 우리나라의 옛 지도를 살펴보면, 오늘날의 지도와 많은 차이가 있다. 우리나라의 옛 지도에는 그 당시 사람들의 세계관, 삶의 모습 등이 생생하게 담겨져 있다. 회화적인 수법으로 지리 정보들을 재현하고 있으며, 특히 자연을 항상 가까이 했던 생활태도를 보여주고 있다. 그런데, 이러한 옛 지도의 모습은 지리 정보들을 처리하는 방식에서 오늘날과는 차이가 있다. 그 당시 조상들의 입장에서 볼 때, 중요하다고 여기는 것들은 지금에 와서 보기에 다소 과장된 모습을 보이고 있다. 예컨대, 풍수지리사상을 고려하여 산의 형세와 물줄기의 흐름이 오늘날의 지도와는 다르게 대단히 사실적으로 재현되고 있다. 지리 정보들이 맺고 있는 관계를 바라보는 방식이 오늘날과는 차이가 있는

---

2 J. B. Harley, Maps, knowledge, and power, in D. Cosgrove and S. Daniels(ed.), *The Iconography of Landscape: Essays on the Symbolic Representation, Design and Use of Past Environments,* Cambridge: Cambridge University Press, 1988, pp.277-312.

것이고, 이 점이 다소 낯설게 다가선다.

한편, 근대사회의 지도들에서도 해체론적 관점에서 보면 지도의 객관적 신화는 허물어진다.[3] 오늘날 전세계인들이 사용하고 있는 세계지도를 보면 보는 관점에서 자기 나라를 중심에 둔다. 자기 나라는 세계의 중심이고 다른 나라는 주변이라는 인상을 남긴다. 지리 정보들을 배치하는 방식에 따라 동일한 세계지도가 가지는 의미효과에 차이가 발생한다. 서양인들의 눈에서 볼 때 한반도는 극동(far east)에 위치하고 있고, 아랍세계는 이른바 중동(middle east)에 자리한다. 중심에서 멀리 떨어져 있기 때문에서 주변화되고 익숙하지 못하여 이질감을 느끼게 하는 장소로 재현된다.[4] 그러니까, 나를 포함하는 '우리'의 장소와 나를 포함하지 않는 '그들'의 장소가 차별화되는데, 이러한 공간적 차별화의 인식을 반영하는 것이 지도이다.

이렇게 지도는 단지 객관적인 정보를 담고 있는 사실들의 집합으로만 볼 수 없다. 지도는 지도제작자가 사회적 관계에서 가지고 있는 입장의 차이를 나타내고 있다. 그래서 모든 지도에는 공간 분할의 경계가 있다. 경계는 사회적 영향력들의 정도가 질서화된 것이며, 경계의 내부와 외부를 통해서 영역화 되는 속성이 있다. 지도는 영역들의 관계 맺음이 표상된 것이고, 그 영역들 사이의 관계가 어떤 성질을 가지는가가 확인사안이다. 경계가 있지만 상호공존의 성격을 반영할 수도 있고, 그렇지 않고 상호배타적인 관계일 수도 있다. 지금 현재이 지구상에서 가장 강력하게 구축된 경계선은 민족국가의 경계, 즉 국경이라고 볼 수 있다. 국경은 엄격한 통제선이며, 두 국가 사이 관계에 따라 완충지대를 설정하기도 한다. 그래서 이러한 경계들이 나타나고 있는 지도는 정체의 상

---

3 J. B. Harley, Deconstructing the map, in M. J. Dear and J. Flusty(ed.), *The Spaces of Postmodernity*, Oxford: Blackwell, 2002, pp.277-289.

4 E. Said, *Orientalism*, London: Penguin, 1978, 박홍규 역, 『오리엔탈리즘』, 서울: 교보문고, 2001.

징이고, 영역의 재현이다.[5]

2. 재현의 스케일과 지역정체성의 문제

지도가 정체의 상징, 영역의 재현이라면, 그것의 효과는 대표성과 상징성이라고 말할 수 있다. 특정 주체들의 연합체로서 일정한 정치세력들은 자신들의 영역을 다양한 방법으로 표상한다. 정체의 상징물을 만들어내고, 그 속에서 외부세계와의 차이를 드러낸다. 그런데, 이러한 차별화와 고유성 찾기는 외부세계와의 관계설정을 통해서 항상 가능하기에, 이러한 관계설정의 방식이 중요한 검토대상이다. 어떤 특정한 정치 단위가 자신의 고유성을 확보하기 위해 어떤 기제를 통해서 외부 세계와 접합하는가가 관심거리이다. 예컨대 자율적인 삶의 단위로서 지역 역시 마찬가지인데, 지역의 고유성을 만들고 재생산하기 위해 지역 외부와 관계설정을 시도한다. 이러한 관계설정은 다양한 사회적 관행들을 통해서 직접적으로 드러나기도 하고, 여러 텍스트들을 통해서 그 양상이 재현되기도 한다. 그래서 지역주민들은 사회적 관행에 참여하면서, 텍스트의 독자가 되면서 자신들의 지역이 가지는 독자성을 각인한다.

지역 내부와 외부가 관계 맺는 상황은 여러 국면들로 구별할 수 있다. 지역 내부에서 그 고유성이 생성될 때, 지역 내부 전체가 일관되게 그러하지는 않는다. 지역 내부에서도 특정한 지점들의 상황이 헤게모니 행사의 차원으로 부상하고 그것이 지역의 내용이 된다. 이른바 권력효과의 과정으로 지역 내부에서 국지적인 것들이 대표성을 확보하고 지역 외부와 교류하게 된다. 그렇다면 지역 외부는 어떻게 보아야 할까? 지역 외부는 동일한 지위의 다른 지역이거나

---

5   N. Helburn, The geographical perspective: geography's role in citizenship education, in R. E. Gross and T. L. Dynneson(ed.), *Social Science Perspective on Citizenship Education,* New York: Teachers College Press, 1991, pp.116-140.

더 큰 정치단위인 민족국가 혹은 글로벌 사회일 수도 있다. 지역 내부와 외부가 접합하는 상황에서 외부 역시 그 실상을 들여다보면 형식적으로는 국지적이지만, 내용적으로 볼 때는 지역적인 규모 혹은 민족국가의 차원, 글로벌 국면을 반영하고 있다. 이렇게 지역의 고유성은 내부의 국지적인 것에서 출발하여 지역 외부의 국지적인 것들과 접합하면서 생명력을 가지면서, 지역정체성의 근간이 된다. 또한 지역 외부는 형식적으로는 국지적인 양상이지만 실질내용에 있어서는 민족국가와 더 큰 규모의 속성을 나타내고 있다.

　지역 내부와 외부의 관계설정은 앞서도 언급했듯이 지역주체들이 사회적 관행에 직접적으로 참여하는 활동을 통해서, 혹은 지역적 텍스트의 충실한 독자가 되면서 자연스러워진다. 지역주민들은 지역적 텍스트의 독자들로서 지역적인 것을 내면화하고 있고, 그러한 텍스트들은 지역언론, 지역교육과 같은 사회적 관행들을 통해서 활발하게 생산 · 유통 · 소비된다. 이때 지역적인 것은 지역의 제도화에서 필요한 공통요소들이며 일련의 '기대 구조(structure of expectations)'를 나타내고 있다. '기대 구조'는 지역의 내부자들과 외부자들을 나누는 사회적 분류틀로서 작용하며, 우리-의식과 타자성의 구성을 도모한다.[6] 이러한 기대 구조는 다양한 채널을 통해서 확대 재생산되는데, 특히 교육과정의 지역화와 지역학습의 실천을 매개지우는 지역교과서의 내용에서 가장 공식적인 모습을 띠고 있다. 지역교과서는 지역적인 것의 고유성을 재현하고 있으며, 그 재현의 방식이 논의 대상이다. 앞서도 언급했던 지역 내부와 외부의 관계설정 방식이 어떻게 교과서 내용으로 포섭되고 있는지 확인이 필요하다. 이른바 영역적인 관계상황이 어떤 형식으로 교과서 내용으로 재현되고 있는지 살펴볼 수 있겠고, 그러한 상황의 전형적인 모티브로서 지도에 주목한다.

6　A. Passi, *Territories, Boundaries and Consciousness: The Changing Geographies of the Finnish--Russian Border,* West Sussex: John Wiley & Sons, 1996, p.36.

지도는 앞서도 언급했듯이 영역화의 산물, 영역의 재현이기에, 항상 선택과 포함의 관계를 드러내고 있다. 지도에 담고 있는 정보는 단순한 사실들이 아니라, 지역적인 것의 의미관계를 재현하고 있는 '기호들'이다. 지도상에 나타난 기호들은 지역의 정체성을 드러내기 위해 다양한 지역의 정보들 중에서 선택하고 배치한 결과물로 나타난다. 그래서 지도에 담고 있는 내용들이 어떤 선택의 잣대를 통과한 것인지, 어떤 배치의 논리를 수용하고 있는지 분석해야 한다. 그리고 그러한 선택과 배치가 어떤 의미효과를 낳고 있는지 독해가 필요하다. 요컨대 지역교과서의 지도는 영역을 재현하면서, 다시 말해서 일정한 공간을 드러내 보이면서 지역적인 것이 가지는 의미효과를 생산하고 있고, 이러한 정체성 범주의 선택 상황은 정체성 형성에 있어서 가변성과 모호성을 시사하고 있다.[7]

III. 분석 대상 · 방법 · 과정

1. 분석 대상

본 연구를 수행하는 데 있어서 분석의 대상은 서울 지역의 교과서이다. 5차 교육과정, 6차 교육과정, 7차 교육과정 시기에 서울에서 발행된 지역교과서이고 그 목록은 다음과 같다.

---

7   J. Vincent, D. Casino Jr., and S. P. Hanna, Representations and identities in tourism map spaces, *Progress in Human Geography,* 24(1), 2000, pp.23-46.

<표 1> 분석 대상 지역교과서 목록

구분	책명	발행기관	출판연도	출판사
5차 교육과정	사회 4-1 서울특별시	교육부	1990	국정교과서주식회사
6차 교육과정	서울의 생활 4-1	교육부	1996	국정교과서주식회사
7차 교육과정	서울의 생활 4-1	서울시교육청	2001	대한교과서주식회사

그런데 교육과정 시기별로 서울 지역교과서의 형식체제가 차이가 있다. 6차와 7차의 경우, 한 학기 전체 분량이 지역교과서로 발행되었지만, 5차의 경우는 그렇지 않다. 5차의 경우, 제 1단원만 지역화 교과서 내용으로 개발이 되었다. 그래서 이후의 교과서 분석 과정에서 5차의 경우는 제 1단원에만 국한하였다.

2. 분석 방법

지역교과서를 분석할 때 사용한 분석 방법은 내용 분석법이다. 내용 분석법은 내용 요소들을 범주화하고 그것이 발생하는 빈도를 재는 양적인 접근법이다.[8] 이 접근방식의 기본 가정은 특수한 주제의 빈도와 그것의 중요도 사이 관계가 있다는 것이다. 본 연구에서는 각 지역의 교과서별로 지역을 나타내는 지도가 등장하는 빈도를 세고 난 뒤, 교과서 사이 그 관계를 비교하여 의미를 논의하고자 한다. 이때 지도는 그 내용이 스케일적으로 재현되는 방식에 따라 하위범주를 나누었다. 하위범주는 국지적 스케일, 국지적/지역적 스케일, 지역적 스케일, 지역적/권역적(subnational) 스케일, 지역적/민족적 스케일 등 모두 5가지이다. 여기서 국지적 스케일과 국지적/지역적 스케일이 차이가 있는 것은 전자의 경우가 지역 내부의 국지적인 장소들에만 주목하고, 후자의 경우가 국지

---

8   K. Hannam, Coping with archival and textual data, in P. Shurmer-Smith(ed.), *Doing Cultural Geography,* London: Sage, 2002, p.191.

적 스케일과 지역적 스케일 사이 관계를 고려하는 데서 그러하다. 다섯 가지 스케일의 재현방식을 범주로 하여 각 교과서별로 나타나는 빈도를 확인하고 차이를 확인하였다.

3. 분석 과정

분석 과정은 크게 두 가지 흐름이다. 첫 번째 단계에서 교육과정 시기별 교과서에서 지역 지도가 재현되는 빈도를 확인한다. 교과서 전체 쪽수에 비추어 볼 때, 지도가 재현되는 쪽수의 비율을 분석한다. 그리고 각 교과서별로 비교하여 차이의 정도를 확인한다. 두 번째 단계에서는 지역 지도의 스케일 재현방식을 검토한다. 여기서 스케일 재현방식의 유형은 앞서 언급한 다섯 가지 경우이다. 국지적 스케일, 국지적/지역적 스케일 연계, 지역적 스케일, 지역적/권역적 (subnational) 스케일 연계, 지역적/민족적 스케일 연계 등이며, 분석사례를 제시하자면 다음과 같다.

① 국지적 스케일에서 지역 지도의 재현

이 경우는 6차 교육과정 시기 지역교과서에 재현된 '한강의 다리들'이라는 제목의 지도가 대표적이다.[9] 이 지도는 강남과 강북을 연결해 주는 한강의 다리들을 사실적으로 확인해 주고 있다. 한강에 설치된 다리들을 국지적 스케일에서 기능적으로 드러내고 있어 '한강에 다리가 설치되어 있구나'라는 인상만 남기고 있다. 한강의 다리들이 서울 지역 전체에서 차지하는 위상은 지도에 나타나지 않고, 내용서술에서 그 역할만 사실적으로 제시되고 있다.

---

9   교육부, 『서울의 생활4-1』, 서울: 국정교과서주식회사, 1996, p.34.

② 국지적/지역적 스케일 연계에서 지역 지도의 재현

이 경우는 위의 사례와 마찬가지로 한강의 다리를 재현하는 상황이며, 7차 교육과정 시기의 교과서에서 나타난 바이다.[10] 지도로 재현하는 대상은 동일하지만, 이것을 스케일적으로 드러내는 방식에서 차이가 있다. 여기서는 서울 지역 전체에서 한강의 다리가 차지하는 역할을 온전하게 나타내고 있다. 즉, 강남과 강북을 연결하는 상황이 지역적 스케일에서 다루어지고 있어, 한강 다리의 역할을 잘 이해할 수 있도록 했다.

③ 지역적 스케일에서 지역 지도의 재현

지역적 스케일에서 지역 지도가 재현되는 경우는 국지적 스케일에 머무는 것과 마찬가지로 지역의 고유성을 일면적인 스케일에서 다루고 있다. 그래서 지역 전체의 포괄적인 이미지나 지엽적인 정보만을 제공하고 있는데, 지역 내부의 다양성과 지역 외부와의 관계 설정 등을 드러내지 못하고 있다. 예컨대, 서울의 도로망을 나타내는 지도이고, 전체적인 이미지만 나타나고 있는 경우이다.[11] 즉, 서울의 도로망이 복잡하다는 인상을 심어주려는 의도를 반영하고 있다. 그러나 서울의 도로망에서 국지적인 차별화의 양상과 그 이유를 규명하는 차원까지 나아가지는 못하고 있다.

④ 지역적/권역적(subnational) 스케일 연계에서 지역 지도의 재현

이 경우는 서울 지역의 내부와 외부의 관계를 드러내면서 지역의 고유성을 부각시키는 상황이다. 서울 지역의 경계 외부와 맺고 있는 상호작용의 국면들을 나타내고 있다. 이때 지역의 외부는 우리나라 전체 중의 일부이며, 서울의

---

10 서울시교육청, 『서울의 생활4-1』, 서울: 국정교과서주식회사, 2001, p.24.

11 교육부, 『서울의 생활4-1』, 서울: 국정교과서주식회사, 1996, p.102.

경우 수도권과 한강 유역권 등이다. 예컨대, '서울의 위치'를 지도를 통해서 파악하도록 의도하는 경우이다.[12] 서울과 그 외부의 지역들을 지도를 통해서 확인할 수 있도록 했다. 이른바 서울 지역의 관계적 위치를 확인하고 그 고유성들을 탐색하도록 했다.

⑤ 지역적/민족적 스케일 연계에서 지역 지도의 재현

이 경우는 서울 지역이 우리나라의 중심부라는 인식을 낳고 있다. 서울 지역의 고유성이 우리나라 전체의 구도 속에서 확인되고 있다. 지역의 속성이 국가적 규모에서 다루어지고 있다. 예컨대, 이 사례는 서울 지역에 큰 시장들이 있고, 그 시장의 물건들이 전국 각지에서 모인 것이라는 점을 시각화하고 있다.[13] '서울의 큰 시장은 전국 각지에서 생산된 물건이 모여서 팔려 나가는 곳입니다'라는 내용서술이 지도 이미지에 연결되어 있어 상황을 더욱 구체화시키고 있다.

Ⅳ. 분석 결과 및 논의

1. 분석 결과

분석의 초점은 교육과정 시기별로 첫째, 교과서 전체 분량 중에서 지역 지도가 나타나는 빈도, 둘째, 지역 지도의 스케일 재현 방식 등이다. 지역교과서 전체 분량 중에서 지역 지도가 나타나는 빈도는 다음과 같다.

---

12   교육부, 『사회 4-1: 서울특별시』, 서울: 국정교과서주식회사, 1990, p.20.

13   서울시교육청, 『서울의 생활4-1』, 서울: 국정교과서주식회사, 2001, p.70.

<표 2> 교과서에서 지역 지도가 나타나는 빈도

구분	5차 교육과정	6차 교육과정	7차 교육과정
지역 지도가 나타나는 쪽수	10	39	32
전체 쪽수	48	176	116
빈도율(%)	20.8	22.1	27.6

지역 지도가 나타나는 정도는 교육과정 시기별로 볼 때, 5차가 20.8%, 6차가 22.1%, 7차가 27.6%이다. 교육과정이 개정되면서 지역교과서에 지역을 표상하는 지도가 점점 늘어났음을 알 수 있다. 교과서에 담고 있는 내용요소들 중에서 지도가 차지하는 비중이 조금씩 증가했음을 알 수 있다. 그러나 이러한 양적인 증가가 곧바로 지역적인 것을 온당하게 반영했다고 보기에는 무리가 있고, 교육과정 시기별로 현저한 차이가 나타나는 것도 아니다. 따라서 보다 섬세한 분석 범주를 사용하는 것이 필요하다.

<표 3> 지역 지도의 스케일 재현 방식

구분	A		B		C		D		E		F		합계	
	빈도	%	빈도	%	빈도	%	빈도	%	빈도	%	빈도	%	빈도	%
5차 교육과정	1	11.1	6	66.7	–	–	2	22.2	–	–	8	88.9	9	100
6차 교육과정	16	38.1	15	35.7	5	11.9	2	4.8	4	9.5	21	50	42	100
7차 교육과정	7	24.1	12	41.4	3	10.4	5	17.2	2	6.9	19	65.6	29	100

주: 1) A = 국지적, B = 국지적/지역적 연계, C = 지역적, D = 지역적/권역적 연계, E = 지역적/민족적 연계, F = B + D + E
   2) 빈도는 지도의 수
   3) F는 전체 합계에 포함되지 않음

교과서에서 지역 지도의 스케일 재현 방식은 그 결과가 〈표 2〉와는 다른 양상을 보이고 있다. 지역의 고유성을 드러내는 데 있어서 유효한 방법은 〈표 3〉

의 구분에서 F에 해당한다. 즉, 스케일의 변증법을 통해서 영역이 접합하는 과정을 보여주고 있는 경우이다. 지역적 스케일이 다른 스케일들과 상호작용을 하면서 지역의 고유성을 확보하는 과정이다. 분석결과를 보면, 5차 교육과정이 88.9%, 6차 교육과정이 50%, 7차 교육과정이 65.6%로 나타났다. 스케일의 관계 국면을 통해서 지역적인 것의 의미를 가장 잘 드러낸 것은 5차 교육과정 시기였다. 한편, 스케일적 관계상황이 잘 드러나지 않는 경우, 즉 국지적 스케일과 지역적 스케일 그 자체에 머무는 경우는 6차 교육과정이 가장 높은 빈도를 보였고, 7차로 가면서 점차로 낮아지는 경향을 보이고 있다.

2. 논의

분석 결과를 보건대, 교육과정 시기별로 지역교과서에서 지도를 사용한 양상은 차이가 있었다. 지역의 지도가 교과서에서 사용되는 양적인 빈도수는 큰 차이가 없었고, 교육과정이 개편될 때마다 다소 증가하는 추세를 보였다. 그러나 지역 지도에서 스케일의 재현방식은 상당한 차이를 보였다. 지역교과서가 처음 만들어질 때 지역 지도의 스케일적 재현이 가장 잘 이루어졌다. 두 가지 분석 결과를 통해 시사 받을 수 있는 점은 다음과 같다. 지역교과서에서 정체의 상징, 영역의 재현물로서 지도는 단지 양적인 사용빈도를 가지고 판단하기에는 무리가 있다. 지역 지도들이 스케일적으로 어떤 관계 국면을 나타내고 있는가도 검토가 되어야 한다. 그래야만 지역교과서의 내재적 목적인 지역정체성의 재현이 충실히 이루어졌는가에 대한 반성이 가능해진다. 이른바 지역 지도는 그 자체로서 지역의 고유성을 자동적으로 반영하고 있지는 않다. 지역 지도의 내용들이 어떤 차이의 국면들을 갖추고 있는가가 독해가 되어야 한다. 이것이 가능하려면 지도의 내부에서 기호들이 서로 맺고 있는 관계들이 규명되어야 한다. 요컨대 정체성 텍스트로서 지역 지도 읽기는 그 재현의 내용에서 차이의 국면들을 확인하고 그것이 어떠한 배치 구도를 가지고 있는가를 추적하는 과정이 되는 셈이다.

V. 결론

지금까지 지역정체성을 재현하면서 텍스트로서의 지위를 가지는 지역교과서의 지도를 분석하고 그 의미를 논의하였다. 정체성 텍스트로서 지역 지도 읽기는 내용 분석법이 사용되었다. 본 사례 연구를 통해서 시사 받을 수 있는 정책적 함의를 제안하자면 다음과 같다.

첫째, 이후 지역교과서를 개발할 때, 지역 지도의 재현은 지역의 내부가 외부와 상호작용하는 국면으로, 또한 지역 내부에서도 국지적 규모의 장소들이 서로 관계를 설정하고 지역적 스케일에 관련되는 양상으로 그 방향성이 잡혀야 할 것이다. 지역 그 자체를 지도화하는 데 의의를 두는 것에 머물지 말고, 재현 방식이 어떻게 공간적 차별화를 드러내면서 지역의 고유성을 만들어내는가에 관심을 가져야 할 것이다.

둘째, 지역교과서 개발자들은 지역화의 대상인 지역에 관한 이해를 심화시켜야 한다. 교재화의 대상인 해당 지역이 어떤 고유성을 가지고 있으며, 그 고유성이 어떤 기제를 통해서 생산, 유통, 소비되는가를 알고 있어야 할 것이다. 물리적으로 지역에 있기에 그 지역의 고유성을 반영한다는 소박한 관점에서 벗어나야 한다. 그리고, 지역의 고유성을 생동감 있게 재현하는 방식에 관한 고민이 필요한데, 이때 다른 지역적 텍스트들에 대한 독해 작업에서 시사점을 얻을 수 있다. 따라서, 지역교과서 개발자들은 그 스스로가 지역의 거주자이면서 동시에 지역 연구자가 되어 지역을 두껍게 읽어내는 이중의 행보를 걸어야 할 것이다.

08

교육과정의 지역화와 의미경합의 지리

Ⅰ. 문제의식

초등학교 사회과에서 교육과정의 지역화는 독특한 교육적 관행을 이루고 있다. 각 지역에서 국가 수준의 교육과정을 탈피하여 지역 교육과정을 구성하여 실천하고 있기 때문이다. 얼마 전까지만 해도 우리나라는 중앙집권형의 교육과정을 고수해 왔으며, 이는 교육의 국가독점 현상이라고 볼 수 있다. 그런데 이러한 국가독점으로부터의 탈피 현상이 가장 정치적인 교과인 사회과에서 체계적으로 시도되고 있다는 것은 사뭇 역설적이다. 요컨대 사회과 교육과정의 지역화는 교육과정의 지역적 적합성을 높이자는 취지에서 기원한다. 즉, '교재의 지역화를 위해서는 교육과정의 목표와 내용을 지역 실정에 알맞게 재구성하고, 고장 및 시도의 생생한 사례를 수집, 활용하도록 함으로써 고장이나 지역을 바르게 이해하도록 하고, 고장의 발전을 위한 일에 적극 참여하도록' 의도하고 있다.[1]

국가 수준의 교육과정은 교육내용의 성격상 지역의 다양한 사회현상을 반영하기에 어려움이 있다. 특히, 3학년과 4학년 사회과의 경우, 교육내용의 계열화 추세에서 볼 때 고장과 지역의 사회현상을 인식의 대상으로 상정하고 있기 때

---

1   교육부, 『사회과 교사용 지도서』, 서울: 대한교과서주식회사, 2002, p.8.

문에 교육과정의 지역화가 이루어질 수밖에 없다. 이러한 상황은 3학년과 4학년 학습자들이 건전한 시민으로 성장해 나가는 데 있어서 필요로 하는 마음의 형성, 즉, 지역 주민으로서의 정체성을 가져야 한다는 관점에서도 정당화될 수 있다.

초등학교 사회과에서 교육과정의 지역화는 5차 교육과정 시기부터 공식화되었고, 현행 교육과정에서도 적용이 되고 있다. 교육과정의 지역화는 선언적인 수준에서 머물지 않고, 지역교과서의 발행과 지역학습의 실천이라는 차원으로 구체화한다. 3학년 1학기는 고장 수준에서 지역교과서를 발행하도록 권고하고 있다. 여기서 고장 수준은 시, 군, 구 수준을 말한다. 3학년 1학기의 지역교과서가 만들어지는 양상을 보자면 지역마다 다양하다. 어떤 고장은 반듯한 모습으로 지역교과서를 발행하고 있으며, 다른 고장은 워크북 형태의 자료집인 경우도 있다. 4학년 1학기는 광역시와 도 수준에서 지역교과서가 만들어지고 있으며, 이는 선택사항이 아니다.

이상과 같이, 교육과정의 지역화는 학교 현장에서 자율적인 교육과정 실제를 만들도록 하고 있다. 교육과정의 개발 주체가 지역 단위 수준에서 성립한다. 국가 수준의 교육과정이 지배적인 우리나라 현실에서 교육과정의 지역화는 풀뿌리 교육과정의 전형이다. 현장 교사의 자율성이 최대한 발휘될 수 있는 좋은 사례이며, 또한 그만큼 관련 주체들의 책무성을 요구하고 있다. 교육과정 개발의 책무성 추구는 평가적인 활동으로 진행한다. 지역화된 교육과정에 대한 반성적인 검토를 통하여 합리성을 최대한 도모해야 할 상황인 것이다. 교육과정의 지역화는 교육과정 의사결정의 산물로서 일종의 사회적인 구성물이다. 해당 사회 구성원들 사이 의미의 교섭 과정을 통하여 합의와 조정이 필요한 사안이다. 사회적인 소통과 합의 과정에서 중요한 점은 해당 관행 공동체에서 언어의 공유일 것이다. 교육과정의 지역화 실제를 개념화한 여러 의미 범주들에 대하여 상호 이해가 있어야 한다. 동시에 교육과정의 지역화가 결코 가치중립적인 활동이 아니기 때문에 규범적인 지향성에서도 일정한 합의가 요구되고 있다. 따라서, 교육과정의 지역화가 책무성을 담보하기 위해서는 관련 의미의 세계에 대한 지속적인 성찰과 광범위한 소통이 있어야 하며, 본 연구는 이러한 수요에 부응하고자 한다. 예컨대, 동일 지역 내부에서도 교육과정의 지역화 관행이 역사적으로 어떠한 변화의 양상인지 검토가 가능하다. 이 경우 취급 자료는 교육과정 문서, 교육과정 해설서, 교사용 지도서, 그리고 사례 지역의 교과서 등이다. 사례 지역으로 선정된 곳은 서울이며, 교육과정 시기별로 볼 때, 5차 교육과정에서부터 개정 7차 교육과정 시기까지 검토하였다. 연구방법은 교육과정의 지역화 관행에 대한 역사적인 검토와 관련 자료의 내용분석을 실행하였다.

II. 재현의 페다고지와 경관의 경합

본고에서는 교육과정의 지역화 관행을 정치적 텍스트로서 보고자 한다. 교육과정의 지역화 관행은 균등하지 않은 힘의 역학 관계를 드러내 보이고 있기 때문이다. 교육과정의 지역화 관행은 헤게모니의 행사 과정으로 특정한 지식 체계를 선택한다. 국내에서 교육과정의 지역화 관행은 발상 그 자체가 탈집중화의 효과를 낳는다. 하지만 중요한 것은 지역의 자율성이 어떤 방식으로 교육과정 실제로 구체화되고 있느냐이다. 이러한 문제의식은 보다 본질적으로 소위 지역과 대비적인 범주로 네이션(nation)이라는 차원이 가지는 함의와 그 상호 관련성의 국면이다. 재개념주의 교육과정론자들은 정치적인 경향의 획일화와 단순화를 경계해 왔다. 개인의 중요성 부각과 비인간화의 견제 측면에서 교육과정은 장소의 특수성을 옹호한다.[2] 이것을 지역과 네이션의 관계 구도에서 논의하자면, 이른바 네이션이라는 상황은 각 지역들의 앙상블 그 자체이다. 각 지역들은 자신들의 정체성이 가지는 의미를 소중히 하고 그 정체성을 미래지향적으로 발전시키는 것이 요청되고 있다. 이러한 발상은 학교 교육과정이 어느 시대, 어느 장소에서든지 적용할 수 있는 보편타당성을 간직하다는 시각에서 벗어나 있다.[3] 파이너(Pinar)의 입장은 지역을 무조건적으로 옹호하는 관점은 아니다. 단지 정서적인 일체감의 확보에만 머물지 않는다. 내가 살고 있는 지역의 현실을 성찰적으로 숙고하는 과정으로 나아간다. 즉, 현실의 성찰과 바람직한 미래지향이 가능하도록 지역의 내러티브와 장소들이 교육활동 속으로 포섭된다. 요컨대 교육적인 경험의 장소로서 지역사회가 다루어지며, 이는 결코 퇴행적인 고립주의 및 분리주의의 양태는 아니다.

그런데, 이와 같은 교육과정론의 시각은 지역 및 장소의 교육적인 가치를 부각시킨 점에서 중대한 의의가 있다. 아울러, 교육적인 경험의 지향과 전략들을 제시하고 있다는 점에서 실천적인 의의가 있기는 하다. 그러나, 교육과정 연구를 프락시스의 측면에서 볼 때, 일정한 한계가 있다. 교육실천가인 교사의 입장에서 볼 때, 파이너 등의 입장은 포괄적인 지침일 뿐이다. 물론, 각 지역과 장소의 입장에서 페다고지의 내용과 방법을 모색하는 것은 해당 주체의 몫이기는 하다. 다만 중요한 것은 정치적 텍스트로서 교육과정을 다루면서, 지배적인 질서에 대한 '저항'의 국면 못지않게 '대안'을 추구하는 점이다. 그렇다면, 이러한 대안들은 어떤 전략과 방법론으로 상세화가 가능한가?

---

2   W. F. Pinar, et al., *Understanding Curriculum,* New York: Peter Lang, 1995, 김복영 외 역, 『교육과정 담론의 새 지평』, 서울: 원미사, 2001, p.370.

3   W. F. Pinar, *What is Curriculum Theory?*, Mahwah, NJ: Lawrence Erlbaum Associa-tes, 2004, 김영천 역, 『교육과정이론이란 무엇인가?』, 서울: 문음사, 2005, p.138.

무엇보다도, 지역 교육과정의 현실태를 충실히 이해하는 것에서 출발하며, 기본적인 문제설정은 지역 교육과정의 내용들을 일정한 재현 체계로 본다. 이는 지역 교육과정 내부에서도 헤게모니 질서가 작동하는 점에 주목한다. 지역 교육과정 내부에서 어떤 내용 요소들이 구조적인 관계 양상으로 질서화되고 있는지를 이해하고, 전략적인 재구성을 도모하는 것이다. 요컨대, 교육과정의 지역화를 '재현의 페다고지' 측면에서 이해하고 현실에 개입한다. 재현의 페다고지는 학생들과 교사들로 하여금, 자연화된 모습으로 나타나는 현실을 탈신화화하도록 한다.[4] 교육의 실제로 다가서는 의미 관계의 제요소들을 비판적으로 검토하고 그 의미화 관행들을 변형시키려고 한다.[5] 이른바 교육활동은 재현의 정치 상황이며, 교육의 실제 상황에서 개입하고 주체들의 관계 양상은 정체성의 정치 국면이다. 따라서 교육과정의 지역화 관행을 지금까지의 논의에 비추어 언급하자면, 지역의 고유성이 중앙의 목소리와 어떤 관계 설정을 도모하고 있는지, 그리고 그러한 고유성들을 재현시키는 내재적인 논리들은 무엇인지 등이 검토 사안이다.

한편, 교육과정의 지역화를 재현의 페다고지 측면에서 사고할 때, 핵심적인 사안 중 하나는 바로 교육내용을 둘러싼 갈등 혹은 교육내용의 표상 방식이다. 교육내용을 매개로 한 딜레마 상황 즉, 지역의 고유성을 교육내용으로 선정하고 조직하는 과제가 주요 논점이다. 교육내용의 의사결정 준거로서 지역의 고유성 확보는 중앙 및 타 지역과의 관계 구도 속에서 결정될 수밖에 없고, 정치적으로 중립적이지 않은 가치 실현의 과정이다. 따라서 교육과정의 지역화라는

4   H. A. Giroux, Living dangerously: identity politics and the new cultural racism. in H. A. Giroux and P. McLaren(eds.), *Between Borders: Pedagogy and The Politics of Cultural Studies.* New York: Routledge, 1994, pp.47-52.

5   D. Trend, *Cultural Democracy*, New York: SUNY Press, 1997, 고동현 · 양지영, 『문화민주주의』, 서울: 한울, 2001, pp.258-263.

관행을 재현의 페다고지 차원에서 고려할 때, 지역의 고유성을 담보해 내는 규칙 혹은 문법이 논의 사안이다.

사실, 지역의 고유성을 고려하는 작업은 교육과정의 지역화 주체들에게만 해당하는 문제가 아니다. 지방자치제도의 안착 이후 모든 지역 주체들이 지속가능한 경영을 추구하는 과정에서 필연적으로 조우하는 과업이다. 즉, 자신들이 소속하고 있는 지역의 지속가능성을 위하여 타 지역과의 차별화 전략을 추구하기 마련이다. 구별 짓기의 필연적인 구조 속에서, 일종의 상징 조작 상황으로 지역의 고유성을 확보하려는 시도가 부상하며, 이 과정에서 다음과 같은 질문이 등장한다: '지역의 대표 경관을 무엇으로 할 것인가, 지역의 이야기를 충실하게 담고 있는 고유한 모습은 무엇인가, 왜 그러한 경관들이 지역의 상징, 지역의 얼굴로 나타나는가.'

이와 같은 질문에 충실히 답하기 위해서는 무엇보다도 '지역과 경관'의 의미 이해를 기초로 하여 사례 지역에서 그것의 합리성 구현이 관건이다. 흔히 지역은 '여러 가지 사물에 의해 충전된 지표의 한 구획'을 의미한다.[6] 지역의 개념에서 말하는 '여러 가지 사물'이 바로 경관에 해당한다고 말할 수 있겠다. 특정한 공간으로서 하나의 지역은 그 내부에 변별적인 특질로서 가시적인 형태 내지는 모습들을 가지고 있는데, 그것이 바로 경관이다. 경관은 문화적인 존재로서의 인간이 자연에 개입한 결과라는 입장[7]에서부터, 하나의 의미체계로서 텍스트라는 발상[8]까지 다양한 시각이 있다. 본고에서 주목하고자 하는 것은 경관의 정태

---

6 中村和郎・石井英也・手塚章,『地域と景観』, 東京: 古今書院, 1991, 정암 외 공역,『지역과 경관』, 서울: 선학사, 2001, p.130.

7 C. O. Sauer, The morphology of landscape, 1925, in J. Leighly(ed.), *Land and Life*, Berkeley: University of California Press, 1974, pp.315-350.

8 J. S. Duncan, *The City as Text: The Politics of Landscape Interpretation in the Kandyan Kingdom.* Cambridge: Cambridge University Press, 1990.

적인 의미가 아니라, 경관의 운동 혹은 작용 양상과 그 효과이다. 즉, 지역이라는 특정한 장소에서 경관들이 행하는 역할이 주요 관심사이다. 경관은 가시적인 외양만 간직하는데 머무르지 않고, 그 경관이 자리하고 있는 특정 장소의 주민들에게 삶을 위한 '가능성의 조건'을 제공하기 때문이다.[9] 요컨대, 경관은 장소와 지역에서 독특한 역할을 수행하고 있다.

> "역사적 측면에서 경관을 바라보는 것은 대체로 정태적인 특성을 띤다. 경관이란 이런 역사 혹은 또 다른 역사를 수동적으로 표상한다. 그렇지만 현실적으로 경관 그 자체는 역사를 구성하는 능동적인 동인으로 작용한다. 경관을 거기에 살고 있는 사람들, 또는 경관을 생산하고 유지하는 데 참여하는 사람들의 필요와 욕구의 상징으로 이용된다. 또한 경관은 일정한 방향으로 장소의 변화를 유도하는 확고한 중력으로 작용한다. 경관은 분명히 하나의 작품으로 이해된다. 경관은 인간 노동의 산물이므로 그것을 만드는 인간과 사회체제의 희망과 욕망, 그리고 모든 부정행위를 포함하고 있다. 아울러 경관은 분명히 기능을 가지고 있는 하나의 사물이므로, 특정한 장소의 발달을 촉진시키는 사회적 동인으로도 작용한다."[10]

경관이 정적인 형태로 단지 수동적인 지위에 머물지 않는다면, 그것의 작용 기제와 그 효과를 검토하는 것이 필수적이다. 아울러, 경관이 물질성을 담보하고 있는 가시적인 실체이면서 동시에 다양한 사회적 관행 및 미디어 텍스트에서 재현물이라면, 더욱 경관의 작용에 주목해야 할 것이다. 요컨대, 어떤 공간

9   D. Michell, landscape, in D. Atkinson, *et. al.* (ed.), *Cultural Geography: A Critical Dictionary of Key Concepts,* London: I.B.Tauris, 2007, 진종헌 역, 「경관」, 이영민 외 공역, 『현대 문화지리학: 주요개념의 비판적 이해』, 서울: 논형, 2011, p.115.

10 D. Michell, *Cultural Geography: A Critical Introduction,* Oxford: Blackwell, 2000, 류제헌 외 공역, 『문화정치 문화전쟁』, 파주: 살림, 2011, pp.225-226.

이 도시, 국가, 지역 등 그 어떠한 사회적 관계의 펼쳐짐이라면, 그러한 관계의 구도와 흐름을 만들어내는 매개 요소가 있기 마련이며, 우리는 이것을 경관이라고 칭한다. 따라서, 특정한 공간이 지역으로서 경계 설정되기 위해서, 혹은 되고 나서 그것의 유지 및 발전을 위해서 무엇인가가 작동하는 사회적인 매개 요소들이 있을 터인데, 그 요소들로서 경관의 기능과 역할을 주목하고자 한다. 즉, 지역 만들기의 과정 속에서 분명 타 지역의 존재를 의식하면서 차별화 측면에서 경관이 일정한 의미 효과를 낳는다.

> "경관이 '우리들'과 '그들'의 도덕적 서열을 재확인하는 데 필연적으로 공헌하고 있다는 사실이 명백해진다. 이를 보다 직설적으로 언급하면, 일정한 의미를 규정하는 권력을 가진 사람들은 외부 세계를 자의적으로 지역화한다. 그리고 그들은 이렇게 지역화된 세계에 상징적 중요성을 부여함으로써 특정한 장소를 창출한다."[11]

특정 공간을 지역화할 때, 절대 규범이 존재하는 것은 아니다. 이러한 측면에서 지역화가 자의적이라는 것이다. 지역화의 자의성은 지역 만들기의 주체들이 자율성을 가진다는 의미이며, 주체들에 따라서는 서로 다른 공간 전략들을 가질 수 있다. 요컨대, 자신의 지역을 위하여 장소화를 추진하는 과정에서 지역화의 모티브로서 경관을 선택하고 배치하기 그리고 그 힘의 효과를 극대화하기 위하여 전략적인 의사결정을 내린다. 따라서 지역 주체들이 일정한 권한을 가지고서 경관을 활용하는 양상에 집중하면서 지역화의 의도와 영향력들을 평가할 수 있다. 이상과 같은 의미의 맥락 속에서 '교육과정의 지역화'라는 공간 전

---

11 K. Anderson, *Vancouver's Chinatown: Radical Discourse in Canada, 1875-1980,* Montreal and Kingston: McGill-Queens University Press, 1991, D. Michell, 2000, *Cultural Geography: A Critical Introduction,* Oxford: Blackwell, 류제헌 외 공역, 『문화정치 문화전쟁』, 파주: 살림, 2011, p.258에서 재인용.

략을 대상으로 지역 만들기의 수법들, 특히 지역화의 지향성이 가지는 함의, 지역의 상징으로서 경관의 선정 및 활용 방식 등에 관하여 이하에서 논의하였다.

Ⅲ. 지역화의 지향을 둘러싼 의미의 경합

교육과정의 지역화는 앞서도 언급한 것처럼, 지역 만들기의 사례 중 하나이다. 특히, 지역사회의 구성원으로 미래 세대를 사회화하려는 의도에서 교육과정이라는 사회적 관행을 작동시킨다. 특정 지역의 주체들은 교육과정 속에서 지역적인 것의 의미관계를 담기 위하여 모종의 재현 전략들을 행사한다. 그리고 이 과정은 기존에는 없었던 시도였기에 지역화를 하는 이유, 즉 정당화 혹은 의미 부여의 계기를 피력하기 마련이다. 이하의 내용은 교육과정의 지역화를 하는 이유를 지역화의 지향에 초점을 두고서 검토한다. 즉, 담론 관행으로 나타나는 지역 만들기의 전략을 살펴보고자 한다.

교육과정의 지역화를 하는 이유와 그 의미에 관한 논의는 국가 수준의 교육과정 및 교사용 지도서 총론에서 나타나고 있다. 교육과정의 지역화가 우리나라에서 처음으로 시작된 5차 교육과정의 시기부터 검토해 보자. 1987년 6월 공시된 제5차 사회과 교육과정에서, 교육과정의 지역화에 관한 아이디어는 '지도 및 평가상의 유의점'에서 드러나고 있다. 즉, '지도 내용을 지역과 학교 실정에 따라 재구성하여 지도하되, 학생의 생활 주변에서 직접 경험할 수 있는 지역 사회 자료를 활용하여, 학습을 효율화하고 지역 사회에 대한 이해'를 추구하고 있다.[12] 한편, 이 시기의 교육과정 해설서에서, 지역화 관련 사안은 다음과 같이 언급되고 있다.

---

12   문교부, 『국민학교 교육과정』, 서울: 대한교과서주식회사, 1987, p.85.

"교육과정 내용의 지역화는 새 교육과정 개정에서 강조하고 있는 사항의 하나이다. 특히 사회과의 지도 내용 중에는 지역 사회의 특수성을 반영해야 할 내용이 많다. 지역 사회의 실정에 알맞은 교육과정을 운영할 수 있도록 사회과 교육과정의 부분적인 다원화를 실시할 필요가 있다. 4학년의 '우리 시·도의 생활'을 비롯하여 지역화에 적합한 단원의 내용 구성에서는 향토 사회에 관한 여러 가지 정보를 투입할 수 있도록 배려한다. 이는 교육 자치제의 추세와 발맞추어 교재의 내용 구성 자체를 각 지방 교육 기관에서 직접 담당하는 것이 바람직하다."[13]

위에 나타난 바와 같이, 교육내용에 있어서 지역 사회의 특수성을 고려하도록 했는데, 이는 교육 자치제의 시행이라는 사회 여건의 변화를 반영하는 것이며, 교육과정의 다원화라는 효과를 낳고 있다.

한편, 6차 교육과정 시기에 와서도, 이전 시기와 마찬가지로 '학습 내용을 지역과 학교의 실정에 알맞게 재구성하여 지역 사회에 대한 이해를 깊게 하고, 학생들이 생활 주변에서 직접 접할 수 있는 자료를 활용'하도록 했다.[14] 아울러, 교육과정 해설서에서, '사회과 교재의 지역화는 생활 주변에서 직접적으로 접할 수 있는 생생한 자료를 수업에 활용함으로써 학습의 효과를 높일 수 있을 뿐만 아니라, 향토의 이해를 깊게 하고 애향심을 길러 주는 데에도 큰 의의가 있을 것'이라고 보았다.[15] 또한 지역교과서 발행에 관한 구체적인 지침을 다음과 같이 제시하고 있다.

"향토 교과서 및 보조 교재의 제작 활용은, 특히 3학년에서, 교육부가 제작한 교과

---

13   김회목, 「사회과」, 『국민학교 교육과정 해설』, 서울: 교육과학사, 1987, p.168.

14   교육부, 『국민학교 교육과정』, 서울: 대한교과서주식회사, 1992, p.113.

15   교육부, 『초등학교 교육과정 해설 (Ⅱ)』, 서울: 대한교과서주식회사, 1994, p.232.

서에 더불어 '고장 탐구 생활'과 같은 보조 교재를 만들어 활용할 수 있으며, 4학년 1학기의 경우에는 교육부의 지침에 따라 지역교과서나 '지역 탐구 생활'과 같은 보조 교재를 제작 활용할 수 있을 것이다."[16]

다음으로 7차 교육과정 시기의 경우, 교육과정 해설서에서 관련 사안을 다루고 있다. 즉, 교육과정 개정의 기본 방향에서 교육과정의 지역화 취지를 제시하고 있다. 개정의 취지를 언급하는 사안 중 하나로 지역화가 다루어지고 있다. 교육과정의 지역화 전략 추구에서 변화가 있다는 것이다.

> "교육과정의 지역화를 구현하고, 아울러 지구촌 사회의 요구에 부응하기 위해 지구촌적 관점의 반영에 유의하였다. 교육과정의 지역화는 사회과만의 지향점은 아니라, 교과의 성격상 사회과는 교육과정의 지역화나 지역 사회의 교육과정화에 특히 적합한 교과이다. 사회과와 관련 학문 분야의 내용을 지역 사회의 실정에 맞게 재구성하는 일은 학습자의 흥미와 필요에 부합하는 일이며, 나아가 학교와 교사로 하여금 교육과정 편성에 능동적으로 참여할 기회를 제공할 것이다. 또, 지역사회의 역사와 지리 및 사회 문제를 교재화하는 일은, 학습자에게 자기 주도적 학습에 의해 탐구 기능과 사회 참여 능력을 기를 수 있는 최적의 학습 환경을 제공할 것이다. 한편, 지구촌 사회의 요구에 부응하기 위해 타민족, 타문화에 대한 이해를 강조하고, 특히 지역 사회 속에서의 '세계' 발견의 경험을 제공하는 데에도 유의하였다."[17]

이 시기의 특징은 무엇보다도 교육과정의 지역화를 글로벌화 현상과 결부시키고 있다는 점이다. 이는 기존의 경우, 향토교육의 차원으로만 규정되었는데, 7차 시기부터는 재맥락화가 추구되고 있는 셈이다. 글로벌화와 지역화를 동시

---

16   교육부, 1994. p.233.

17   김용만 외, 「사회」, 『초등학교 교육과정 해설(Ⅲ)』, 교육인적자원부, 1998, p.235.

적으로 고려할 수 있도록 하였고, 특히, '지역에서 세계를 발견'하자는 발상이 두드러지게 나타나고 있다.

한편, 2007 개정 7차 교육과정 시기의 경우, 3학년에서 '우리 고장의 정체성'을 하나의 독자적인 단원으로 설정하고 있다. 단원의 아이디어는 다음과 같다.

> "우리 고장에는 다른 고장과 구분되는 고유한 특성이 있으며, 이것은 고장의 정체성을 형성하는 기반이 된다는 것을 이해한다. 고장은 그 자체로 고유한 역사, 상징, 문화, 그리고 행사 등을 간직하고 있다. 고장의 정체성을 자연환경과 인문 환경과의 관련 속에서 파악하고 현재의 삶과 관련지어 이해한다. 그리고 현재의 고장은 과거의 역사적 인물이나 사건 등 변화의 연속선상에 있다는 것을 파악한다. 아울러, 고장의 행사를 통해 고장의 자연, 인문적 특성을 파악하며, 그 속에서 고장 사람들의 삶의 모습을 살펴보고, 고장 행사에 참여하는 방법에 대하여 알아본다. 더불어 고장을 상징하는 유적지나 건물, 관공서 등을 답사, 견학함으로써 자기의 고장을 종합적으로 이해한다."[18]

위의 내용을 보자면, 교육과정 운영상의 유의점 제시 차원에서 지역화를 강조하는 수준을 벗어나 있다. 이전 시기에 비해, 지역의 고유성을 교육내용의 측면에서 더욱 명시적으로 강조하고 있다. '우리가 살아가는 곳', '고장의 생활문화'와 같은 단원은 이전 시기 교육과정에서도 나타나는 사안들인데 비해, '우리 고장의 정체성' 단원은 그 시도가 최초이다. 또한 교육과정의 지역화 관행에 비추어 볼 때, 그 취지를 가장 선명하게 부각시킨 단원이라고 볼 수 있다.

지금까지의 논의를 바탕으로 교육과정 및 교육과정 해설서를 중심으로 교육과정의 지역화 정신을 역사적으로 검토하자면, '향토교육의 옹호'에서 '글로벌

---

18   교육인적자원부, 『사회과 교육과정』, 2007, pp.6-7.

관점의 수용'으로 나아갔다. 그리고 최근에 와서는 '지역정체성'의 규명이라는 차원에서 지역화 취지를 드러내 보이고 있다. 아울러, 학습자가 사회과를 배워 나가는 과정에서 지역이라는 생활세계를 심리적으로 활용한다는 발상에서부 터 지역 그 자체가 교육내용으로 정당화되고 있는 상황으로 변신하였다. 따라 서, 역사적인 변천을 보건대, 교육과정의 지역화 정신은 점점 세련화의 길을 걸 어 왔다고 평가할 수 있다. 그런데, 이와 같은 입장이 2010년 발행 교사용 지도 서 총론에서는 상당히 왜곡되는 상황을 연출하고 있다.

교육과정의 지역화를 '내용으로서의 지역화'와 '방법으로서의 지역화'로 유 형화하면서 일정한 방향성을 제시하고 있는데, 이 과정에서 오류가 나타나고 있다. 교사용 지도서에서는 '방법으로서의 지역화'를 다음과 같이 명명한다.

> "어떤 소재를 통하여 지식 · 이해, 기능, 가치 · 태도를 학습하게 되는데, 이때 학습
> 자에게 경험적, 심리적으로 가까운 생활 주변, 지역의 사실, 현상, 자원들을 내용으
> 로 하여 이루어지는 것이 '방법의 지역화'이다. 바꾸어 말하면, 사회과 교육과정의
> 방법적 지역화는 교육과정이 규정하고 있는 내용을 가르치기 위하여 지역에 분포
> 하고 있는 자원을 도구, 소재로 삼는 경우를 말한다."[19]

이러한 시각은 모든 학년에서 사회과 교육과정 운영의 합리화 추구 전략으 로 포섭될 수 있는 접근 방식이다. 학습자에게 심리적으로 친숙한 사안을 매개 로 사회과의 목적을 실현하고자 하는 입장이다. 사회과 교육과정의 운영하면서 지역이라는 차원을 기능적으로 활용하는 측면이며, 지역이 품고 있는 가치와 지향 등은 고려의 대상이 아니다. 따라서 이러한 입장은 지역의 내재적 가치에 비추어 볼 때, '소극적인 의미'의 지역화 방식이라고 볼 수 있다.

---

19 교육과학기술부, 『사회과 교사용 지도서』, 서울: 대한교과서주식회사, 2010, pp.51-52.

한편, 지역화의 유형 중 지역의 이야기를 교육내용의 범주로 포섭하는 경우가 있다. 이는 '내용의 지역화'라고도 명명하는 그 세부적인 아이디어는 다음과 같다.

"이는 각각의 지역에 분포하는 지리적·역사적 및 사회적 현상과 사실 자체에 대하여 교수·학습하고자 하는 의미에서의 지역화이다. 바꾸어 말하면, 학습자들로 하여금 우리 고장, 우리 지역에 대한 지식과 이해를 넓히기 위한 목적에서 이루어지는 지역화이다. … 이러한 '내용의 지역화'는 곧 우리 고장과 지역을 사랑하는 마음을 기르고 고장과 지역의 문제를 해결함으로써 살기 좋은 고장과 지역을 만들어 가고자 하는 가치·태도 함양이라는 목적의 추구로 이어지게 된다."[20]

이 입장은 지역의 가치를 사회과 교육내용으로 간주하고 그 의미를 학습자가 내면화하도록 의도한다. 따라서, '방법의 지역화' 차원에 비하여 더욱 적극적으로 지역의 교육적인 의미를 고려하고 있다. 다시 말해서, '삶의 제도'로서 지역이 간직하고 있는 내재적인 가치를 학습자의 마음 그 자체로 변형시키려는 관점이다. 이러한 관점에서는 지역의 고유성을 반영하는 장소와 경관의 재현이 교재와 수업의 국면에서 나타난다.

지역화 유형은 초등학교 사회과 교사용 지도서 총론에 나타나고 있는 교육과정 해설의 방식이다. 그런데, 지역화 유형의 이해 방식은 교육과정의 실행 차원에서 매우 혼란스러움을 야기하고 있다. 2010년판 교사용 지도서의 경우, 두 가지 유형의 의미 규정에서 상당한 논란을 야기하고 있다.

"우리나라의 문화적 맥락에서 본다면 지역은 Region이나 Community라기보다는

20   교육과학기술부, 2010, p.51.

Communality적인 속성이 강하게 내포되어 있는데, 엄밀한 의미의 지역보다는 고향, 향토의 개념이 보다 일반적으로 받아들여지고 있는 것이다. 이러한 우리나라의 지역에 대한 전통적 관념은 교육과정의 지역화를 내용의 지역화 및 목적의 지역화에 편중하도록 하고 있는데, 이는 우리나라 교육과정이 규정하고 있는 사회과 교육과정의 지역화 정신이 추구하고 있는 균형된 관점에서 벗어난 것이라는 점에 유의해야 한다."[21]

교육과정의 지역화 정신이 추구하는 균형된 관점이란 무엇인가? 각각 절반씩 두 유형 사이 황금 분할하여 교육과정을 운영하자는 뜻인지 의문이 생긴다. 지나치게 목적 및 내용의 지역화에 편중되어서는 곤란하다는 식의 교육과정 해설이다. 이는 교육과정 운영 주체로 하여금 혼란스러움을 가지도록 한다. 지역화의 유형은 분명 선택의 대상이다. 하지만, 두 유형 사이 상호 모순적인 관계는 없다. 어느 한쪽이 다른 한쪽을 배제해야만 존재하는 것이 아니다. 특히, 글로벌화라는 인류사회의 흐름을 배경으로 하면서 교육과정의 지역화 조건이 달라지고 있는 양상이다. 글로벌화에 따라 지구촌 곳곳에서 국지적인 장소의 문화정체성이 중시되고 있는 것이 오늘의 현실이다. 현실의 변화를 고려하건대, '적극적인 의미의 지역화'는 퇴행적인 접근법이 아닌 것이다. 지역화의 두 가지 유형은 상호 배타적인 관계가 아니며, 지역화를 시도할 때 나타날 수 있는 적극성의 차원이다. 교육과정 해설이 현장 실천가에게 혼란을 주지 않도록 개선이 필요한 시점이다. 요컨대, 교육과정의 지역화를 추구하는 과정에서, 즉, 재현의 페다고지를 구축하는 상황에서 합리적인 노선 설정이 요청되고 있다.

---

21   교육과학기술부, 2010, p.52.

Ⅳ. '지역의 얼굴 찾기'를 둘러싼 의미의 경합

교육과정의 지역화를 둘러싼 의미의 경합으로 두 번째 쟁점은 '지역의 얼굴 찾기'에 관한 것이다. 교육과정의 지역화가 지역의 고유성을 확보하기 위한 시도이기 때문에, 지역교과서에서 이 점이 어떻게 반영되고 있는가를 검토하였다. 5차 교육과정 시기부터 4학년 1학기의 경우, 각 지역별로 교과서를 독자적으로 발행하였다. 이하 논의에서는 교과서에서 지역의 고유성을 담아내는 방식을 대표 경관의 선정 및 재현 측면에서 조명하였다. 비교의 등가성을 고려하기 위하여 서울 지역교과서를 사례로 하여 시기별 변화 양상을 추적하였다.

5차 교육과정 시기 서울 지역교과서를 보자면, 단원의 전개 양상이 다음 〈표 1〉과 같다. 한 단원의 경우를 지역화하고 있지만, 지역의 얼굴을 제시하고 있다. 교과서 표지를 보면, 88 고속도로 경관을 지역의 상징으로 선택하고 있다. 서울올림픽이라는 중대사와 관련하여 지역의 표상이 결정된 것으로 보인다. '(1) 서울의 어제와 오늘'이라는 주제 도입글을 보면, 이러한 가정이 설득력 있게 한다.

> "서울은 예로부터 우리나라의 수도로서 발전하여 왔다. 오늘날은 세계적인 도시로 발전하여 1988년에는 '제24회 서울 올림픽 대회'를 개최하였다. 이렇게 서울은 우리나라의 여러 시·도와는 물론 세계 여러 나라들과도 깊은 관계를 가지고 발전하고 있다."[22]

22　교육부, 『사회 4-1 서울특별시』, 서울: 국정교과서주식회사, 1990, p.10.

〈표 1〉 5차 교육과정 시기 서울 지역교과서 단원의 전개

1. 우리가 살고 있는 서울 　(1) 서울의 어제와 오늘 　(2) 서울의 자연과 산업 　(3) 서울의 발전을 위한 노력	3. 산간 지역의 생활 　(1) 개마고원 　(2) 태백산맥 　(3) 소백산맥
2. 강 유역의 생활 　(1) 한강 유역 　(2) 금강 유역 　(3) 영산강과 섬진강 유역	4. 해안 지역의 생활 　(1) 황해안 　(2) 남해안 　(3) 동해안

거의 모든 재현물들이 그러하듯이, 책자의 표지는 해당 내용의 상징적인 집약이다. 지역교과서의 표지로 실린 사안은 그 시기 해당 지역의 대표적인 경관이지 결코 장식적인 요소에 지나지 않는 것이 아니다. 위의 경우, 지역의 대표 경관이 서울올림픽이라는 이벤트를 매개로 하여 선정된 것이며, 이 점이 타 지역과 대비효과를 가진다는 것이다. 물론, 다른 지역이 올림픽을 개최할 만한 상황이며, 이에 적절한 차별화 전략인지는 논란의 여지가 있다.

다음으로, 6차 교육과정 시기에 와서는 한 학기 분량 전체가 지역화의 대상이었다(표 2 참고). 한 학기 분량 전체가 서울 지역의 이야기를 중심으로 구성되었다. 서울 지역의 역사와 지리, 생활문화 등이 교육내용으로 구조화되었다. 물론, 교육과정 시기별로 교과서의 표지로 선정한 지역의 얼굴에서 차이가 있으며, 단원 구성의 레퍼토리에도 변화가 있다. 지역의 얼굴은 남대문과 도심 빌딩이며, 그 중심성은 남대문이 차지하고 있다. 이전 시기에는 보이지 않는 모습 즉, 지역의 역사경관에 주목하고 있다. 이렇게 남대문이라는 역사경관이 초점화된 이유는 단원의 전개 양상에서 판단해 볼 수 있듯이, '서울정도 600년 사업'이라는 문화적인 이벤트에 주목하기 때문이다.

"어머니와 함께 남산에 간 선미는 서울 1000년 타임캡슐 광장에 이르렀다. 타임캡슐은, 서울이 수도로 된 지 600년이 된 것을 기념하여 1994년에 묻은 것인데, 400년 후의 후손들이 꺼내어 보도록 만들어진 것이다. 그 속에는 오늘날 서울 사람들의 생활 모습을 담은 600여 가지 물건들이 들어 있다고 한다."[23]

다른 시기와 비교해 볼 때, 6차 교육과정 시기는 지역의 역사성에 커다란 의미 부여를 수행하고 있다. 같은 지역에서 다른 시기의 단원 내용과 비교하여 볼 때, 제2단원 '서울의 뿌리'가 두드러진 차이의 국면을 보인다. 서울이라는 지역의 조선 왕조 600년의 도읍지였다는 점이 지역의 얼굴로 부각되는 것이며, 이에 도성의 제1관문인 남대문이 지역의 대표경관이 되었다.

〈표 2〉 6차 교육과정 시기 서울 지역교과서 단원의 전개

1. 우리나라 수도 서울	3. 서울 사람들의 생활
(1) 서울의 모습	(1) 새벽을 여는 사람들
(2) 한강을 따라	(2) 일하는 사람들
(3) 광화문 거리	(3) 생활의 즐거움
2. 서울의 뿌리	4. 발전하는 우리 서울
(1) 서울 600년	(1) 서울 시민의 바람
(2) 먼 옛날의 오늘	(2) 시민의 뜻을 모아
(3) 이어지는 서울 문화	(3) 서울의 앞날

7차 교육과정 시기에 와서는 한강이라는 자연경관이 전면에 나서고 있다. 지역 주민들이 살아가는 모습은 한강과 남산 및 북한산 사이에 자리하고 있다. 서울이라는 지역의 고유성에 주목할 때, 한강과 같은 자연적인 차원들을 배제할 수 없다는 시각이다. 이전 시기들과 비교해 볼 때, 현저히 차이가 발생하고 있

---

23 교육부, 『서울의 생활』, 서울: 대한교과서주식회사, 1996, p.50.

다. 7차 교육과정 시기의 경우, 표지에서 나타난 바와 같이, 자연경관이 도심의 빌딩보다 지배적인 모습을 보여주고 있다. 이것은 지역의 역사를 보다 장기지속적인 차원에서 보고자 했으며, 그러한 사고의 발로로 경관 선정이 이루어졌다고 여겨진다. 그러나 인문경관들의 경우, 현재의 빌딩 모습에 국한하기 때문에 역사도시로서의 의미는 드러나지 않는다.

한편, 단원의 전개 주제들을 보면, 이전 시기처럼 특정한 이벤트를 매개로 특색 지워지는 양상은 아니다. 타 지역과 대비하여 차별화 전략 추구과정으로 지역의 정체성 모티브를 창출하여 구조화하는 양상은 보기 힘들다. 그리하여, '지도에 나타난 서울의 모습', '서울의 자연 환경과 생활', '달라진 서울의 모습', '서울의 자원과 생산 활동' 등 단지 지역에 자리하고 있는 사회적인 관계를 열거하는 상황이다. 서울이라는 지역을 유지하고 발전시키기 위하여 필요한 요소들, 즉, 사회기능들의 소개에 머물고 있다. 요컨대, 하나의 독자적인 지역으로서 특성화될 수 있는 장소와 경관의 선정, 더 나아가 이것들의 상징화 과정을 통한 정체성 내러티브의 창출 등은 미흡한 상태이다. 가장 지역의 개성이 잘 드러날 수 있는 단원으로 3단원 '달라진 서울의 모습'을 주목할 수 있는데, 이 단원에서 지역의 경관들은 단지 '서울의 문화재', '서울에 있는 궁궐', '서울에 있는 성문', '한강 주변의 유적들'로 명명되면서 사물화되고 있다. 지역 주민들의 생활세계 속에서 해당 경관들이 가지는 의미는 다루어지지 못하고, 하나의 '사실'로서 제시되고 있을 뿐이다.

<표 3> 7차 교육과정 시기 서울 지역교과서 단원의 전개

1. 서울의 모습 　(1) 지도에 나타난 서울의 모습 　(2) 서울의 자연 환경과 생활 　(3) 달라진 서울의 모습 2. 발전하는 서울 경제 　(1) 서울의 자원과 생산 활동 　(2) 서로 돕는 경제생활	3. 새로워지는 우리 서울 　(1) 지방 자치와 주민생활 　(2) 서울의 여러 문제와 해결 노력 　(3) 우리 서울의 앞날

한편, 개정 7차 교육과정 시기로 오면, 지역의 얼굴이 또 다른 모습을 보인다. 이전 시기에서 가장 지배적인 경관이었던 한강은 배제되고 있다. 아울러 남산과 북한산과 같은 자연경관의 모습도 보이지 않는다. 역사경관으로 종묘와 주위의 숲, 그 뒤 빌딩들의 집합체가 지역의 얼굴로 나왔다. 전자는 서울이라는 지역이 오래된 역사도시였다는 점, 후자는 현대적인 도시라는 점이 재현되고 있다. 장기지속의 측면에서 주목한 것으로 보이는 자연경관들이 사라지고 소위 '전통과 현대의 조화'라는 측면에서 지역의 상징화가 이루어진다. 즉, 오늘날의 빌딩숲과 조선왕조의 궁궐을 대비시키고 있다. 역사도시로서 서울의 고유성을 다시 복원시키면서 다른 지역과의 차별화를 도모하고 있다. 바로 이전 시기에 비해 역사도시로서의 정체성을 잘 드러나고 있다. 사회적인 기억의 시간을 조선왕조시기부터 현재까지로 보고 있다.

단원의 실제 구성 사례를 통해서 지역화 전략을 살펴보자면 다음과 같다. 이전 시기에 비하여 지역의 고유성을 '영역의 접합'이라는 측면에서 사고한 흔적들이 있다. 즉, 지역의 정체성을 주변 지역과의 관계 구도 속에서 스케일적으로 파악하려는 시도가 나타난다.

"서울은 여러 지역과 다양하게 교류하면서 관계를 맺고 있습니다. 서울은 이웃한 지역뿐만 아니라, 먼 곳에 있는 지역과도 정치적·경제적·사회적·문화적으로 밀접한 관계를 맺으며 세계 속의 도시로 발전하고 있습니다."[24]

〈표 4〉 개정 7차 교육과정 시기 서울 지역교과서 단원의 전개

1. 서울의 자연환경과 생활 모습
   (1) 서울이 자리 잡은 곳
   (2) 서울의 자연 환경
   (3) 서울의 생활 모습
   (4) 서울 현장 답사

2. 주민 자치와 서울의 발전
   (1) 서울의 살림살이
   (2) 서울의 대표는 우리 손으로
   (3) 서울의 문제와 해결
   (4) 서울의 앞날

3. 더불어 살아가는 서울
   (1) 도움을 주고받는 자매결연
   (2) 교류하며 발전하는 서울
   (3) 서울과 더욱 가까워지는 지역들
   (4) 함께 살아가는 사람들
   (5) 서울의 안내도

지금까지 살펴본 바와 같이, 서울이라는 동일 지역 내부에서 교육과정의 지역화 관행은 교육과정 시기마다 매우 차별적이다. 즉, 지역의 얼굴을 상징화하는 양상에서 가변적인 모습을 취하고 있다. 지역정체성의 구심이 되는 경관을 선정한 결과에서 차이가 나타나고 있다. 교과서의 저자들에 따라 지역의 대표 경관을 표상하는 방식이 서로 다르다. 이러한 상황은 지역 내부에서도 그 고유성을 확보하기 위한 전략이 서로 다를 수 있으며, 잠정적인 형태로 특정 시기의 상징이 결정되는 것임을 알 수 있다. 요컨대, 지역교과서의 텍스트성이 확립되는 과정에서 의미의 경합 양상이 나타나고 있는 셈이다. 즉, 경관의 선정이라는 지역의 얼굴 찾기 양상이 동일 지역 내부에서도 시기별로 매우 차별적임을, 이것은 또한 사회적인 기억의 발명품이 상당히 잠정적인 차원임을 알 수 있다.

---

24   서울특별시교육청, 『서울의 생활』, 서울: 국정교과서주식회사, 2010, p.83.

V. 결론

이 연구는 초등학교 사회과에서의 독특한 관행으로서 교육과정의 지역화에 주목하고 있다. 교육과정의 지역화는 5차 교육과정 시기부터 현행 교육과정까지 상당한 세월 동안 실천되어 왔다. 3학년 1학기와 4학년 1학기의 경우, 각 지역별로 독자적인 교과서를 만들어 사용할 정도로 제도화된 관행을 유지하고 있다. 지역교과서의 발행 양상을 보면, 각 시기별로 교육내용의 구성 전략이 동일하게 반복되지 않음을 알 수 있다. 이는 지역교과서의 발행이 교육과정 의사결정의 상황임을 보여주는 것이며, 교과서의 콘텐츠를 선정하는 기준을 둘러싼 논쟁 국면이 발생한다. 아울러, 보다 근본적으로는 교육과정의 지역화가 추구하는 방향성이 무엇인가라는 점이 검토 사안이었다. 지역화의 지향은 향토교육의 옹호에서 시작하여, 글로벌 관점의 수용을 거쳐 지역정체성의 확립 차원으로 진화하였다.

한편, 지역화의 접근 유형, 즉, '방법'으로서의 지역화와 '내용'으로서의 지역화 사이 갈등 국면이 있다. 2010년 발행 교사용 지도서에서 지역화의 정신으로 '내용'으로서의 지역화를 폄하하고 있는 대목이 발견되었다. 그런데, 교육과정 해설 및 교과서 내용을 보면, '내용'으로서의 지역화 정신을 적극적으로 발현하고 있다. 이러한 상황은 교육과정 운영자로서 교사에게 상당한 혼란을 야기할 수 있다. 아울러, 지역교과서 집필 국면에서 교육내용을 선정할 때, 의미 있는 지침 역할을 수행하기에 어려움이 있다. 이에 본고에서는 교육과정의 지역화 정신을 고려할 때, 초등학교 3학년과 4학년의 경우는 '내용'으로서의 지역화를 적극 옹호해야 한다는 관점을 제안한다.

또한, '내용'으로서의 지역화가 해당 지역 주민으로서의 정주 의식 함양에 초점이 있다면, 이것을 실현하기 위한 전략 도출이 필요하다. 즉, 지역의 고유성을 발굴하고 이를 교과서 내용으로 반영할 수 있는 길을 전략화해야 한다. 따라서, 지역교과서의 저자들은 해당 지역 연구자로서의 자기 변신이 필수적이다. 그 누구보다도 지역의 특성을 잘 이해하고 학습자에게 안내할 수 있는 소양을 연마해야 할 것이다. 그런고로 지역의 교사들이 지역주민으로서의 정체성을 가져야 하며, 이는 거주자로서의 진정성을 도모하는 차원이다. 또한 지역의 정체성을 규정하는 관점 사이 차이와 경합의 상황이 나타날 수 있는바, 이 과정에서 합리적인 의사소통의 풍토 마련도 필수적이라 하겠다.

제3부

사례 연구(Ⅱ)

09

사회과 교육과정 관행에서 지역 만들기의 전략

I. 서론

이 장에서는 초등학교 사회과 교육과정 관행에서 행해진 지역 만들기의 전략에 관한 이해를 시도하고 있다. 근대국가는 사회의 재생산을 위하여 국민교육을 수행하였다. 효율적인 국민교육을 위하여 국가 교육과정을 구성하여 학습자에게 제공하였다. 학습자들이 충실한 국민 주체로서의 자기 인식을 행하도록 했다. 그런데 문명사의 흐름으로 글로벌화가 진행되면서 국민국가의 전략에 일정한 변화가 왔다. 국민국가가 글로벌화에 대처하는 과정에서 지역의 자율성 추구, 초국적(transnational) 접근의 용인이라는 현실의 변화가 나타났다. 국민국가의 유연성에 기초하여 글로벌 세상에서 지속가능성을 모색해야 하는 상황이 진행 중인 것이다.

국민국가의 전략 수정에는 사회의 다원화, 민주화 추세 역시 한 몫을 하고 있다. 과거에는 국가사회 내부의 순화에 힘의 집중이 있었다. 하지만, 민주주의의 진전은 국가사회 내부의 다양성을 옹호하는 방향으로 가고 있다. 국민국가의 지속성은 그 내부의 다양성을 인정하고 조화로운 관계 설정을 통해 가능하다는 인식이 확산되고 있다. 국가사회 내부의 다양성은 여러 측면에서 사고될 수 있는데, 전형적인 경우가 지역의 자율성 차원이다. 이제는 각 지역의 자율성이 서로 융합되어 국가사회의 풍요로움과 역동성을 탄생시킨다는 관점이 등장하고 있고, 학교 교육에서도 이러한 시각이 수용되고 있다.

그동안 사회과에서는 교육과정의 지역화 관행을 통하여 위에서 언급한 학교 교육의 방향 전환 요구에 부응해 왔다. 사회과 교육과정의 지역화는 널리 알려진 바와 같이, 제5차 교육과정 시기부터 시작되어 오늘날까지 지속적으로 행해지고 있다. 최근에는 마을학교 운동이 대두되면서 교육과정의 지역화 취지가 더욱 정당성을 확보하고 있기도 하다. 우리나라 사회과에서 교육과정의 지역화 관행은 주로 초등학교 3학년과 4학년에서 지역교과서의 발행 및 활용이라는 측면에서 제도화되었다. 물론 국가 수준의 교과서가 별도로 발행되어 학교 현장에서는 교육 실천에 다소 혼란을 야기하는 면도 없지는 않지만 학교 교육과정을 통하여 지역화의 취지가 충분히 설명되고 있다. 무엇보다도 학습자의 발달 계열성을 고려하여 사회과 교육과정을 구성할 때, 초등학교 3~4학년 학생들의 경우 지역의 세상을 교육과정 차원에서 다루는 것이 무난하다는 발상이 있다.[1]

이 장에서는 초등학교 사회과 교육과정 실제로서 굳건히 제도화되어 있는 교육과정의 지역화 관행에 대한 평가적인 판단을 수행하고자 한다. 평가의 기준으로 교육과정의 지역화가 학습자들로 하여금 지역 주체로서 성장할 수 있도록 의도한다는 점에 주목하면서 지역 만들기의 전략 분석에 초점을 두었다. 즉, 교육과정의 지역화는 교육과정 구성 주체들이 지역 만들기의 차원에서 전략적인 행보를 수행하고 있는데, 본 연구에서는 이러한 움직임들의 궤적을 추적하고자 했다. 사례 지역으로는 우리나라에서 지역적 개성이 뚜렷한 제주 지역을

---

1 교육과정의 지역화는 사회과 교육과정의 계열성 추구 논리 중 하나인 환경확대법의 측면에서도 논의가 가능하다. 즉, 학습자의 인식 경험이 공간적으로 확대하는 양상으로 교육내용이 배열되어야 한다는 점에서, 초등학교 중학년 학생들에게 지역학습을 제공하고 있는데, 이는 전 세계적인 현상이기도 하다. 교육부, 『사회과 교육과정』, 2022, pp.19-24.

선정하였다.[2] 제주 지역에서 발행한 지역교과서를 대상으로 하여 최초 발행 교과서부터 2015 교육과정 시기의 교과서까지 지역 만들기 전략의 변화 흐름을 파악하고자 했다.

II. 이론적 배경

1. 정치적 텍스트로서 학교 교육과정

학교 교육과정을 정치적 텍스트로 규정하는 연구자 집단은 재개념주의자들(reconceptualists)이다.[3] 이들의 입장에서 핵심은 교육과정을 포함한 학교교육이 가치 중립적이지 않다는 관점이다. 교육과정은 특정한 입장 혹은 이해 관계, 즉, 힘의 역학 관계와 무관하지 않기에 정치적 텍스트로 볼 수 있다는 시각이다. 그렇다면 교육과정의 지역화 논의가 재개념주의자들의 시각과 연계될 수 있는 사안은 무엇인가? 서론에서 언급한 바와 같이, 교육과정의 지역화 관행은 중앙집권형 권력구조에 대한 해체 작업의 일부이기 때문이다. 교육과정의 지역화는 이른바 네이션(nation)에 대한 해체론적 이해, 즉, 네이션은 자명한 것이 아

---

2   제주 지역교과서의 의미화 관행에 대한 선행 연구로 다음을 주목할 수 있다. 먼저, 남호엽·김일기는 6차 교육과정 시기 제주 지역교과서를 사례로 하여 민족정체성과 지역정체성의 관계의 교재화 방식에 대한 이해를 시도하였다. 지역교과서가 지역정체성의 재현물이라는 전제하에 사례 지역교과서를 분석한 결과, 해당 교과서에서는 민족정체성을 의식하여 지역정체성의 제한적인 표상이 이루어지고 있었다. 남호엽·김일기, 「지역학습에 있어서 민족정체성과 지역정체성의 관계」, 『대한지리학회지』, 36(4), 2001, pp.483-494. 다음으로 남호엽은 5차 교육과정과 6차 교육과정 시기 제주 지역교과서를 사례로 하여 역사경관의 재현방식을 검토한 결과, 5차 교육과정 시기가 지역정체성을 보다 잘 드러내고 있음을 확인하였다. 즉, 지역정체성의 재현방식에서 사례 지역의 경우, 보다 전략적인 행보가 필요함을 논의하였다. 남호엽, 「역사경관의 재현과 지역교육의 합리성」, 『시민교육연구』, 34(2), 2002, pp.27-41. 이상의 선행 연구는 주로 5차와 6차 교육과정에 국한하여 사례 지역의 교육과정 관행을 검토하였기 때문에 본 연구에서는 그 이후 시기 교육과정 관행까지 포함하여 종단적 추이를 파악하고자 하였다.

3   William F. Pinar et al., *Understanding Curriculum*, New York: Peter Lang, 1995, 김복영 외 역, 『교육과정 담론의 새 지평』, 서울: 원미사, 2001.

니라 사회적인 구성물이라고 사고하도록 한다.[4] 네이션은 내부적으로 순화된 공간이 아니라 각 지역의 콘텐츠가 상호 결합된 양상이 일정하게 영역화된 실체물이다. 네이션은 내부의 순도를 강화하려는 속성이 있는데, 이는 네이션의 구성원들이 가지는 삶의 형식과 괴리가 있다. 네이션 내부의 통제 기제는 강요된 삶의 방식이기에 지역 주민들의 자율 의지를 억압하는 경우가 있다. 그동안의 역사를 보면, 국민문화의 보급 미명하에 지역문화의 고유성을 말살하는 경우가 없지 않았다. 이러한 상황은 문화 민주주의의 시각에서 볼 때 바람직하지 않다. 문화가 사람들의 생활양식이라 할 때 이것의 획일화는 단순한 사안이 아니다. 삶의 질서가 일상의 파시즘으로 발전할 가능성이 있고, 그 폐해는 20세기 역사가 잘 말해주고 있다. 지역문화의 소외 과정은 네이션의 주변부 지역, 즉, 변방에서 극렬하다. 아이누 지역문화가 근대 일본에 편입되어 소멸되는 과정이 그 사례이다.[5]

동일하게 근대 일본에 의해 소멸 위기에 처한 지역이 오키나와였다. 오키나와는 태평양 전쟁의 가혹한 영향력 아래에 있었기에 지역 파괴의 양상이 극심했다. 비록 오키나와가 여전히 일본의 한 현으로 행정구역화되어 있지만 문화 정체성의 유지 노력이 꾸준하다. 그렇다면 오키나와 지역이 이렇게 문화정체성 추구가 가능했던 이유는 무엇일까? 바로 학교 교육을 통해 그 문화적 고유성을 확인하고 재생산을 추진했기 때문이다. 오키나와 지역은 고등학생을 위한 지역

---

4 西川長夫, 『國民國家論の射程』, 東京: 柏書房, 1998, 윤대석 역, 『국민이라는 괴물』, 서울: 소명출판, 2002; 西川長夫, 『地球時代の民族=文化理論』, 東京: 新曜社, 1995, 윤해동·방기헌 역, 『국민을 그만두는 방법』, 서울: 역사비평사, 2009.

5 Tessa Morris-Suzuki, 「근대 일본의 국경 만들기: 일본사 속의 변방과 국가·국민 이미지」, 임지현 외 편역, 『근대의 국경, 역사의 변경』, 서울: 휴머니스트, 2004, pp.194-216; Tessa Morris-Suzuki, 「변경의 창조: 일본 북단의 국경·아이덴티티·역사」, 정문길 외 편역, 『주변에서 본 동아시아』, 서울: 문학과지성사, 2004, pp.157-199.

교과서가 있을 정도로 교육과정의 지역화 관행이 굳건하다. 널리 알려진 바와 같이, 오키나와는 과거 일본에 강제 병합되기 이전에는 류큐 왕국이었는데, 이러한 집단 기억의 서사가 지역교과서 내용으로 포섭되어 지역정체성의 구심점이 되고 있다.[6] 오키나와 지역교과서에서는 이른바 문화영토화를 통해서 지역의 고유성 확보가 이루어진 상태라고 평가할 수 있을 정도이다. 이렇게 문화영토화 차원에서 교육과정의 지역화 관행에 주목할 수 있고, 이러한 관행은 지역 주민들의 삶의 자율성 옹호 차원에서 정당화될 수 있으며, 풀뿌리 민주주의의 실천 사례라고도 말할 수 있겠다. 이상에서와 같이, 오키나와 지역의 교육 주체들은 교육과정의 지역화 관행을 통해서 미래 세대의 정체성 교육을 실행하고 있다.

한편, 지역교육의 실천은 교육과정 의사결정 상황이기도 하다. 오키나와 지역 교사들은 국가 교육과정의 단순 실행자 역할에 머물지 않고 있다. 지속적인 재구성의 산물로서 오키나와 지역교육을 실천하고 있는데 이것은 교사들에게 교육과정 문해력을 요구한다. 교육과정의 지역화 관행은 교사들의 자율적인 교육과정 문해력을 생성시킨다는 점에서 정치적인 속성을 가진다. 교사는 교육과정을 지역화시켜 가르칠 때 지역을 응시하게 되는데, 이때 해당 지역은 교사 자신의 생활공간이기도 하다. 그래서 교육과정의 지역화 관행은 교사로 하여금 보다 능동적인 교육과정 실행자가 되도록 할 잠재성을 가지고 있다. 교사는 이른바 재거주화(reinhabitation)의 과정을 거쳐 그 지역의 진정성 있는 거주자가 되려는 욕망을 가지게 한다.[7] 특정 지역의 진정한 거주자는 해당 지역의 지속가능

---

6 鹿野政直, 「오키나와, 주변으로부터의 발신」, 정문길 외 편역, 『주변에서 본 동아시아』, 서울: 문학과지성사, 2004, pp.138-156; 남호엽, 「오키나와 지역사 교과서에서 동아시아의 표상방식」, 『한국지리환경교육학회지』, 21(3), 2013, pp.75-86.

7 David W. Orr, *Ecological Literacy*, Albany: SUNY Press, 1992, 김기대 외 역, 『생태소양』, 파주: 교육과학사, 2013, pp.193-194.

성을 필연적으로 사고한다. 지속가능한 삶의 터전으로 지역을 생각하면서 학생들을 그 지역의 주민으로 성장하도록 하는데, 이 과정이야말로 주체 생성의 페다고지이며 긍정적인 힘의 발산으로서 생성의 정치 과정이다. 요컨대, 교사는 교육과정의 지역화 관행을 통하여 지역 거버넌스의 재구축 과정에 참여하는 존재이다.

2. 장소 만들기 과정으로서 지역 교육과정의 구성

지역 교육과정의 구성이 장소 만들기 과정이라는 발상에 대해 논의하기 위해서는 장소의 의미 파악부터 시작해야 하겠다. 주지하다시피, 장소는 공간이라는 개념과의 관계 속에서 의미의 이해가 추진될 수 있다.[8] 물리적인 시간 개념에서 벗어나 사회적 시간의 세계로 가면 시기(period)를 사고할 수 있다. 이 시기는 산술적으로 파악할 수 있는 시간이 아니라 의미 관계에 의해 파악될 수 있는 질적인 시간 차원이다. 마찬가지로 장소는 의미 관계가 개입한 공간의 차원이다. 그래서 공간은 추상적 차원의 세계라면, 장소는 사회적인 의미가 관여하는 곳, 즉, 사회적 공간이다.[9] 따라서 장소는 사회적으로 의미를 생성하고 부여하는 주체를 배제할 수 없는데, 이때 의미 부여의 주체는 다양하다. 우리들 각자 개인일 수도 있고, NGO 혹은 기업과 같은 집단일 수도 있고, 지역과 네이션 등도 공간에 의미를 부여하는 주체들이라고 볼 수 있다.

장소가 의미 부여의 공간이라면, 이것은 차별화된 공간이다. 하나의 장소는

---

8   Geography Education Standards Project, *Geography for Life*, Washington, D.C.: National Geographic Research & Exploration, 1994, p.31.

9   T. Cresswell, Place, in P. Cloke, M. Crang and M. Goodwin(ed.), *Introducing Human Geographies*, London: Arnold, 1999, pp.226-233; P. Hubbard, Space/Place, in D. Atkinson et al.(eds.), *Cultural Geography: A Critical Dictionary of Key Concepts*, London: I.B.Tauris, 2007, pp.41-48.

다른 장소와 대비하여 구별 짓기가 가능하다. 차별적인 성질을 만들어내는 공간, 즉 장소는 경계가 만들어진 공간이다. 그리하여 장소는 영토화 혹은 영역화된 장소인데, 이때 영역을 탄생 짓는 경계는 절대적인 고정불변의 대상이 아니다.[10] 이러한 관점에서 볼 때, 지역도 하나의 장소이다. 특정 지역의 형성과 변화, 지역의 제도화 과정 등은 장소로서의 지역 만들기 흐름이다.[11] 지역은 흔히 행정구역을 생각하여 자명한 것으로 보인다. 행정구역은 정치 지역의 한 사례이며, 영원한 실재가 아니다. 행정구역의 개편을 보면 알 수 있는데, 지리적 경계를 가진 특정 지역은 그야말로 사회적인 구성물이다. 어떤 지역은 특정한 공간에 위치하면서 사회적 환경을 간직하고 있는데, 그 지역에 거주하는 사람들에게 살기 좋은 곳 혹은 빨리 떠나고 싶은 곳이라는 멘탈리티 혹은 장소감이 생기도록 한다.[12] 그래서 애그뉴(Agnew) 등이 말하는 장소 개념에 비추어 볼 때도 하나의 지역은 장소로서의 성질을 가지고 있다.[13]

장소로서 지역 만들기 사례는 다양한데, 여러 가지 의미화 관행(signifying practice)이 작동한 결과물이다. 대표적인 사례로 지역 언론, 지역 문학 등이 있으

---

10   M. Crang, *Cultural Geography*, London & New York: Routledge, 1998, pp.111-112.

11   A. Paasi, *Territories, Boundaries and Consciousness*, West Sussex: John Wiley & Sons, 1996, pp.31-35.

12   여기서 말하는 장소감(sense of place)은 정서적인 반응과 같은 수동적인 심리 상태가 아니다. 레이몬드 윌리엄즈식으로 말하자면 '느낌의 구조'(structure of feeling)이며, 지리학자 파씨(Paasi)의 표현으로 보자면, '기대 구조'(structure of expectation)이다. 구조적인 사회인식의 양상이며, 주체의 능동성에 기초한다. A. Pred, Structuration and place: on the becoming of sense of place and structure of feeling, *Journal for the Theory of Social Behaviour*, 13(1), 1983, pp.45-68; A. Paasi, Deconstructing regions: notes on the scales of spatial life, *Environment and Planning A: Economy and Space*, 23(2), 1991, 239-256. 그리하여 들뢰즈와 가타리의 시각에서 보면, 일종의 감응 혹은 정동(affection)을 촉발하는 국면이기도 하다. G. Deleuze and F. Guattari, *Mille Plateaux: Capitalisme et Schizophrenie 2*. Paris: Les Éditions de minuit, 1980, 김재인 역, 『천 개의 고원』, 서울: 새물결, 2001.

13   J. Agnew and J. Duncan(eds.), *The Power of Place: Bringing Together Geographical and Sociological Imaginations*, London: Unwin Hyman, 1989; J. Anderson, *Understanding Cultural Geography: Places and Traces*, London: Routledge, 2010, 이영민·이종희 역, 『문화·장소·흔적: 문화지리로 세상 읽기』, 서울: 도서출판 한울, 2013, pp.77-80에서 재인용.

며, 같은 맥락에서 지역 교육과정이 있다. 학교 교육과정을 기획하고 실천하는 주체들이 장소에 주목할 때, 그 장소는 생활공간으로서의 지역이며, 그 지역의 교육적 의의를 강조한다. 정치적 텍스트로서 교육과정을 사유하는 재개념주의 자들 역시 이 부류에 해당한다. 지역의 올바른 거버넌스와 지역의 지속가능성 을 추구할 때, 그 사례 지역은 텅빈 공간일 수가 없다. 해당 지역에 거주하는 사 람들의 욕망과 지향이 생성의 차원에서 작동하고 있는 장소들로 충만해 있는 것이다. 그래서 우리는 미국 남부 지역에서 장소 중심의 교육과정을 모색하는 입장에 시선이 간다.

> "필자는 오늘날 강조되는 기술공학적 교육과정에 대해 지적으로 살아 있는 기반인 '장소'(place)로서의 교육과정을 제안한다. 이는 교육의 핵심인 과거의 감성화가 아닌 심리분석학적으로 둘 이상 과목을 간학문적으로 연구하고, 과거를 다시 경험하는 것이다. 결과적으로 백인의 죄를 경험하고 인식하며, 윤리적 책임감을 통감하는 것이다. 이를 통해 아마도 미국의 흑인들이 아직 찾지 못하는 그들의 힘, 용기와 능력을 갖출 수 있을 것이다. 반면 이 과정이 집합적이고 개인적으로, 사회적이고 주관적으로 일어나지 않는다면, 남부는 아마도 상대적 빈곤, 패배감, 인종주의와 계급 특권의 역사를 부정하면서 계속 살아갈 것이다."[14]

위 인용문은 교육과정이 정치적 텍스트라는 선언적인 규정에 머무는 것이 아니라 미국 남부 지역 주민들의 웰빙을 도모하는 차원에서 교육과정의 실제 대안을 추구하고 있는 사례이다. 미국의 남부 지역에서 작동하는 사회적 관계들의 질곡을 현명하게 극복하는 과정으로 교육과정의 지역화 관행이 도모될 수

---

14 W. F. Pinar, *What is Curriculum Theory?*, New York: Routledge, 2004, 김영천 역, 『교육과정 이론이란 무엇인가?』, 서울: 문음사, 2005, p.327.

있는데, 이는 장소의 페다고지 사례이기도 하다.

장소의 페다고지는 흔히 장소 기반 교육(place based education)이라고 칭해지며, 관련 연구와 실천가들은 학습자의 생활무대 혹은 생활공간으로서의 지역사회가 가지는 교육적인 함축을 중시한다. 오어(Orr)가 보기에, 교육에 장소를 통합하는 것이 중요한 이유는 크게 네 가지이다. 첫째, 장소에 대한 학습은 직접 관찰, 조사, 실험 등을 통해 살아 있는 지식교육이 가능하게 한다. 둘째, 장소는 사회와 자연이 통합되어 있는 실재이기에 학습자들은 과잉전문화의 문제점에서 벗어날 수 있도록 한다. 셋째, 학생들은 장소에 대한 복합적인 이해를 위하여 장기지속적인 학습활동을 수행한다. 넷째, 장소학습은 학생들이 지역사회에서 훌륭한 거주자가 되도록 하는데, 그 이유는 이들이 장소에 대한 자세한 지식, 관찰 능력, 보살핌과 정착에 대한 감각을 획득할 수 있기 때문이다.[15] 요컨대 장소학습은 한편으로는 근대교육의 한계를 돌파하도록 해주면서 다른 한편으로는 학습자들이 지역사회 주민으로서 진정성 있는 삶을 영위하도록 한다. 여기서 전자가 가지는 의미는 교육과정의 지역화 관행에서 '방법'으로서의 지역화라고 칭해진다. 후자는 '목적' 혹은 '내용'으로서의 지역화라고 명명되어진다. 후자의 경우, 장소 만들기의 전형으로서 지역 교육과정의 구성을 사고할 수 있도록 한다. 본 연구에서 주목하는 교육과정의 지역화 관행은 주로 후자의 측면에서 초점을 두고 있고, 전자의 경우는 자연스럽게 뒤따라오는 교육적인 함축이다.

3. 정체성 담론으로 본 지역교과서

앞서, 교육과정의 지역화 관행이 장소학습을 추진하면서 학습자들로 하여금

15　David W. Orr, 1992, 김기대 외 역, 『생태소양』, 파주: 교육과학사, 2013, pp.191-193.

지역사회에서 진정성 있는 거주자가 될 수 있도록 한다고 했다. 그렇다면 진정한 거주란 무엇인가? 이것은 지역사회의 주민들이 일정한 공간에 잠시 머무는 임시 체류자가 아니라 뿌리내림의 존재라는 의미이다.[16] 학생들을 포함한 지역사회의 주민들은 삶의 터전 혹은 생활공간과의 활발한 교섭 활동을 통해 장소 애착을 가지면서 '거주'한다. 그래서 지역사회의 주민들은 애착의 장소를 떠나 멀리 외지에서 향수병을 가진다. 이른바 향토 의식은 구시대의 유물이 아니라 삶의 본질 회복이라는 측면에서 재평가될 수 있다. 향토 의식은 하나의 장소 관념으로서 지역사회를 책임감 있게 관리할 수 있도록 하는 윤리적인 태도이기도 하다. 이러한 윤리적인 태도는 국토 의식을 거쳐 지구 행성에 대한 책무감까지 가지도록 한다. 이렇게 교육과정의 지역화는 학생들이 지역사회를 단순히 생활 무대로 생각하는 데 머무는 것이 아니라 장소감의 형성까지 나아가도록 한다.

교육과정의 지역화를 통하여 학생들이 지역사회를 장소로 인식할 때, 이것은 다른 지역사회와의 경계 만들기가 행해진다. '우리'가 살고 있는 지역의 고유성을 발견하고 다른 지역과의 차별화가 진행된다. '우리' 지역의 고유성이 품고 있는 의미 관계를 가치롭게 생각할 때, 이것은 지역적인 자부심의 원천이 된다. 그래서 학습자들은 교육과정의 지역화를 통해서 내가 살고 있는 지역을 재발견하고 지역정체성의 형성까지 가능해진다. 학습자들이 지역정체성을 가진다는 것은 지역 이기주의와 같은 부정적인 삶의 태도가 아니다. 이것은 지역적인 '우리'의 탄생이며, 주체성 있는 삶의 태도 사례이며, 삶의 주체성은 민주주의 사회의 근간을 형성한다. 교육과정의 지역화는 궁극적으로 풀뿌리 민주주의 교육의 현실 그 자체인 것이다. 그리하여 "민주주의는 '고향에서 시작해야 하며, 민

16   David W. Orr, 1992, 김기대 외 역, 『생태소양』, 파주: 교육과학사, 2013, p.195.

주주의 고향은 동네 공동체이다."[17]

   교육과정의 지역화가 교육내용 차원에서 지역의 고유한 이야기를 교재화하기 때문에 지역교과서는 정체성 담론으로 규정할 수 있다. 지역정체성이 담론적으로 구성될 때, 즉, 담론화 관행들을 통하여 지역정체성이 구성된다고 할 때, 지역화된 교육과정은 대표적인 담론 텍스트 사례이다.[18] 널리 알려진 바와 같이, 교과서는 정전(canon)으로서의 효과를 가지면서, 권위 있는 존재의 표상인 교사의 수업 행위에 의해 매개되기 때문에 학습자에 대한 영향력은 상당하다. 정체성 담론으로 지역교과서를 규정할 때, 중요한 논점은 정체성의 형성 방식을 어떤 관점에서 포착할 것인지의 사안이다. 앞서 언급한 바와 같이 정체성이 뿌리 의식의 차원으로 볼 수 있기에 고정불변의 의미 범주로 오해될 여지가 있다. 이러한 정체성 규정 방식은 대외적으로 배타성을 행사하면서 획일적인 사고방식으로 전유될 가능성이 있으며, 소속감의 완고함으로도 나타난다.

   하지만 정체성은 공간성(spatiality)의 맥락에서 조망할 경우, 상당히 '유연한 정체성'에 대해 사유할 수 있다. 주요 인문지리학자들은 정체성을 이 공간성의 측면에서 개념화하는데, 정체성은 '영역적이고 사회적인 특수한 장소들의 관계 측면에서 생성되는 것으로 이해'되어 진다.[19] 정체성은 이른바 상황 맥락성 혹은 처해 있음의 문제라는 것이다. 개인이나 집단의 정체성은 상황 맥락성의 변주에 따라 유동적인 성질을 가지면서 유연한 정체성, 구성되는 정체성이라고

---

17 J. Dewey, *The Public and Its Problems*, Chicago: Swallow Press, 1954, D. W. Orr, *Earth in Mind*, Washington DC: Island Press, 2004, 이한음 역, 『작은 지구를 위한 마음: 생태적 문맹에서 벗어나기』, 서울: 현실문화연구, 2014. p.247에서 재인용.

18 남호엽, 『글로벌시대의 지역교육론』, 파주: 한국학술정보, 2013, pp.81-87.

19 M. Keith and S. Pile(eds.), *Place and the Politics of Identity*, London: Routledge, 1993; E. Carter, et al., *Space and Place: Theories of Identity and Location*, London: Lawrence and Wishart, 1993, J. Martin, Identity, in D. Atkinson, et al.(eds.), *Cultural Geography: A Critical Dictionary of Key Concepts*, London: I.B.Tauris, 2005, pp.97-102에서 재인용.

말할 수 있다. 이렇게 정체성이 유연하고 구성되는 양상이기에 우리들 각자는 오직 하나의 정체성만을 가지는 것이 아니고, 여러 정체성들이 중첩되기도 하면서 가변성을 가질 수 있다. 유동하는 정체성은 인류 문명사의 흐름인 글로벌화에 의해 더욱 촉발되고 있다. 지구적 규모에서 인류들 사이의 상호작용이 활발한 상황에서 각자의 정체성들은 상대적인 국면에 노출되어 있다. 아울러 역설적으로 글로벌화에 따라 개인들, 집단들, 지역과 네이션의 정체성들이 중시되는 현실이기도 하다.

한편 정체성에 대해 담론의 측면에서 조망할 경우, 담론화 관행들에서 정체성이 사회적으로 구성되는 과정을 역동적으로 포착할 수 있다. 이를테면, 정체성의 형성이 차별화 과정을 통해서 이루어진다고 할 때, 우리와 그들 사이 구분이라든지, 경계 만들기의 텍스트 전략 등이 미시적으로 식별 가능해진다. 아울러 담론화 관행들 속에서 정체성의 가변적인 흐름이 촉발되고 운동하는 궤적의 지도화 역시 가능해지는데, 이는 교육과정의 지역화 관행 속에서 지역 주체의 생성 기제를 추적하는 과정이기도 하다. 또한 동일 지역, 예컨대, 제주 지역의 교육 환경 속에서 지역정체성의 구성 전략들이 역사적으로 어떤 변화의 양상을 표출하고 있는지도 확인이 가능하다. 이렇게 교육과정의 지역화 관행 속에서 지역정체성의 형성과 변화 전략의 가변성을 확인하고 그 의미를 논의하면서 해당 지역 교육과정 의사결정의 합리성에 대하여 평가적인 판단이 가능하겠다.

III. 연구 방법

1. 연구 대상

여기서 연구 대상은 제주 지역에서 교육과정의 지역화 관행을 보여주고 있는 지역교과서이다. 4학년 1학기 '아름다운 제주도' 교과서를 주요 분석 대상으로 한다. 1987년 5차 교육과정 시기부터 최근 2015 교육과정 시기까지 사례 지역에서 발행된 교과서를 대상으로 교육과정의 지역화 관행의 변화 추이를 다루도록 한다. 분석 대상 자료의 목록은 다음과 같다.

〈표 1〉 교육과정 시기별 제주 지역교과서 목록

교육과정 시기	저자	교과서 제목
제5차 교육과정	교육부	사회 4-1: 제주도
제6차 교육과정	교육부	아름다운 제주도
제7차 교육과정	제주도교육청	아름다운 제주도
개정 7차 교육과정	제주교육과학연구원	아름다운 제주특별자치도
2009개정 교육과정	제주특별자치도교육청	아름다운 제주특별자치도
2015개정 교육과정	제주미래교육연구원	아름다운 제주특별자치도

교육과정 시기별 사례 지역교과서 간의 비교 논의를 위하여 거시적인 문제설정과 미시적인 문제설정을 병행한다. 전자의 경우는 각 시기별로 단원 구성의 레파토리를 살펴보고, 후자의 경우 분석 대상 단원을 '지역사' 관련 단원으로 국한하여 살펴본다. '지역사' 관련 단원을 미시적인 분석 대상으로 설정한 이유는 해당 단원이 '기억의 장소'로서 그 전형성이 있고 지역 주체의 생성을 의도하고 있기 때문이다.[20] 즉, 제주 지역교과서에서는 '지역사' 관련 단원을 통해 학습자들이 지역의 사회적 기억을 공유하고 지역정체성을 형성하도록 의도하고 있는데 이 점에 주목한다

---

20 J. Ozouf & M. Ozouf, Le Tour de la France par deux enfants, P. Nora, *Les Lieux de mémoire(Tome 1-La République)*, Paris: Editions Gallimard, 2005, 유희수 역, 「두 어린이의 프랑스 일주」, 김인중 외 공역, 『기억의 장소: 공화국』, 파주: 나남, 2010, pp.289-332; P. Nora, Entre mémoire et histoire, *Les Lieux de mémoire(Tome 1-La République)*, Paris: Editions Gallimard, 2005, 김인중 역, 「기억과 역사 사이에서」, 김인중 외 공역, 『기억의 장소: 공화국』, 파주: 나남, 2010, pp.31-67.

2. 분석 방법

이 연구에서 자료의 분석 방법은 양적 내용 분석과 담론 분석법을 병행한다. 전자의 경우는 연구 주제 범주가 출현하는 빈도수 조회를 매개로 자료 간에 나타나는 차이를 통해 그 의미 관계를 논의하는 접근법이다. 예컨대, 제주 지역교과서에서 출현하고 있는 경관들의 유형을 지역 경관과 민족 경관으로 구분하고, 교육과정 시기별 교과서에 등장하는 빈도 수의 차이 국면을 확인하고 그 의미를 논의한다. 후자는 연구 주제 범주가 자료 속에서 나타나는 맥락의 효과 추적을 통해 의미를 논의하는 접근 방식이다. 이른바 지역교과서는 정체성 담론 텍스트로 규정하고, 이 텍스트의 의미 관계를 컨텍스트 즉, 맥락과의 관계 구도를 통하여 논의하도록 한다.[21]

Ⅳ. 연구 결과

1. 교육과정 시기별 지역의 얼굴 찾기

지역교과서는 해당 지역의 고유성을 표현하기 위하여 골몰하는데, 이는 지역의 얼굴 찾기 양상이다. 사람들 사이 구별 짓기가 얼굴의 모양새를 통해 이루어지듯이 지역교과서 역시 일정한 얼굴의 외양을 통해 표정을 만들어낸다. 이른바 지역교과서에 나타나고 있는 얼굴성의 탐색을 통해 지역 만들기의 전략을 추론할 수 있겠다. 얼굴성이라는 발상은 들뢰즈와 가타리의 성과로서, 이것은 '의미 생성된 사회적 음모와 생산을 보여주는' 일정한 '형상을 말하며 그 상관물은 풍경이 된다'는 뜻이다.[22] 지역교과서에서 해당 지역의 얼굴성은 표지로

---

21   남호엽, 『글로벌시대의 지역교육론』, 파주: 한국학술정보, 2013, pp.83-87.

22   A. Villani et R. Sasso, *Le Vocabulaire de Gilles Deleuze*, Paris: Vrin, 2003, 신지영 역, 『들뢰즈 개념어 사전』, 서울: 갈무리, 2012, p.292: G. Deleuze et F. Guattari, *Mille Plateaux: Capitalisme et*

제시된 경관과 단원 구성의 레파토리를 통해 극명하게 표출된다고 본다. 교육과정 시기별로 이 얼굴성을 살펴보자면 다음과 같다.

먼저, 5차 교육과정 시기의 경우 교육과정의 지역화가 역사적으로 시작된 상황이기에, 4학년 1학기 1단원만 지역화되었다. 이 시기 제주도 지역교과서의 표지 양상을 보면, 제주 앞바다에서 본 풍경이 기본 구도이다. 바다에서 본 한라산과 그 아래 제주시의 모습이 나타나 있다. 한라산과 바다 사이 인간의 모둠살이가 펼쳐져 있다는 의미 양상으로 추론이 가능하다. 즉, 자연과 인간생활의 관계 양상 속에서 제주 지역의 개성을 모색하고 있는 것으로 보인다.

〈표 2〉 5차 교육과정 시기 제주 지역교과서의 단원

1. 우리가 살고 있는 제주도	3. 산간 지역의 생활
(1) 제주의 이모저모	(1) 개마 고원
(2) 자연과 산업	(2) 태백 산맥
(3) 자랑스러운 제주도	(3) 소백 산맥
2. 강 유역의 생활	4. 해안 지역의 생활
(1) 한강 유역	(1) 황해안
(2) 금강 유역	(2) 남해안
(3) 영산강과 섬진강 유역	(3) 동해안
(4) 낙동강 유역	
(5) 압록강과 두만강 유역	

다음으로 단원의 제목은 '우리가 살고 있는 제주도'이라고 명명하면서 세 가지 주제 학습을 추구하고 있다. 해당 주제는 (1) 제주도의 이모저모, (2) 자연과 산업, (3) 자랑스러운 제주도이며, 여기서 가장 지역의 개성이 잘 드러난 주제는 세 번째 경우이다. '자랑스러운 제주도'라는 주제명에서 나타나듯이, 지역의 자

Schizophrenie 2. Paris: Les Éditions de minuit, 1980, 김재인 역, 『천 개의 고원』, 서울: 새물결, 2001, pp.321-363.

부심을 표현하고 있는데, 이러한 자부심의 원천은 아래와 같은 학습 정리 코너의 일반화 진술에 등장한다.

> "1. 제주도에는 부지런하고 절약하며, 서로 돕는 정신이 깃들여진 아름다운 풍속이 전해 내려오고 있다. 2. 조상의 얼이 담겨진 아름다운 풍속을 이어받아, 더욱 발전시켜 나아가야 한다. 3. 제주도에는 잘 가꾸고 보전해야 할 색다른 관광자원이 많다."[23]

다른 지역과 대비하여 볼 때, 차별적인 요소가 있으며, 이는 자부심의 사안으로 지역정체성의 근간이 된다는 발상이다. 즉, 주제 학습의 계열을 보면, 제주도의 이모저모와 자연과 산업 등을 학습하고 난 뒤, 지역의 개성을 발견한다는 의미 구성 전략을 보이고 있다.

6차 교육과정 시기의 제주 지역교과서 표지는 5차의 경우와 유사하고 단원 구성은 한 학기 전체로 확대되었다. 4학년 1학기 단원 전체가 지역화되었고, 교과서의 제목도 '아름다운 제주도'로 명명되었다. 표지의 내용 구성 모티브는 이전 시기의 경우와 유사한 양태로, 바다에서 본 제주의 모습이며, 그 구성 요소는 한라산과 그 아래 제주시의 풍경이었다. 이전 시기의 경우를 반복하고 있지만 한라산과 제주시의 모습은 상대적으로 흐릿하게 이미지화되었다. 단원의 전개 양상은 〈표 3〉과 같다. 모두 4개의 단원이 구성되었고, 그 제목은 제주도의 모습, 제주도의 내력, 살기 좋은 제주도, 발전하는 제주도이다.

---

23 교육부, 『사회 4-1 제주도』, 서울: 국정교과서주식회사, 1990, p.48.

<표 3> 6차 교육과정 시기 제주 지역교과서의 단원

1. 제주도의 모습 　(1) 자연 환경 　(2) 지도 여행	3. 살기 좋은 제주도 　(1) 발달하는 산업 　(2) 교통과 통신
2. 제주도의 내력 　(1) 조상의 발자취 　(2) 연표와 역사 지도	4. 발전하는 제주도 　(1) 우리들의 소망 　(2) 제주도의 앞날

　단원의 전개 양상을 보자면, 이전 시기와 달리 전체 단원 모두가 제주 지역의 레파토리로 구성되었다. 그리하여 매우 풍요로운 지역 담론이 나타나는데, 기본적인 서술 구도는 제주의 현재→과거→현재→미래를 조망하는 상태이다. 특이한 사안은 교과서 속표지에서 '이 교과서를 사용하는 어린이에게' 전하는 메시지가 있다는 점이다.

　　"이 책을 통하여 우리 제주도에 대하여 잘 알게 되고, 우리 제주도를 더욱 사랑하는 마음을 갖게 되기를 바랍니다. 우리는 우리 가정과 이웃, 우리 동네와 고장, 우리 시 · 도, 우리 나라에 대한 깊은 이해와 사랑을 바탕으로 하여 세계로 뻗어 나아갈 때, 비로소 참다운 한국인, 능력 있는 세계인이 될 수 있기 때문입니다."[24]

　교과서의 저자들은 독자들, 즉, 학습자들에게 기대하는 바를 피력하고 있는데, 그 내용의 골자는 지역을 사랑하는 마음의 형성에 있었다. 아울러, 지역에 대한 애착은 더 넓은 세계로 나아가는 과정에서 교두보 역할을 한다는 개방적 영역화의 노선을 취하고 있다. 요컨대, 교육과정의 지역화 취지가 향토애의 육성, 지역정체성의 형성에 그 목적이 있음을 분명히 하고 있다.

　그 다음으로 7차 교육과정 시기의 사례 지역교과서에서도 4학년 1학기 전체

24　교육부, 『아름다운 제주도』, 서울: 국정교과서주식회사, 1996. 속표지

가 지역화 내용으로 구성되었다. 7차 교육과정 시기 제주 지역교과서의 표지는 이전 시기와는 상당히 다른 선택을 보이고 있다. 한라산 백록담 주변의 모습이 표지 이미지로 초점화하였다. 이전 시기 교과서의 표지에 나타난 바다와 인간 생활의 모습은 보이지 않는다.

〈표 4〉 7차 교육과정 시기 제주 지역교과서의 단원

1. 제주도의 모습	3. 새로워지는 제주도
(1) 지도에 나타난 제주의 모습	(1) 지방 자치와 주민 생활
(2) 제주도의 자연환경과 생활	(2) 제주도의 여러 문제와 해결
(3) 제주도의 달라진 모습	(3) 제주도의 미래
2. 제주도의 발전하는 경제	
(1) 제주도의 자원과 생산 활동	
(2) 서로 돕는 경제 생활	

단원의 구성 방식은 이전 시기에 대비하여 볼 때, 전체 단원의 수가 4개에서 3개로 축소되었다는 점이 특징이다. 이전 시기 2단원의 지역사 관련 단원이 하나의 주제, 즉, '제주도의 달라진 모습'이라는 제목을 달고 1단원으로 흡수 통합되었다.

한편, 개정 7차 교육과정 시기 제주 지역교과서는 전체 단원의 수가 3개인데, 각 단원의 주제는 이전 시기보다 상세화된 양상을 보이고 있다. 각 단원의 제목은 우리 지역의 자연 환경과 생활 모습, 주민 참여와 제주특별자치도의 발전, 더불어 살아 가는 우리 지역이다. 단원 내부에 4~5개의 주제를 설정하여 내용을 상세화하였다.

<表 5> 개정 7차 교육과정 시기 제주 지역교과서의 단원

1. 우리 지역의 자연 환경과 생활 모습	3. 더불어 살아가는 우리 지역
(1) 우리 지역이 자리 잡은 곳	(1) 도움을 주고받는 자매결연
(2) 우리 지역의 자연 환경	(2) 교류하며 발전하는 지역
(3) 우리 지역의 생활 모습	(3) 더욱 가까워지는 지역들
(4) 우리 지역 현장 답사	(4) 함께 살아가는 사람들
	(5) 우리 지역의 안내도
2. 주민 참여와 제주특별자치도의 발전	
(1) 제주특별자치도의 살림살이	
(2) 제주특별자치도 대표는 우리 손으로	
(3) 제주특별자치도의 문제와 해결	
(4) 제주특별자치도의 앞날	

이 시기 제주 지역교과서의 표지는 성산일출봉의 모습을 지역의 얼굴로 내세우고 있다. 이렇게 지역의 얼굴로서 교과서 표지가 달라진 점은 교과서의 콘텐츠가 고정불변의 사안이 아니고 사회적 구성물임을 시사한다. 단원의 구성 방식과 마찬가지로 지역의 얼굴 찾기 양상도 차이의 국면을 보여주고 있다. 한편, 개정 7차 교육과정에서 '지역사' 관련 내용은 바로 이전 시기에 비교하여 볼 때, 상당히 축소된 상태이고, '우리 지역 현장 답사'라는 주제 학습 내용 중 문화재 학습의 대상으로 제시되고 있다. 아울러, 지역 현장 답사 계획서 사례에서는 자연경관 학습의 사안으로 '곶자왈의 특징'이 선정되었다.[25]

다음으로, 2009 개정 교육과정에 따른 제주 지역교과서는 제주도특별자치도교육청 발간 장학자료로 개발되었다. 표지는 성산 일출봉의 모습이 중심적인 지위를 확보하고 있다. 이전 시기 사례 지역교과서의 경우와 대비시켜 볼 때 확연한 차이를 보이고 있다. 성산 일출봉 일대의 아침 정경이 지역의 얼굴로 포섭되었는데, 이것이 가지는 의미에 대해서는 논란의 여지가 있겠다. 아울러, 이 시기 지역교과서의 단원 구성 방식은 상당히 파격적인 접근법을 시도하고 있

---

25   제주교육과학연구원, 『아름다운 제주특별자치도』, 2010, p.51.

다. 이전 시기와 달리 2009 개정 교육과정에서는 사회과 탐구 교과서가 개발되지 않아 지역화 자료가 부족한 상태에서 이에 대한 보완책으로 교재가 개발되었는데, 주안점은 '지역과 관련된 문제해결과 탐구를 위한 자료를 교육현장에 제공'하는데 있었다.[26] 단원의 전개 방식은 3~4학년 군 국정 교과서 단원의 형식을 그대로 수용하되, 교육내용의 소재를 지역화 자료로 구성하는 접근법이었다.

<표 6> 2009 개정 교육과정 시기 제주 지역교과서의 단원

〈사회3〉	〈사회 4〉
1. 도시의 발달과 주민 생활 (1) 도시의 모습과 위치 (2) 도시의 분포와 발달 (3) 도시의 문제와 해결 (4) 새로운 도시 만들기	1. 경제생활과 바람직한 선택 (1) 생산이 이루어지기까지 (2) 일하는 사람들
2. 촌락의 형성과 주민 생활 (1) 촌락의 자연환경 (2) 촌락의 생활 모습 (3) 변화하는 촌락 (4) 촌락의 문제와 해결	2. 사회변화와 우리 생활 (1) 우리나라의 인구 3. 지역사회의 발전 (1) 상징물을 통한 우리 지역의 특성 (2) 우리 지역의 문제해결 (3) 주민 참여와 자원봉사 (4) 우리 지역의 미래 모습
3. 민주주의와 주민 자치 (1) 함께하는 주민 자치 (2) 우리 지역의 지방 자치 단체 (3) 협력하는 지방 자치 단체	

사회과 탐구 교과서가 발행되지 않는 상태에서, 제주 지역교육청은 별도의 장학 자료를 통해 지역화 교재를 구성하고자 하였다. 그런데, 단원의 구성 양상을 통해서도 알 수 있듯이, 단원과 주제의 제목에 '제주' 지명이 사용되지 않고 있다. 하지만 제주도의 교육감은 장학 자료의 서문에서 아래와 같이 개발 취지

26　제주특별자치도교육청,『아름다운 제주특별자치도』, 2014, p.2.

를 밝히고 있다.

"본 자료가 앞으로 학생들에게 지역 사회의 사실과 현상에 대한 관심을 높이고 올바른 이해를 돕는 길잡이가 되어 초등 사회과 교육과정에서 추구하는 지역화를 잘 구현해 낼 것으로 기대하여, 더 나아가 우리 지역의 아름다운 자연과 독특한 문화 등을 통해 제주특별자치도민으로서의 정체성 형성에 도움이 되기를 바랍니다."[27]

사례 지역교과서의 저작권자인 교육감이 기대하는 교육과정의 지역화 취지는 지역정체성의 형성이라는 관점에 초점을 두고 있다. 그런데 실제로 단원의 전개 흐름은 국정 교과서의 형식 체제를 유지하다 보니 지역화의 본래적인 취지가 잘 살아나지 못했다. 앞서 언급한 바와 같이, 제주 지역의 지명이 사용되지 않고 있고, 무엇보다도 지역사 관련 내용이 누락되는 한계를 보였다.

한편, 2015 개정 교육과정 시기 제주 지역교과서의 구성 방식은 바로 이전 시기에 대비시켜 볼 때 많은 변화가 있다. 2009 개정 교육과정 시기 교육과정의 지역화 정책에 있어서 발생한 혼란이 개선되는 모습을 보여주었다. 4학년에 국한하여 지역화 자료가 개발되었고, 단원의 구성 방식에서 2009 개정 교육과정 이전 시기로 회귀하는 양상이다. 4학년 2학기의 단원 역시 지역화 차원에서 고려하고 있는 점도 특징적이다. 아울러, 교과서의 표지에서는 큰 변화가 있는데, 지역의 경관이미지가 다각적으로 상징화되는 모습을 보인다. 이전 시기 지역교과서의 표지 속 경관들이 실제 사진을 반영하였다면, 2015 개정 교육과정 시기의 경우, 지역의 이미지를 단순 관념화하는 형국이다(아래 그림 이미지 참조).

---

27   제주특별자치도교육청, 『아름다운 제주특별자치도』, 2014, p.2.

〈표 7〉 2015 개정 교육과정 시기 제주 지역교과서의 단원

〈4학년 1학기〉	〈4학년 2학기〉
1. 지역의 위치와 특성	1. 촌락과 도시의 생활 모습
2. 우리가 알아보는 지역의 역사	2. 필요한 것의 생산과 교환
3. 지역의 공공 기관과 주민 참여	3. 사회변화와 문화의 다양성

2015 교육과정 시기 역시 사회과 탐구 교재가 개발되지 않는 상태에서 지역화 교재가 편찬되었다. 이 시기 지역교과서의 속표지에서는 학습자들을 위한 안내문을 아래와 같이 제시하고 있다.

"이 책은 제주특별자치도에 사는 학생들을 위해 만들어진 사회과 보완교재입니다. 사회 교과서와 함께 공부하세요. '아름다운 제주특별자치도'는 3~4학년군 사회 교과서 4-1, 4-2에 따른 지역화 내용을 바탕으로 우리가 사는 고장을 좀 더 깊이 있게 탐구할 수 있도록 만든 자료입니다. 이 책을 통하여 우리 고장을 사랑하는 마음과 살기 좋은 고장을 만들기 위해 노력하는 태도를 기릅시다."[28]

이 시기 지역교과서에서도 이전 시기들과 마찬가지로 교육과정의 지역화를 통하여 지역의 자부심을 학생들에게 길러 주고 향토애를 형성하자는 취지를 전하고 있다. 그런데, 단원의 구성 방식에서 미묘한 차이점이 발견된다. 2009 교육과정 시기처럼 국정 교과서의 단원을 충실히 따르는 것처럼 보이지만, 4학년 1학기 2단원 '우리가 알아보는 지역의 역사'가 배치되어 차이 양상이 나타난다. 지역사 관련 단원이 2015 교육과정 시기 제주 지역교과서에서 명시적으로 구성되었다. 지역의 지명이 구체적으로 단원의 제목으로 상정되어 있지는 않지만 지역사 관련 단원이 독립되어 있기 때문에 정체성 담론 텍스트의 측면에서 볼 때 그 전형성이 강화되는 상황이라고 추론할 수 있다.

2. 기억의 장소 만들기로 본 지역사 단원 구성 방식

1) 지역 경관과 민족 경관의 교재화 방식

교육과정 시기별 제주 지역교과서의 지역사 관련 단원에 나타난 지역 경관과 민족 경관의 사례 목록과 출현 빈도는 〈표 8〉과 같다. 이 연구에서 말하는 지역 경관은 해당 사례 지역만의 서사를 담고 있는 경우로 토착 지식 체계를 반영하는 경우이고,[29] 민족경관은 경관의 의미가 한반도의 다른 지역에서도 확인이 가능한 텍스트성을 가진다.[30] 〈표 8〉에서와 같이, 지역 경관과 민족 경관이

---

28 제주미래교육연구원, 『아름다운 제주특별자치도』, 2021, 속표지.

29 송윤섭·조철기, 「제주도의 토착지식을 활용한 장소 기반 시민성교육」, 『문화역사지리』, 35(2), 2023, pp.59-75.

30 여기서 민족 경관(national landscape)은 민족 혹은 네이션의 발명 과정에서 관여하는 경관을 말한다. 크랭(Crang)은 민족의 탄생과 유지를 피와 소속감, 상상의 공동체, 전통의 발명 등의 측면에서 논의하였다. M. Crang, *Cultural Geography*, London & New York: Routledge, 1998, pp.161-167. 민족 경관은

제주 지역교과서에서 출현하는 양상은 시기마다 차이가 있다. 지역 경관의 출현 빈도가 민족 경관보다 많은 경우는 5차 교육과정, 7차 교육과정 시기이다. 반대로 민족 경관이 지역 경관보다 많이 나타나는 경우는 6차 교육과정, 개정 7차 교육과정, 2015 개정 교육과정 시기이다. 아울러, 개정 7차 교육과정 시기 지역교과서에서는 지역사 관련 단원의 내용에서 지역경관이 나타나고 있지 않다. 2009 개정 교육과정 시기는 지역사 관련 단원의 내용이 선정되지 않고 있기에 지역 경관과 민족경관 모두 보이지 않는다. 이상과 같은 분석 결과를 보건대, 사례 지역교과서 개발 과정에서 지역 경관과 민족 경관을 구별하고 지역의 토착 경관을 중심으로 교재화가 진행되었다고 판단하기는 어렵다. 즉, 제주 지역에서 분포하고 있는 문화경관의 교재화 과정에서 일정한 논리 체계가 작동하기보다는 교과서 개발자들의 자의적 판단에 기초한 우연적인 경관 선정이 이루어지고 있다고 여겨진다. 아울러, 2009 개정 교육과정 시기 경우, 지역사 관련 교육내용이 단원 속에서 고려되고 있지 않은 점은 교육과정의 지역화 취지에 비추어 볼 때, 상당한 논란 거리가 될 수 있겠다.

〈표 8〉 사례 지역에서 지역 경관과 민족 경관 출현 빈도

교육과정 시기	지역 경관		민족 경관	
	사례	빈도수	사례	빈도수
5차	삼성혈, 돌하르방과 초가, 칠머리당굿, 삼사석, 방앗돌굴리기, 정낭	6	토성, 만세동산, 관덕정, 관덕정의 벽화, 제주향교	5

민족적 소속감, 민족이라는 이름의 공동체 의식을 촉발시키는 가시적인 경관이다. 아울러, 이러한 민족 경관은 전통의 발명 과정에서 촉매 역할을 수행한다. 요컨대, 특정한 경관들은 일정한 공간을 민족화하면서 상징성을 표방하고 있다. M. Crang, 같은 책, pp.37~40.

교육과정 시기	지역 경관		민족 경관	
	사례	빈도수	사례	빈도수
6차	삼성혈, 정낭, 영감놀이, 담팔수 자생지, 한라문화제, 오돌또기, 삼무정신, 조냥, 수눌음, 제주성, 삼사석, 목석원, 돌하르방	13	별방진, 관덕정, 관덕정의 벽화, 불탑사오층석탑, 제주향교, 연자매, 항파두리성, 대정성, 명월성지, 정의현성문, 연대, 연북정, 일관헌, 대정향교, 비석거리, 오현단, 하멜기념비, 만세동산, 올림픽성화대, 모충사, 순국지사 조봉헌 기념비, 추사 적거지, 최영장군 사당, 법화사지	24
7차	삼성혈, 혼인지, 삼사석, 성읍민속마을, 삼양동 선사 유적	5	별방진, 연대, 관덕정, 모충사	4
개정 7차	해당 사항 없음		대정향교, 불탑사오층석탑, 항몽유적지, 오현단	4
2009 개정	해당 사항 없음			
2015 개정	칠머리당 영등굿, 해녀문화, 제주민요, 제주어	5	광령지석묘, 환해장성, 항파두리 항몽유적지, 추사 유배지, 불탑사 오층 석탑, 관덕정	6

2) 교육과정 시기별 문화재 학습의 배치 방식 비교 논의

문화재 학습은 전형적으로 기억의 페다고지 양상이라고 말할 수 있다. 문화재는 특정한 시공간의 맥락 속에서 탄생한 집단 기억의 서사를 담지한 문화경관이기 때문이다. 아울러 문화재는 전통의 계승 측면에서 촉매가 되는 역할을 수행하면서 유산(heritage)으로서의 경관이라는 의미를 가지기도 한다. 따라서 문화재는 사회과 교재로서의 가치가 있고, 교육과정의 지역화 차원에서도 교재화 대상으로 의의가 있다. 다만 어떤 문화재가 특정한 맥락 구도 속에서 지역교과서의 교재 내용으로 선정 및 배치의 양상을 보이는지가 논점이 되겠다.

5차 교육과정 시기 제주 지역교과서에서 지역사 관련 내용은 1단원 (1) 주제의 세 번째 제재 '조상의 발자취'에 해당한다. 이 제재 내용은 전형적으로 지역의 기원에 관한 이야기를 서술하고 있다.

"전해 내려오는 이야기에 의하면, 제주도에는 아주 오랜 옛날에 삼성혈에서 성이 각각 다른 세 사람이 솟아나와 살기 시작하였다고 한다. 제주도의 이름은 '탐라', '제주' 등으로 불리어왔다. 우리 조상들은 오랫동안 '탐라국'을 세워 이웃 나라와 관계를 맺으면서 살아 왔다. '제주'라고 불리울 무렵에는 나라에서 관리를 보내어 제주도를 다스리게 했으며, 이름난 선비들도 오게 되는 일이 있었다."[31]

지역의 기원과 그 이후의 역사적 흐름을 서술하면서 주요 시기 대표적인 문화경관을 사진 형태로 제시하고 있다. 아울러, 제재 학습의 마무리 국면에서는 문화재 학습을 제안하면서 보다 확산적인 학습의 계기를 마련하고 있다. 즉, '제주도에 있는 중요한 문화재를 조사하고, 이들을 어떻게 보호해야 할지 생각해 보자'고 학습활동을 제시하고 있다.[32] 요컨대, 5차 교육과정 시기 제주 지역교과서에서 지역사 관련 내용은 내용 서술을 통해 지역의 역사적 기원과 흐름에 관한 내러티브를 다루고 있고, 사진을 통해 역사 경관의 교재화를 도모하면서 독자인 학습자들로 하여금 해당 지역의 기억들을 내면화하도록 시도하고 있다.

6차 교육과정 시기 지역사 관련 내용은 전체 단원 4개 중 두 번째 단원 '2. 제주도의 내력'에 있다. 이 단원은 2개 주제로 그 내용이 제시되었고, '(1) 조상의 발자취, (2) 연표와 역사지도'가 그것이다. 첫 번째 주제 '(1) 조상의 발자취'는 4개의 제재로 구성되었고, ① 삼성혈, ② 관덕정, ③ 한라문화제, ④ 삼무정신 등이다. 아울러, 두 번째 주제는 ① 향토조사반 ② 연표만들기로 구분되어 있다. 이러한 단원의 흐름 속에서 문화재 학습이 집중화된 곳은 (1) 주제의 두 번째 제재 '② 관덕정'이다. 이 제재에서는 명시적으로 문화재 학습을 활동 목표

---

31 교육부, 『사회 4-1 제주도』, 서울: 국정교과서주식회사, 1990, pp.18-19.

32 교육부, 같은 책, p.21.

로 제시하고 있다. 즉, '우리 고장에 있는 문화재를 조사해 보고, 문화재를 보존하는 방법을 생각해 보자'라고 제재 도입글을 제시하고 있다.[33] 제재의 제목에 나타난 바와 같이, 유교문화경관인 관덕정이 관덕정 안의 벽화와 더불어 해당 제재의 중심적인 내용으로 교재화되었다. 그 다음으로 다루고 있는 문화재가 불탑사오층석탑으로 불교문화경관이 제시되었다. 아울러, 그 밖의 사례로 제주 향교, 영감놀이, 담팔수 자생지, 연자매 등이 문화재의 종류 사례로 주변적인 위치에서 교재화되었다. 해당 제재의 학습 대상으로 등장한 문화재에서 제주도 지역만의 고유한 이야기는 '영감놀이'와 '담팔수 자생지' 등이라고 볼 수 있다. 지역의 탄생 이야기인 삼성혈 신화 관련 문화재는 해당 제재의 학습대상으로 포섭되지 않고 있다. 한편, '제주도의 내력을 알 수 있는' 향토 조사반 활동을 (2) 주제에서 제안하고 있는데, 이때 조사 대상이 되고 있는 문화재는 명월성지, 제주성, 항파두리성, 대정성, 정의현 성문, 연대 등이다. 우리 민족의 타자로 등장하는 몽골, 왜구와의 경계 만들기의 양상으로 문화재 학습이 도모되고 있다. 따라서 이들 경관들은 민족경관으로서의 상징성을 표방하면서 타 지역의 반외세 지향과 공감대를 형성한다. 이렇게 6차 교육과정 시기 제주 지역교과서에 문화재 학습은 향토 조사반 활동으로 적극적인 실천의 계기를 확보할 수 있는데, 주요 학습 대상은 외적의 침입에 대비하는 민족 경관의 사례들이었다.

7차 교육과정 시기 제주 지역교과서에서 문화재 학습은 1단원 3주제 '제주도의 달라진 모습'에 배치되어 있다. 제주 지역의 내력을 교육내용으로 전개하는 과정에서 문화재 학습의 대상들이 부각되었는데, 세 개의 차시에서 다루어지고 있다. 먼저, 삼성혈 신화 관련 문화재가 교재화되었다. 삼성혈, 혼인지, 삼사석과 같은 장소의 경관들이 위치와 의미가 함께 제시되었다. 이 문화재들은 '탐라

---

33   교육부, 『아름다운 제주도』, 서울: 국정교과서주식회사, 1996, p.52.

개국 신화에 관련'되었다고 진술하면서 지역적 고유성의 의미를 등장시키고 있다.[34] 한편, 제주 지역 주민들이 오랜 세월 동안 자연환경과의 관계 속에서 만들어 온 문화경관으로 성읍 민속 마을에 주목하고 있다. 제주 지역만의 자연환경에 지역 주민들이 잘 적응하여 살아 오면서 만들어낸 독특한 문화경관을 학습 대상으로 교재화하였다.

> "남제주군 표선면 성읍리는 민속 마을로 지정된 곳이다. 이 곳은 제주도 마을의 특징들이 많이 남아 있는 곳으로 여러 가지 문화 유산이 있다. 그뿐만 아니라, 옛 마을의 형태와 경관이 잘 유지되어 왔기 때문에 1984년에 문화 공보부에 의해 민속 마을(민속 보호 구역)로 지정되었다."[35]

이 제재에서는 성읍 민속 마을의 주요 경관들을 추가적으로 진술하면서 나타나고 있는 장소성을 강조하였다. 제주 지역 주민들의 모둠살이 방식이 가시적인 경관으로 드러난 장소학습을 통하여 지역 이해의 통로를 확보하도록 했다. 또한 세 번째 제재 학습은 명시적으로 문화재 학습을 표방하면서 제주 지역 여러 곳에 위치하고 있는 연대와 봉수대, 성 등에 주목하고 있다. 주로 외침에 대비하여 만들어진 군사 시설을 교재화하였다.[36] 아울러, 삼양동 선사 유적지를 비중 있게 다룬 점도 특이할만하다. 그리고 퀴즈 형태로 지역의 여러 문화재들을 다루고 있는데, 문화재 학습 전체를 종합하는 성격을 가진다. 단답형 형태의 학습활동이지만 제주도 지도를 통하여 그 위치를 확인하는 과정을 가지기에 나름 의미가 있어 보인다.

---

34   제주도교육청, 『아름다운 제주도』, 2001, p.42.

35   제주도교육청, 같은 책, p.43.

36   제주도교육청, 같은 책, p.47.

개정 7차 교육과정 시기, 문화재 학습 제재는 '우리 지역 현장 답사'라는 주제 속에서 이루어진다. 현장 답사할 장소는 자연적 특징, 생활 모습, 문화재 등으로 구분하고 있다. 문화재 답사 장소는 대정향교, 불탑사 5층석탑, 항몽유적지, 오현단이 대표적 사례로 제시되었다. 제주 지역만의 고유한 기억의 장소는 문화재 학습의 대상으로 권고되지 않고 있다. 한편 2009 개정 교육과정 시기에서는 지역의 문화재 관련 내용이 보이지 않는다.

다음으로, 2015개정 교육과정 시기 문화재 관련 학습은 4학년 1학기 제2단원 '우리가 알아보는 지역의 역사'에서 이루어지고 있다. '우리 지역의 문화유산'이라는 주제 학습에서 다루어진다.

> "은영이와 친구들은 우리 지역의 유형문화재와 무형문화재에는 무엇이 있는지 궁금했습니다. 우리 지역의 유형문화재와 무형문화재는 무엇이 있는지 알아봅시다."[37]

이 주제 학습에서 주목하고 있는 제주 지역의 '유형문화재는 고인돌, 환해장성, 제주 불탑사 오층 석탑, 추사유배지, 항파두리항몽유적지, 관덕정 등이 있고 무형문화재는 해녀 문화, 제주민요, 제주칠머리당 영등굿 등'이다.[38] 특이한 점은 유형문화재는 모두 민족 경관의 사례들이고, 무형문화재는 지역 경관의 사례들이다. 유형문화재 사례로 제주 지역만의 고유한 경관들은 제시되지 않고 있다. 아울러, 답사 계획 속에서 사례 장소로 정해진 곳은 항몽 유적지였다. 학생들이 직접 답사하여 답사 장소의 경관이 가지는 의미를 탐구하는 활동 대상으로 삼성혈 신화, 성읍 민속 마을 등은 포섭되지 못하고 있다.

---

37 제주미래교육연구원, 『아름다운 제주특별자치도』, 2021, p.24.

38 제주미래교육연구원, 같은 책, p.25.

V. 결론

지금까지 제주 지역을 사례로 하여 사회과 교육과정 관행에서 지역 만들기의 전략에 관한 연구를 수행하였다. 교육과정의 지역화는 학교 교육과정 중에서 사회과에만 있는 독특한 관행인데, 지역 주체들의 자율적인 판단에 기초하여 교육과정을 구성하여 학습자들에게 유의미한 경험을 제공하고자 한다. 교육과정의 지역화에서 교육과정 개발자들이 가지는 교육적인 의도는 '지역의 개성 찾기' 차원에서 이해할 수 있다. 타 지역과 대비시켜 볼 때, 각 지역이 가지는 고유성을 확인하고, 이것이 가지는 교육적인 의미 세계를 탐색하여 교육과정을 구성한다.

지역 교육과정 구성의 가시적인 실체는 지역교과서의 간행으로 나타난다. 해당 지역의 고유한 이야기들이 지역교과서의 단원 구성 및 내용 서술로 전개된다. 제주 지역의 교과서에서도 지역의 고유성을 담고 있는 의미화 레파토리를 다양한 방식으로 교재화하였다. 지역의 얼굴 찾기 양상이라고 볼 수 있는 표지 내용의 구성, 지역사 단원의 구성을 통해 지역 주민들의 기억들을 교재화 하기 등이 대표적인 의미 구성의 전략이었다. 특히 문화재 학습 제재를 통해 사례 지역의 장소와 경관이 가지는 의미를 탐색하였다.

연구 사례 지역에서, 교육과정 시기별로 지역 교육과정의 구성 전략을 추적한 결과, 시기마다 차별적인 접근법이 나타났다. 교과서의 표지에서 나타나고 있는 지역의 얼굴은 교육과정 시기마다 변화하는 모습이 나타나 지역의 고유성을 부각시키는 과정이 '의미의 경합' 상태임을 알게 하였다. 또한 지역 교육과정 속 단원의 구성과 전개는 교육과정 시기마다 상당히 달랐는데, 이는 교육과정의 지역화 정책이 표류한 결과로 보인다. 아울러, 문화재 학습 제재를 중심으로 지역의 고유성을 교재화하는 방식을 보면, 민족경관과 지역경관의 선정과 배치 양상이 시기마다 차이를 보였다. 즉, 5차 교육과정 시기와 7차 교육과정 시기의 경우, 민족 공통의 기억들보다는 상대적으로 지역 주민들만의 고유한 기억들이 더 강조되고 있었다. 그러나 6차 교육과정 시기, 개정 7차 교육과정 시기 및 2015 개정 교육과정 시기의 경우는 민족경관의 출현 빈도가 지역 경관에 비하여 많았다.

지금까지 살펴본 바와 같이, 사회과 교육과정의 지역화 관행은 교육과정 개발 주체들의 의도에 따라 그 구성 방식이 가변적이었다. 교육과정의 지역화를 수행할 때, 정형화된 판단 준거 체계가 규범적으로 작동하기 곤란한 점이 있는데, 그 이유는 각 지역의 자율성에 기초하여 교육과정 의사결정이 행해지기 때문이다. 다만, 교육과정의 지역화 정책을 추진할 때, 그 지역만의 고유한 이야기들이 교재화될 수 있도록 안내 지침이 제공되어야 할 것이다. 소위 그 지역만의 토착적인 지식 체계를 중심으로 교재화가 진행될 수 있도록 권고할 수 있을 것이다. 다만, 해당 지역의 고유한 이야기, 토착적인 지식 체계가 무엇인가에 대해서는 토론의 여지가 있다. 즉, 교육과정의 지역화를 수행할 때, 어떤 접근 방식이 올바른 선택인지는 항상 논란 거리가 될 수 밖에 없다. 이러하기에, 교육과정의 지역화 관행은 다각적인 사례 연구를 통하여 반성적인 검토 대상이 되어야 하며, 아울러, 여러 주체들 사이 공론화 과정을 통해 해석적인 대화 대상으로 상정되어야 할 것으로 보인다.

기억의 장소와 지역의 보훈문화교육

Ⅰ. 시민교육의 논리로 본 보훈문화교육

보훈의 사전적 의미는 '공훈에 보답함'이며, '국가 유공자의 애국정신을 기리어 나라에서 유공자나 그 유족에게 훈공에 대한 보답을 하는 일'로 규정된다(표준국어대사전).[1] 이에 국가보훈사업은 '나라를 위하여 맡은 일을 수행하다가 육체적 정신적으로 피해를 입은 사람과 그 유족에게 보상을 하여 생활을 안정시키고, 다른 사람의 애국심을 높이기 위하여 나라가 실행하는 정책'을 뜻한다(표준국어대사전).[2] 결국 국가보훈사업은 나라사랑의 의미를 국가사회의 구성원들이 함께 공유하도록 하자는 취지이다. 즉, 나라사랑의 실천으로 모범을 보인 분들의 뜻을 기리면서 국가공동체의 번영을 도모하는 정책인 것이다. 국가보훈부에서는 독립, 호국, 민주 이 세 가지 범주 차원에서 보훈의 의미를 구체화하고 있다.[3] 근대 국민국가로서 대한민국의 성립과 전개 과정에서 나라사랑에 헌신한 주체들을 확인하고 이 선조들의 발자취를 기억하면서 국가의 번영을 도모하자는 취지이다. 따라서 보훈의 의미 속에서 핵심 사안은 국가 유공자의 애국정신

---

1   https://ko.dict.naver.com/#/entry/koko/303768bec933411989ec26ece8d70145

2   https://ko.dict.naver.com/#/entry/koko/7941e3c7c74a42acae5fbed964018c21

3   차우규 외, 『보훈문화교육 활성화를 위한 효과적인 교육 프로그램 개발』, 국가보훈처·한국교원대학교, 2020, p.15.

을 기리는 정신활동이고, 국가보훈사업은 기억행위 중 하나이다. 이때 기억행위는 특정한 의미 구성의 과정이고, 국가보훈부에서는 보훈이라는 기억행위를 독립, 호국, 민주 등 세 범주로 구분하고 있다. 요컨대, 국가보훈사업은 나라사랑이라는 공동체 의식의 형성과 발달에 주안점을 두고 있고 이 때문에 시민교육의 논리 측면에서 그 의미 관계가 다루어질 수 있다.

시민교육은 통상적으로 학교에서 미래 세대들이 공동체 사회의 구성원으로서 선량한 소양을 가지길 기대한다. 시민교육은 학생들로 하여금 시민성이라는 합리적인 마음의 형성과 발달이 가능하도록 하는 문화적 관행이다. 교육받은 마음 상태로서 시민성은 사회구성원들이 견지하고 있어야 할 멤버십이며,[4] 그 사회의 지속가능함을 담보한다. 즉 시민성은 특정한 공동체에서 살아가는 개인들 각자가 그 공동체 사회에 대하여 가져야 할 삶의 태도인 것이다. 아울러, 선량한 시민성은 생득적이기 않기 때문에, 학교교육 뿐만 아니라 사회 전체가 관심을 가지고서 길러 주어야 할 사안이며, 국가보훈사업 역시 이러한 시민교육의 일환으로 볼 수 있다.

국가보훈사업이 기억행위의 일종이라면, 이것은 다른 식으로 표현하자면, '기억의 재구성' 과정이며, 그러하기에 이 과정 속에서 가치 판단의 문제가 발생한다. 아울러 기억의 대상이 무엇이고, 기억의 주체가 누구인지도 논의 사안이다. 국가보훈사업의 측면에서 볼 때, 기억의 대상은 독립, 호국, 민주라는 의미의 콘텐츠들이며, 이들은 우리 사회구성원들 모두에게 영향을 미치는 '공유된 경험'이다. 이른바 집단 기억의 사안들로서 민족정체성의 형성과 발달을 촉발시키는 요소들이다. 따라서 보훈문화교육은 기억 행위의 차원에서 볼 때, 민

---

4   T. L. Dynneson and R. E. Gross, The educational perspective: citizenship education in American society, in T. L. Dynneson and R. E. Gross(ed.), *Social Science Perspective on Citizenship Education*, New York: Teachers College Press, 1991, pp.1-42.

족정체성 교육으로서 의미 부여를 할 수 있겠다. 아울러, 민족정체감의 형성이 배타적 민족주의로 변질되지 않도록 궤도 설정이 이루어지고, 공존과 협력의 연대 의식으로 나아갈 때, 글로벌 시민 역량의 증진 차원에서도 개념화가 가능하다. 요컨대, 시민교육으로서의 보훈문화교육을 통해 민족정체성의 형성, 글로벌 시민 역량의 증진을 도모할 수 있을 것이다.

한편, 나라 사랑의 가치를 건전한 공동체 의식으로 규정할 경우, 이것은 국가 공동체의 평화와 번영을 도모하면서, 공동체 구성원들 각자의 인간다운 삶을 추구하게 된다. 즉 교육받은 마음 상태로서 건전한 공동체 의식은 필연적으로 해당 공동체 구성원들 사이 상생과 협력을 통해 갈등 해소를 추진하기 때문에 평화교육으로서 의미부여가 가능하겠다. 특히, 독립, 호국, 민주라는 보훈의 의미 세계는 집단 간 갈등의 해결 과정 속에서 나타난 정신적 가치이기에 보훈문화교육을 평화교육의 차원으로 개념화할 수 있다. 또한 독립, 호국, 민주의 의미 세계가 우리 사회에서 소중한 관념으로 널리 공유될 수 있는 까닭은 우리들 각자 개개인의 인권을 옹호하자는 취지에서 출발하였기 때문이며, 이에 보훈문화교육은 인권교육의 측면에서도 접근 가능하다. 이상에서와 같이, 시민교육으로서 보훈문화교육은 국가정체성 교육, 글로벌교육, 평화교육, 인권교육의 측면에서 개념화가 가능하며, 그 관계 구도는 아래 〈그림 1〉과 같다.

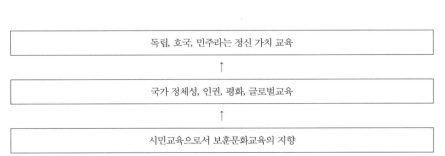

〈그림 1〉 시민교육으로서 보훈문화교육의 개념화

II. 기억의 장소학습과 보훈문화교육

1. 기억의 장소: 의미와 유형

우리가 주목하는 기억의 의미 규정을 위해, 기억과 역사 사이, 기억과 장소 사이 구별짓기를 시도해 본다. 기억과 역사 사이 의미 구분을 피에르 노라(Pierre Nora)의 논의 사례로부터 시작해 본다. 노라는 '기억과 역사 사이에서'라는 글을 통해 '기억의 장소'에 관한 문제제기를 수행한다. 노라는 역사와 기억 사이 의미 대조를 통해 각각의 특징을 부각시킨다. 즉, 노라가 보기에, 기억은 '언제나 현재 일어나고 있는 현상'이고 '감정적이고 전(前) 논리적'이고, 역사는 '과거에 대한 하나의 표상'으로 '지적(知的)이고 비(非) 종교적인 작업이기 때문에 분석과 비판적 담론을 요구'한다.[5] 기억은 주관적인 감정의 충동 가까이에 있고 역사는 논리의 체계에 기초한 보편적인 의미 구성인 것이다.

> "기억은 삶이고, 언제나 살아있는 집단에 의해 생겨나고 그런 이유로 영원히 진화되어 가며, 기억력과 건망증의 변증법에 노출되어 있고, 의식하지 못한채 끊임없이 왜곡되며, 활용되거나 조작되기 쉽고, 오랫동안 잠자고 있다가 갑자기 회복되기도 한다. 반면 역사는 더 이상 존재하지 않은 것에 관한 미완성의 그리고 언제나 새로운 문제를 제시하는 재구성이다."[6]

위의 인용문에 나타난 바와 같이, 노라에게, 기억은 오늘을 살고 있는 개인이나 집단의 가변적인 삶의 일부이기 때문에, '구체적인 것, 공간, 행동거지, 이미

---

5 P. Nora, Entre mémoire et histoire, *Les Lieux de mémoire(Tome 1-La République)*, Paris: Editions Gallimard, 2005, 김인중 역, 「기억과 역사 사이에서」, 김인중 외 역, 『기억의 장소1: 공화국』, 파주: 나남, 2010, pp.31-67.

6 김인중 역, 2010, 같은 책, p.35.

지, 물체 속에 뿌리를' 내리지만, 역사는 오직 '시간적 연속, 사물의 진화와 관계에만 몰두'하는 세계이다.[7] 이렇게 노라는 기억과 역사 사이 차이 국면을 주목하면서 의미 이해의 심화를 도모하고 있다.

이에 비해 아스만(Assmann)은 기억과 역사의 구분보다는 기능기억과 저장기억이라는 용어를 사용하면서 역사도 또 하나의 기억임을 논의하였다. 즉, 아스만(Assmann)이 보기에, '역사와 기억은 상호 간에 배제하지도 않고 억압하지도 않아야 할 기억의 두 가지 양태'이다.[8] 기억과 역사는 두 가지 차원에서 상보적 양태를 지니고 있는데, 기억의 활성적 성질 측면에서 그러하다. 소위 '역사'는 비활성적 기억으로서 저장기억이고 '기억'은 활성적 기억으로서 기능기억이다.[9] 기능기억은 그 특징이 '집단 관련성, 선택, 관련 가치, 목적의식 등'에 있고, 저장기억은 '역사학문들이며, 이차적 질서의 기억' 즉, '기억들의 기억'으로 '현재와의 활성적 관계를 상실한 것을 기록'한다.[10] 따라서 기능기억은 뜨거운 감성의 흐름에, 저장기억은 차가운 이성의 질서 가까이에 있다면, 양 자 사이 상보성은 무엇인가?

아스만이 보기에 기억과 역사 사이가 양자택일 상황이 아닌 이유는, '저장기억'이 '다양한 기능기억의 콘텍스트'로 작동하기 때문이다.[11] '저장기억'은 '기능기억'의 맥락 체계가 되면서 '과거에 대한 협소한 관점들'을 교정해 줄 수 있다.[12] 기능기억은 '정치적인 요구와 관련되어 있거나 명확한 정체성을 부각'시

---

7   김인중 역, 「기억과 역사 사이에서」, 김인중 외 역, 『기억의 장소1: 공화국』, 파주: 나남, 2010, p.35.

8   A. Assmann, *Erinnerungsräume*, München, Beck: Verlag, 1999, 변학수 · 백설자 · 채연숙 역, 『기억의 공간』, 대구: 경북대학교 출판부, 2003, p.169.

9   변학수 외 역, 같은 책, p.169.

10   변학수 외 역, 같은 책, p.169.

11   변학수 외 역, 같은 책, p.178.

12   변학수 외 역, 같은 책, p.178.

키기 때문에,[13] '저장기억에 방향을 제시하고 동기를 유발'한다.[14] 요컨대, 아스만에게 기능기억과 저장기억은 '하나이면서 서로의 내적 차이의 다양성을 추구하며 외부로 발현하는 다양한 문화현상이 된다'.[15] 사회 전체로 볼 때 기능기억과 저장기억은 문화적 기억으로서 창조적 혁신의 구성요소로 작동할 수 있다.

> "끊임없는 혁신의 가능성은 기능기억과 저장기억 사이의 경계선이 허물어져 상호 왕래할 때이다. 이러한 경계가 허물어지면 질수록 요소들의 교환과 의미모형의 전환이 더 쉽게 이루어진다. 그러나 그 반대의 경우에는 기억의 경직이 우려된다. 만일 두 기억들 사이의 경계가 벽으로 가로막혀 있게 되고, 사용되지 않은 것들, 이를테면 선택, 모순, 상대화와 비판적인 요구사항과 같은 잠재적인 비축고로서의 저장기억이 폐쇄된다면 변화의 여지는 없어지고 기억의 절대화와 원리주의에 빠지게 된다".[16]

결국 기능기억과 저장기억 사이에는 창조적인 긴장 관계가 있는 셈이다. 기능기억은 활성적 기억으로서 정치적인 이념 효과를 가질 수밖에 없기 때문에 매우 역동적인 속성을 가지지만 비활성적 기억으로서의 저장기억이라는 지속적인 조회체계 속에 자리하면서 건강한 생명력을 검증받아야 한다. 또한 저장기억은 사회의 지속가능성을 위하여 '문화적인 지식을 보존하고 비축하고 추론하고 순환시키는 제도를 통하여 지원'을 받는다.[17] 이상과 같은 논의의 맥락에

13　A. Assmann, *Erinnerungsräume*, München, Beck: Verlag, 1999, 변학수 · 백설자 · 채연숙 역, 『기억의 공간』, 대구: 경북대학교 출판부, 2003, p.177.

14　변학수 외 역, 같은 책, p.180.

15　변학수 외 역, 같은 책, p.180.

16　변학수 외 역, 같은 책, p.177.

17　변학수 외 역, 같은 책, p.178.

비추어 보건대, 보훈문화교육은 기능기억의 행위에 보다 가까운데 그 이유는 국가 정체성의 확립을 추구하고, 시민교육의 차원에서 정치사회화를 도모하고 있기 때문이다. 따라서 저장기억의 차원과 지속적으로 긴장 상태를 유지하면서 우리 사회에 요구되고 있는 문화적 기억의 프로그램으로 작동해야 할 것이다.

다음으로 기억과 장소 사이 의미 관계를 장소의 개념화 논의부터 시작해 본다. 장소라는 개념은 지리학의 아이디어로서 의미가 부여된 공간을 말한다. 이 때 의미 부여의 주체는 개인이나 집단 등이며, 경험의 퇴적물이 그 장소에 쌓인다. 즉, 장소는 여러 주체들의 입장에서 사회적 시간의 경험들이 누적되면서 발생한다. 이때 이러한 사회적 시간의 퇴적 상황을 기억이라고 부를 수 있다. 따라서 장소의 형성 과정에서 그 장소를 전유하는 주체들의 기억은 필수적으로 개입한다. 이렇게 장소의 의미 속에는 기억이라는 개념이 붙박혀 있다. 공간이 장소화되는 과정에서 주체들의 기억이 한 몫을 해낸다.

앞서 우리가 주목한 아스만은 그의 저술, 『기억의 공간』에서 기억과 장소의 관계에 대하여 논의하였다. 그가 보기에 장소는 기억의 실체화와 기여한다.

> "장소는 그것이 기억의 기반을 확고히 하면서 동시에 기억을 명확하게 증명한다는 것 이상의 의미가 있는 것이다. 장소들은 회상을 구체적으로 지상에 위치하면서 그 회상을 공고히 하고 증가할 뿐 아니라 인공물로 구체화된 개인과 시대 그리고 문화의 다른 것에 비해 비교적 단기적인 기억을 능가하는 지속성을 구현한다."[18]

기억이 필연적으로 회상이라는 심리적 현상이라고 할 때 이것은 다분히 추상적인 시간 활동이기 때문에 망각이나 불확실성의 한계에 봉착할 수 있다. 이

---

18 A. Assmann, *Erinnerungsräume*, München, Beck: Verlag, 1999, 변학수 · 백설자 · 채연숙 역, 『기억의 공간』, 대구: 경북대학교 출판부, 2003, p.392.

러한 한계 상황의 제약을 최소화시켜 줄 수 있는 매개체가 바로 장소이다. 즉 장소는 기억을 현재화해주는 공간적인 촉매제이며, 기억의 장소는 '시간을 멈추게 하고, 망각을 차단시키고, 사물의 상태를 고정시키고, 죽은 것을 불변의 것으로 만들고, 비물질적인 것을 물질적인 것으로 만드는' 역할을 수행한다.[19]

기억의 실체화 효과로서 장소에 주목할 경우, 기억이 가시적인 모습을 가지기 때문에 체계적인 사유의 대상이 될 수 있다. 그래서 노라는 기억을 장소화하면서, 즉, 기억의 장소를 역사학의 연구대상으로 포섭하면서 아스만의 경우처럼 기억과 역사 사이 상보적인 관계 설정을 시도하고 있는 것으로 보인다. 기억이 역사라는 차분한 응시의 대상으로 부각하면서 역사의 지평을 확장한다. 동시에 역사는 기억의 가치를 정당하게 평가하려는 시도를 행하면서, 기억의 정치 공간에 관여하게 된다.

한편, 기억의 장소들은 그 종류가 다양하여 여러 가지 형태의 분류하기가 가능한데, 해당 장소의 성질에 따라 그러하다. 노라는 장소의 물질적 측면과 기능적 측면에서 분류하기를 시도하였는데,[20] 이를 표로 정리하면 다음과 같다.

〈표 1〉 기억의 장소 분류 유형

구분	분류	사례
장소의 물질적 측면	휴대가능한 기억의 장소	이스라엘 민족의 율법서
	지형학적 기억의 장소	명확한 위치가 있는 경우─마자랭의 저택이었던 국립도서관
	기념비적 기억의 장소	기념상, 전사자 기념비

---

19 김인중 역, 「기억과 역사 사이에서」, 김인중 외 역, 『기억의 장소1: 공화국』, 파주: 나남, 2010, p.57.

20 김인중 역, 2010, 같은 책, pp.63-64.

구분	분류	사례
장소의 기능적 측면	체험을 겪는 사람들과 함께 사라질 장소	퇴역군인협회
	일시적이거나 교육학적인 장소	교과서, 사전, 유언장, 가정일기
	상징적 요소를 중요시 하는 장소	지배한 측: 화려하고 자신감이 넘치고 당당하고 위로부터 부과됨
		지배당한 측: 피난처, 자발적인 헌신의 신전 및 침묵의 순례지

노라는 기억의 장소를 물질적 측면, 기능적 측면에서 분류하여 다양한 기억의 장소들을 유형화의 시각에서 볼 수 있도록 했다. 이러한 기억의 장소들은 '액자 구조를 지닌 대상들', 즉, 이야기 속의 이야기를 품은 중층화된 내러티브 양상이다.[21] 그래서 기억의 장소들이 간직한 메시지의 차원에서도 유형 분류가 행해질 수 있는데, 그 전형적인 사례가 1차 세계대전에 참전한 프랑스 전사자 기념비이다. 1914년부터 1918년까지 전쟁을 기억하기 위한 전사자 기념비는 프랑스 각지에 조성되었고, 이것은 지역적 감성의 다양성을 보여주었다.[22] 앙투안 프로는 전사자 기념비의 유형론과 기호학을 네 가지 갈래로 제시하였는데, 공민적 기념비, 애국적 기념비, 애국적-장례 기념비, 순수 장례 기념비가 바로 그것이다.

공민적 기념비는 시민의 의무에 대한 복종을 명시하면서 종교적 표장을 피한다. 애국적 기념비는 강한 의지와 자부심에 기초하여 이상화된 애국주의를 표방한다. 애국적-장례 기념비는 애국주의와 종교 사이 결합을 추구한다. 한편 순수-장례 기념비는 조국에 대한 지시 기능은 없고 평화를 도모한다.

---

21 김인중 역, 「기억과 역사 사이에서」, 김인중 외 역, 『기억의 장소1: 공화국』, 파주: 나남, 2010, p.59.

22 A. Prost, Les monuments aux morts, P. Nora, *Les Lieux de mémoire(Tome 1-La République)*, Paris: Editions Gallimard, 2005, 문지영 역, 「전사자 기념비」, 김인중 외 역, 『기억의 장소1: 공화국』, 파주: 나남, 2010, p.196.

〈표 2〉 전사자 기념비의 유형론[23]

구분	특징
공민적 기념비	-간소함이 특징 -시민의 의무에 대한 복종과 기억의 의무를 동시에 명시함 -슬퍼하거나 애국적 자부심을 갖는 것은 각자의 자유로운 판단에 맡김 -종교적 표장들을 피함 -표준형으로 코민청을 굽어보는 위치에 건립
애국적 기념비	-공민적 기념비처럼 공공광장이 잘 보이는 사거리에 위치 -공화국적 애국심이 철저한 민족주의로 대체되기 위해서는 보조적 기호 필요(골 수탉 같은 알레고리적 성격) -애국주의는 이상화가 있음(강한 의지, 자부심 등)
애국적 장례 기념비	-기독교 지역에서 발견됨 -십자가와 깃발 조합(예수의 수난상과 유사) -애국심과 종교의 결합
순수 장례 기념비	-조국에 대한 지시기능이 없음 -전사자들의 희생을 명시적으로 정당화하지 않기 -평화주의 추구

이상에서와 같이, 살펴본 기억의 장소 유형 분류는 보훈문화 교육과정을 구성할 때, 시사점을 제시한다. 기억의 장소를 물질 및 기능 측면에서 분류하는 상황은 보문문화교육의 교재 구성시 해당 장소의 속성별 특징을 사유하도록 한다. 아울러, 전사자 기념비와 같은 상징적 장소의 경우, 그 장소의 경관이 창출하고 있는 메시지에 주목하면서 교재구성이 가능하도록 한다.

2. 장소학습과 기억의 페다고지

장소학습은 영어권에서 장소 기반 교육(Place based education)이라고 칭하는 접근법을 말한다. 장소기반교육은 '장소의 페다고지'라고도 칭하는데, 핵심적인

23 문지영 역, 「전사자 기념비」, 김인중 외 역, 『기억의 장소1: 공화국』, 파주: 나남, 2010, pp.196-203의 내용을 표로 요약.

아이디어는 학습자의 삶의 장소를 중심으로 학교교육의 실제를 모색하는 움직임을 말한다. 이러한 움직임은 근대교육사의 흐름 속에서 소위 경험중심 교육과정 운동을 통해서 적극적으로 도모되었던 시도이며, 학교와 지역사회의 관계를 중시하는 듀이(Dewey)의 교육사상과도 의미의 친화성이 있다.[24] 이른바 학습자 중심의 교육론이라고 말할 수 있는 진보주의 교육사상의 흐름 속에서 뚜렷한 주제 의식으로 나타난 교육실천의 조류로 장소 기반 교육이 위치한다.

장소기반교육은 학교교육의 내실화를 위한 심리적인 처방 즉, 교육방법 차원에서의 학습자 중심 접근법만을 의미하지 않는다. 이 접근법은 교육내용 측면에서 융합교육의 주제를 표방하고 있고, 이 주제는 학습자의 삶의 공간 속에서 작동하고 있는 의미의 세계이기 때문에 교육내용 측면에서도 학습자 중심 접근법이라는 의의를 가진다. Gruenewald는 장소의 페다고지를 장소-의식 교육(place conscious education)이라고 명명하면서 크게 세 가지 측면에서 접근 유형을 설정하고 있는데, 자연사 교육, 문화 저널리즘 교육, 실행연구를 통한 학습자의 참여와 문제해결에 주목한다.[25] 여기서 자연사 교육은 자연 생태계에 대한 경이로움, 이해, 연결 그리고 심지어 사랑의 인식을 고양시키면서 장소들에 대한 학습과 돌봄을 강조한다. 문화저널리즘은 지역사(local history) 교육을 말하며, 이것은 교사 및 학생과 지역사회의 문화적인 삶 사이 연결고리를 창출하며 Wigginton의 폭스파이어(Foxfire) 프로그램에서 전형적인 모습을 찾을 수 있다.[26] 한편, 장소기반교육을 위한 실행연구의 중요성은 교사와 학생들이 문제해

24 S. R. Jayanandhan, John Dewey and a pedagogy of place, *Philosophical Studies in Education*, 40, 2009, pp.104-112.

25 D. A. Gruenewald, Foundations of place: a multidisciplinary framework for place-conscious education, *American Educational Research Journal*, 40(3), 2003, p.638.

26 E. Wigginton, *Sometimes a Shining Moment: the Foxfire Experience*, New York: Anchor Press/Doubleday, 1985; E. Wigginton(ed.), *Foxfire: 25 Years,* New York: Doubleday, 1991, 김복영, 「문화연

결자 및 장소 만들기의 주체들로 참여하도록 한다는 점에 있다.[27]

장소의 페다고지는 학습자가 직접적으로 직면한 장소에만 국한하지 않고, 보다 확장된 세계와의 연결도 중시한다. 즉 학습자들은 장소학습을 통해 가까이에 있는 장소에만 머물지 않고, 먼 장소의 의미 이해까지 나아가야 하는데, 그 이유는 이러한 먼 곳의 세계도 학습자들이 여러 가지 경로로 상호작용하고 있기 때문이다.[28] 이러한 발상은 앞서 주목한 자연사 교육 및 문화저널리즘의 시각과 무관하지 않다. 지역의 자연사는 지구 생태계의 일부이고, 로컬 히스토리는 보다 넓은 스케일의 역사와 모종의 관계를 맺고 있기 때문이다. 그리하여 장소학습은 글로벌교육 혹은 지구시민교육의 문맥에서 조망이 가능하면서 그 교육적 가치를 확대할 수 있다.

장소의 페다고지는 교육내용의 측면에서 가지는 학습자 친화성 때문에 그 효과가 상당하지만, 수업실천의 전략 수립 차원에서도 정교한 모색이 요청되고 있다. Knapp은 장소학습의 방법을 탐색하였는데, 생태론자 레오폴드(Leopold)가 추구한 장소의 페다고지를 부각시키면서이다.[29] 그는 장소학습의 활동 전략을 10가지로 정식화하였다. 즉, 궁금해하기와 질문하기, 로컬 역사를 알기, 계절 변화들을 관찰하기, 집중해서 듣기, 셈하기와 측정하기, 자연에 대한 감정이입 및 자연을 인격화하기, 순환 주기 속에서 요소들을 연결하기, 아름다움을 발견하기, 성찰을 위하여 고독을 추구하기, 대지의 건강을 개선하기 등이다. 각 활동별 세부 내용은 〈표 3〉과 같다.

구를 통한 교육과정 연구의 모색」, 『홀리스틱교육연구』, 제11권 제2호, 2007, pp.1-14.

27   D. A. Gruenewald, Foundations of place: a multidisciplinary framework for place-conscious education, *American Educational Research Journal*, 40(3), 2003, p.640.

28   D. Hutchison, *A Natural History of Place in Education*, New York: Teachers College Press, 2004, p.43.

29   C. E. Knapp, The "I-Thou"relationship, place-based education, and Aldo Leopold, *Journal of Experiential Education*, 27(3), 2005, pp.277-285.

〈표 3〉 장소학습의 활동 전략[30]

구분	특징
궁금해하기와 질문하기	야외에서 관찰되는 것을 질문하고, 관찰되는 것이 주변의 요소들과 어떻게 관련되는지를 궁금해 하는 것은 인식을 확장시킬 수 있다.
로컬 역사를 알기	과거와 현재의 인간이 대지(land)를 사용한 증거들을 조사하고 로컬 역사에 대한 단서들이 해명될 수 있다.
계절 변화들을 관찰하기	관찰자들은 계절과 그에 따른 변화를 의식함으로써 현재 일어나고 있는 일들을 발견할 수 있다.
집중해서 듣기	탐방로를 따라 주기적으로 멈춤으로써 생태계의 요소들과 더 많은 관계들을 맺을 수 있다.
셈하기와 측정하기	간단한 셈하기와 측정하기 연습들은 주위 환경에서 매력적인 계시를 가져올 수 있다.
자연에 대한 감정이입 및 자연을 인격화하기	환경의 생물 및 무생물 요소들과 관계하는 한 가지 방식은 그것들을 공감할 가치가 있는 "인격체들"로서 상상하는 것이다.
순환 주기 속에서 요소들을 연결하기	자연과 문화가 상호연결된 순환 혹은 주기들로서 보여질 때와 그것들의 구성요소들이 주의 깊게 고려될 때, 새로운 발견들이 종종 일어난다.
아름다움을 발견하기	아름다움이 눈에 들어오려면, 그것을 찾고 발견할 수 있는 시간을 따로 마련해야 한다.
성찰을 위하여 고독을 추구하기	집단으로부터 벗어나 나홀로 시간이 장소의 의미들을 흡수할 성찰 기회를 제공하며 삶의 과정에서 인간성의 역할을 고려하도록 한다.
대지의 건강을 개선하기	액션 프로젝트들이 신체적으로, 지적으로, 그리고 감성적으로 만족을 줄 수 있으며 대지와 지역사회에 도움을 줄 수 있다.

위 10가지 학습활동의 유형은 장소학습의 실체화에 기여한다. 아울러, 장소학습의 특성을 각각의 유형 측면에서 잘 드러내 보인다. 장소학습의 실천가 입장에서는 특정 장소를 중심으로 단원 학습의 계획을 수립할 때 의미있는 고려사항이 될 수 있겠다.

다음으로 장소학습의 방법 측면에서 시사점을 주는 논의는 켈리(Kelly)가 학

---

30 C. E. Knapp, 같은 논문, pp.281-283.

생 에이전시(student agency) 논의 측면에서 장소학습을 재개념화한 사례이다.[31] 이것은 학생 개개인의 역량 함양만이 아니라 구조 변혁의 주체로 학습자를 위치지우는 문제설정으로 보인다. 이 논의는 장소학습이 기존 질서의 재생산에 머물 수 있는 한계를 돌파하도록 해준다. 요컨대, 켈리(Kelly)는 장소-의식의 페다고지를 비판적으로 재개념화하고 있으며, 이러한 재개념화의 방향은 학생들의 성취 결과물을 개선하는 측면에서 그러하다. 즉, 성공적인 장소 의식의 페다고지는 해방적이고 변혁적인 가르침이며, 이러한 판단의 근거는 학생들이 개인적이고 사회적인 변화의 에이전트로서 자신의 능력을 증진시킬 수 있다는 점이다. 또한 학생들의 이러한 변화 추동 능력은 장소 애착, 즉, 지역사회에 대한 돌봄과 환경 관리 의식을 이끄는 정서적 친밀감들에 기초한다.[32] 켈리(Kelly)의 시각에서 잘 나타나고 있듯이, 장소학습은 사회 재생산의 관점에서 보수화될 수 있는 우려가 있지만, 장소 애착으로 발생하고 있는 정의적인 차원이 사회의 재구조화라는 능동적인 의미의 질서 구축으로 나아갈 수 있는 여지가 보인다.

한편, 장소학습은 보다 구체적인 실천 주제로 기억의 페다고지를 추동하고 있다. 그 이유는 장소가 품고 있는 사회적인 의미의 켜 혹은 기억의 지층 때문이다. 특정 장소 속에 자리하고 있는 경관은 사회적인 퇴적물로서 일정한 메시지의 발신을 행하고 있다. 즉, 장소는 역사경관을 간직하면서 기억의 장소로 구체화된다. 이때, 역사경관은 여러 사회집단들의 기억 방식을 나타낸다고 할 때, 그 기억의 방식들이 가지는 상호 관계가 논쟁을 야기하기도 한다. 예컨대, 조선총독부 건물의 철거를 둘러싼 의미의 경합이 대표적인 사례이다.[33] 결국, 해당

---

31   D. Kelly, A critical conceptualization of place-based pedagogy, *European Journal of Curriculum Studies*, 5(1), 2019, pp.732-741.

32   D. Kelly, 같은 논문, p.738.

33   윤홍기, 『땅의 마음』, 서울: 사이언스북스, 2011, pp.237-267.

건물이 가지고 있는 식민지 경관으로서의 강한 상징성이 철거의 명분으로 작동하였다. 특정 장소의 경관이 가지고 있는 기억의 방식이 사회적인 담론화 과정을 통하여 비판적인 해석의 대상이 되고 있는 것이다.

이렇게 장소의 경관이 가지고 있는 의미의 경합 양상은 학교교육에서 기억의 페다고지를 연출시킨다. 즉, 역사경관이 가지고 있는 의미 관계를 중심으로 여러 가지 기억의 방식이 있다면, 교사는 학생들에게 어떤 기억의 문법을 가르쳐야 하는가라는 교육과정 의사결정 상황이 부상하는데, 이것은 전형적으로 기억의 페다고지에서 다루어야 하는 쟁점이다. 국가보훈의 정신을 미래 세대에게 가르칠 때, 추상적인 관념을 전달하는 방식은 한계가 있다. 학습자의 발달 처지에 비추어 볼 때, 보훈의 정신세계가 이념과잉화되기 때문이다. 그래서 역사적 장소학습의 측면에서 접근할 경우, 그 장소의 경관이 가지는 구체적인 물질성으로 인하여 학습자의 흥미를 유발하고 이해 가능성을 높일 수 있다. 그러나 보훈문화교육은 역사적 장소의 경관 학습으로 진행할 경우에도 해당 경관을 기억의 레파토리 구성 방식으로 보고 진중한 교육과정 의사결정이 수행되어야 한다고 본다.

기억의 페다고지는 세계 여러 지역에서 다양한 사례를 매개로 인류 문화의 지속가능성을 지향하면서 실천되고 있다. 전형적인 사례로 2차 세계대전 중 발생한 홀로코스트 사건이 교육의 과정 속에서 다루어지는 경우이다. 인류가 경험한 충격적이고도 비극적인 현대사의 사건이었고, 기억의 페다고지 측면에서 널리 교재화가 행해지고 있다. 예컨대, 가드너(Gardner)는 이해를 위한 교육과정 구성 사례로 '홀로코스트'를 제시하고 있다.[34]

---

34 H. Gardner, *The Disciplined Mind*, New York: Simon and Schuster, 2000, 류숙희 역, 2015, 『인간은 어떻게 배우는가?』, 서울: 사회평론, 2015.

"홀로코스트에 대해 완전한 역사적 지식을 얻는 것과 이를 도덕적 차원에서 이해하는 것은 다르다. 실제로 이 사건을 도덕적 차원에서 이해하기 위해서는 예술작품이나 개인적 기억 혹은 추모비를 연구하는 것이 더 효과적일 수 있다. 역사학자들이 도덕적 판단을 위한 특권을 가지고 있는 것이 아니며, 우리 모두 그러할 권리와 의무가 있다. 내가 보기에 중요한 점은 도덕적 문제들은 인간이 행한 구체적인 사건을 통해 가장 잘 접근할 수 있다는 것이다. 우리는 이러한 사건들을 상세하게 이해해야 하고, 그럼으로써 우리의 결정과 행동을 그에 비춰봐야 한다. 홀로코스트는 미국 노예제도와 기독교적 자선과 마찬가지로 개인의 문제가 아닌 모든 인류의 일이다."[35]

가드너가 보기에, 홀로코스트와 같은 사건은 인류사의 충격이며, 역사적 인식의 대상만이 아니라 인간에 대한 이해의 관점에서 다가서야 한다. 즉, 이 사건은 과거의 사안이기는 하지만 순전히 역사교육의 차원으로만 다루어서는 곤란하고 도덕교육의 측면에서 다각적인 접근을 시도해야 한다. 예술작품, 안네의 일기와 같은 개인적 기억, 추모비와 같은 사회적 기억물을 매개로 인간의 입장에서 도덕적 판단을 수행해야 할 교육적 사안인 것이다. 우리 시대 시민교육, 도덕교육, 인간교육의 차원에서 홀로코스트의 의미를 학습자들이 이해할 수 있도록 교육과정을 제공할 수 있는데, 이는 전형적으로 기억의 페다고지 양상이라고 말할 수 있겠다.

기억의 페다고지 상황은 태평양 전쟁 사례에서도 나타나고 있다. 이 사례에서 주목할 점은 전쟁을 촉발시킨 당사자의 입장에서 직면한 딜레마들이다. 2023년 한국사회교과교육학회와 일본전국사회과교육학회는 공동세미나를 통하여 '사회과수업에서 가르치기 어려운 테마를 가르치기'라는 주제를 다루었다.

---

35 류숙희 역, 2015, pp.281-282.

이 세미나에서 일본측 발표자 중 가고시마 대학 소속 이와사키 게이스케 교수는 "'가르쳐야 하지만 '파고들 수 없다'—특공(特攻)을 가르치는 것에 대한 사회과교사의 갈등"이라는 주제 발표를 하였다.[36] 여기서 말하는 특공은 태평양 전쟁 막바지에 나타난 카미카제 자살 특공대이며, 이들의 활동상은 가고시마현에 위치한 '지란 특공 평화회관'(Chiran Peace Museum)에서 널리 기억되고 있다. 가고시마 지역 학생들은 이 평화회관을 현장학습하면서 카미카제 특공대의 참전 상황을 기억하는데, 발표자는 이 특공대의 활동상을 가르치기 어려운 사안으로 보고 있다. 즉, 특공대의 출격은 가고시마 현의 지란 지역에서 이루어졌고, 그 기억의 장소들이 산재해 있는 상태이고, 기억의 방식들은 박물관을 통하여 체계화되어 있다. 그런데, 이 지역의 교사들은 특공대의 활동을 '가르쳐야 하지만 깊이 있게 다루기에는 어려움이 발생한다는 입장이다. 깊이 있게 다루기가 어렵다는 점은 다분히 태평양 전쟁에서 가해자 처지가 부각되기 때문일 것이다. '전쟁의 비극은 절대로 반복되어서는 안된다'는 관점에서 평화회관을 만들었고, 특공 대원들의 참전상을 마냥 미화할 수만 없는 상태로서, 이 역시 전형적으로 기억의 페다고지 관점에서 논의가 가능한 사안이다. 요컨대, 가고시마 지역 교사들은 특공 대원들의 활동을 찬양할 수 없는 처지에서 전쟁의 비극이 되풀이되지 않도록 미래 세대에게 교육을 행해야 할 상황이며, 합리적인 접근법은 기억의 페다고지로서 교육과정 의사결정이 숙의되어야 한다.

지금까지의 논의에 기초하여 볼 때, 국가보훈의 정신을 후손들에게 학교에서 가르치기 위해서는 단순히 역사적 사건의 이해 차원에만 머무는 것이 아니라 인류 문화의 지속가능성 및 인권과 평화 옹호 등과 같은 시민교육의 논리 차원에서 재개념화가 시도되어야 할 것이다. 또한 학생들에게 이념의 주입을 행하

---

36   https://www.kasse.or.kr/bbs/reference/736 에서 자료를 확인할 수 있음.

는 관념적인 교육이 아니라 보훈문화의 장소들을 다차원적 맥락에서 이해할 수 있는 장소기반교육의 접근 방법이 유효해 보이며, 보다 구체적으로 특정 장소의 경관을 중심으로 기억의 페다고지 관점에서 교육을 행하는 교사의 교육과정 소양(curriculum literacy)이 강조되어야 하겠다.

〈자료〉 지역별 보훈문화교육의 장소 선정와 학습 주제 사례

다음의 자료 사례는 지역의 맥락에서 보훈문화교육을 실천하려는 구상의 일부이다. 서울 지역 11개 교육지원청별로 보훈 정신의 범주인 독립·호국·민주의 의미가 나타나고 있는 역사적 장소와 보훈문화교육 학습자료의 주제 사례는 〈표 5〉와 같다.[37] 서울의 11개 교육지원청별 지역의 보훈 장소로, 독립 유형에 해당하는 장소 24곳, 호국 유형에 해당하는 장소 8곳, 그리고 민주 유형에 해당하는 장소 2곳이 선정되었다.

〈표 4〉 지역별 보훈문화교육의 장소와 학습주제

교육청	유관 구청	보훈 장소	학습 주제	보훈 유형
서부	서대문구	서대문형무소역사관	시민과 함께 숨 쉬는 서대문형무소역사관	독립
	마포구	마포전차종점 3.1운동기념터	만세운동의 열기가 어린 곳, 마포전차종점 3·1운동 기념터	독립
	은평구	진관사	우리 지역에 벌어진 '낯선 태극기' 소동	독립

---

37   남호엽·차보은·조현기·김보매·문금명·이지혜, 『지역의 역사적 장소에 기반 보훈문화교육 학습자료 개발』, 서울교육대학교 연구보고서, 2024, pp.22-23.

교육청	유관 구청	보훈 장소	학습 주제	보훈 유형
남부	영등포구	구 종연방적 터, 구 기린맥주 터, 구 경성방직 터	세상이 몰랐던 독립의 불꽃, 이병희	독립
		이탈리아 의무부대 참전비	의료진을 파견하여 도운 이탈리아	호국
	구로구	유한공업고등학교	어떻게 살 것인가, 나눔의 대가(大家) 유일한	독립
	금천구	시흥초 3·1 독립운동 발원지 기념비	어린이가 당긴 독립의 불씨, 시흥보통 공립학교 동맹 휴업	독립
동부	동대문구	동대문구 참전유공자명비	동대문구 참전유공자명비를 통해 안보 의식 기르기	호국
	중랑구	망우역사문화공원 내 유관순 열사분묘	유관순열사의 묘소를 찾아라	독립
		망우리 13도 창의군탑	일제의 국권 침탈에 맞선 적극적 의병 운동의 상징, 13도창의군탑	독립
북부	도봉구	창동역사문화공원	창동에 사자가 살았다구요? 창동 3사자 이야기	독립
		평화문화진지	평화문화진지, 흉물 아파트가 시민 휴 식의 공간으로	호국
	노원구	육군사관학교 내 안중근 장군 동상	동양 평화를 위해 쏘다, 안중근	독립
중부	종로구	탑골공원	탑골공원에 울려 퍼진 대한 독립 만세	독립
	중구	장충단공원	독립과 자유의 동상이 안내하는 장충단 호국의 길	호국
	용산구	전쟁기념관	평화를 지키기 위한 희생을 생각하다, 전쟁기념관	호국
강서 양천	강서구	2.8공원	2·8 독립선언의 독립정신을 기억하다, 2·8공원	독립
		국립항공박물관	조국의 독립을 꿈꾸며 하늘을 날았던 항공독립운동가	독립
	양천구	양정고 참전유공자 명비	양정중·고등학교 참전 유공자 명비	호국

교육청	유관 구청	보훈 장소	학습 주제	보훈 유형
동작 관악	동작구	국립현충원 내 학도의용무명 용사탑	나라를 지키고자 노력한 학생들에 대한 기억, 학도의용무명용사탑	호국
		삼일공원	3.1운동에 적극적으로 참여한 여성들	독립
	관악구	서울대학교 사범대학 역사관 박은식 선생 흉상	독립운동가이자 구한말 교육자 백암 박 은식 선생	독립
성동 광진	성동구	뚝섬만세기념비	뚝섬, 뚝도리 만세운동이 퍼지다.	독립
		세촌마을	새촌 마을에 살고 있어요	독립
	광진구	워커장군 기념비	워커 장군을 아세요?	호국
강동 송파	강동구	상일리 만세 광장	상일리 만세 광장	독립
		해공 도서관, 해공 신익회 선생 동상	해공을 통해 만나는 임시정부	독립
	송파구	김마리아 기념관	김마리아, 새로운 발견	독립
강남 서초	강남구	도산 안창호 기념관, 도산공원	도산 안창호 독립을 말하다.	독립
		매헌 윤봉길 기념관	윤봉길, 독립 운동을 외치다	독립
	서초구	심산 김창숙 기념관	심산 김창숙 기념관	독립
성북 강북	성북구	한용운 심우장	심우장과 님의 침묵	독립
	강북구	4.19 묘지 및 기념관	4월 19일의 함성을 찾아	민주
		근현대사 기념관	근현대사를 기념하다.	민주

〈강동구 상일리 만세광장과 장소학습의 모습〉[38]

---

38 남호엽 · 차보은 · 조현기 · 김보매 · 문금명 · 이지혜, 2024, p.20.

일본 사회과에서 지역학습의 실천 동향: 도쿄 지역 사례 연구

Ⅰ. 서론

지리교육은 삶의 무대로서 지표공간의 이해에 초점이 있다. 학습자에게 삶의 무대는 다양한 스케일에서 다가선다. 학습자의 직접적인 경험을 근간으로 하는 신변지역의 경우, 심리적인 친밀도를 간직하고 있는 상태이기 때문에 학습의 용이함이 있다. 아울러, 직접적인 생활무대로서 지역의 지리 인식은 미지의 세계로 나아가기 위한 지적 출발이라는 의의도 있다.[1] 지리교육이 세계를 인식하는 교육으로서의 성격이 있다고 했을 때, 학습자가 살아가고 있는 신변지역은 그러한 세계인식의 출발점인 것이다. 요컨대, 일상적 수준에서 지역의 존재 인식은 지리교육의 시작점인데, 이것이 나중에 학문적 수준으로 이행할 수 있는 기반이 되기도 한다.[2]

한편, 학습자의 직접적인 생활무대인 신변지역은 여러 규모에서 파악할 수 있다. 신변지역은 학교 주변과 마을, 고장과 지역 등을 고려할 수 있으며, 이들은 그 외부 세계와의 관계성을 확보하고 있다. 동시에 신변지역 내부 역시 단순한 공간 확대의 차원만은 아니고 내적인 관계성이 작동한다. 이러한 관계성 차

1　J. Dewey, *Democracy and Education*, New York: Macmillan, 1916, 이홍우 역, 『민주주의와 교육』, 서울: 교육과학사, 1996, p.332.

2　조성욱, 「지리교육에서 지역규모 인식」, 『한국지리환경교육학회지』, 13(1), 2005, p.141.

원으로 볼 때, 신변지역은 학습자에게 있어서 세계인식의 심리적인 기반 역할로만 사고할 수 없다. 세계인식의 정교화 및 역동성 측면으로도 고려할 수 있는 것이다.[3] 즉, 세계인식을 통한 지리적 자아의 발달이라는 측면에서 신변지역은 적극적인 고려대상이다. 이러한 지역인식의 스케일 규모에 관한 사고는 최근 글로컬 시대의 사회적 관계를 볼 때 더욱 중대하다. 글로컬 교육의 측면에서 볼 때 신변지역에 대한 재개념화도 필요한 상황이다.

또한 지역학습은 지역에 대한 단순한 기술에서 벗어나 지역성 형성 요인에 대한 학습으로 나아가야 한다.[4] 지역의 고유성을 촉발시키고 있는 제 요인에 대한 학습을 추구하고, 해당 요인들 사이 관계 파악으로까지 나아갈 수 있어야 한다. 요컨대, 지역학습은 향후 학습사례 지역과 다른 지역 사이에 나타나는 차이의 국면들에 대한 사고까지 다루도록 한다. 학습자들은 지역의 개성에 대한 파악에 기초하여 해당 지역에 대한 소속감 형성까지도 가능할 수 있다. 이른바 지역학습이 지역정체성 형성까지 추구할 수 있다면 풀뿌리 민주주의 교육의 기반으로서 그 역할 수행이 충분하다.[5]

이상에서와 같이, 지역학습이 세계인식교육에서 가지는 위상을 고려하건대, 그 의의에 대한 강조는 새삼스러울 것이 없다. 관건은 지역학습의 의의를 고려하여 내실 있는 실천을 위한 다각적인 시도이다. 현장실천가의 입장에서 볼 때, 지역학습에 관한 논의들은 실제 사례를 매개로 다양하게 전개되면 될수록 유익함이 있다. 일반적인 원리에 대한 이해만으로 사례 지역에 의미있는 실천을 도

3   심광택, 「지역인식과 지리교과서의 지역기술」, 『한국지리환경교육학회지』, 14(4), 2006, pp.369-370.

4   김일기, 「지지 교육의 제문제」, 석천 이찬박사화갑기념논문집 간행위 편, 『지리학의 과제와 접근방법』, 교학사, 1983, p.613.

5   김일기 · 남호엽, 「지역학습에 있어서 민족정체성과 지역정체성의 관계」, 『대한지리학회지』, 37(4), 2001, pp.483-484.

모하기에는 한계가 있다. 각 지역이 본래적으로 가지고 있는 특수성 때문이다. 이러한 측면에서 볼 때, 지역연구의 다양성만큼이나 지역학습의 실천 방식 모색에도 다채로움이 있을 것이다. 이 연구는 일본 도쿄 지역에서 행해진 지역학습의 실천 사례에 주목하면서 접근 방식의 의미를 논의하는데 목적이 있다. 특히, 국가 수준의 교육과정에서 명시한 지역학습의 아이디어가 현장 교사에 의해 상세화되고 맥락화되고 있는 국면 이해에 초점을 두고 있다.

II. 일본에서 지역학습을 보는 시각

1. 지역학습의 의미와 논리

일본에서 지역학습의 의미는 광의와 협의의 차원으로 구분이 되고 있다. 넓은 차원의 지역학습은 지역의 특색 혹은 지역성 이해를 추구하는 경우이다. 좁은 차원의 지역학습은 학습자의 직접적인 생활 무대, 즉, 신변지역을 학습의 대상으로 하는 경우이다. 그리고 좁은 차원의 지역학습은 초 · 중 · 고등학교 전체에 적용되고 있으며, 역사학습에서 고려하고 있는 지역학습 역시 신변지역학습을 말한다.[6] 따라서, 교육의 과정에서 포섭되고 있는 지역의 의미는 발상에 따라 차별성이 있다. 학습자가 발 딛고 서 있는 생활공간의 이해에서부터 타 지역 및 외부세계의 지역성 파악까지 여러 접근 방식이 가능하다.

한편, 초등학교 지역학습은 관심의 초점에 따라 세 가지 접근 유형이 있다. 戶田浩暢은 초등학교에서 지역학습의 의미를 '지역에서 살아가는 사람의 이해'에 초점을 두고 있다.[7] 즉, 지역학습은 지역의 사회기능을 이해하고 지역

---

6   澁澤文隆, 「地域学習」, 日本社会科教育学会 編, 『社会科教育事典』, 東京: ぎょうせい, 2012, p.96.

7   戶田浩暢, 「地域学習(1): 地域に生きる人の理解」, 全国社会科教育学会 編, 『社会科教育実践ハンドブック』, 東京: 明治圖書, 2011, pp.45-48.

사회에 참여하는 자세의 확립으로 나아가며, 이 과정에서 자기 주도성이 필수적이다.

> "지역에 사는 사람의 이해를 꾀하기 위해서는 어린이 자신이 지역에 살고 있는 사람의 궁리와 자세를 정확히 이해해, 설명 가능하도록 하는 것과, 어린이 한 사람 한 사람이 지역학습에 있어서 조사한 것과 생각한 것을 정리 · 분석 · 비교 · 검토 · 추론하는 것 등을 통해서, 자기 나름의 사회적 사상(事象)에 대한 생각하는 방법 · 사고하는 방법을 성장시켜, 사상(事象)에 대한 이해를 깊어지게 하는 것이 요청되고 있다. 특히, 남아 있는 과제는 지역에 사는 사람의 이해를 깊게 하는 학습을 통해서 지역사회로의 참여 자세를 생각하도록 한다."[8]

지역사회에 참여하는 자세의 확립이라는 태도 목표는 '어린이 한 사람 한 사람이 지역학습에 있어서 조사한 것과 생각한 것을 정리 · 분석 · 비교 · 검토 · 추론하는' 등 구체적인 사고활동에 기초한다.[9] 동시에 지역학습의 대상은 지역사회 구성원들이 추구하는 삶의 형식에 관한 이해에 있다.

다음으로, 松本康은 지역학습을 '생활문제의 해결' 측면에서 초점화하고 있다.[10] 특히, 지역학습 중에서 신변 정치의 구체적인 사실을 다루고 있다. 즉, 지역에서 '살아있는 인간의 소망의 존재와 이해(利害)의 대립에 주목, 그 조정과 합의 형성의 프로세스에 눈을 향하는 정치과정의 학습'을 추구하고 있다. 요컨대, 어린이가 직면하고 있는 생활상의 문제를 학습의 대상으로 포섭하고 이것의 해결 과정을 통해서 지역을 이해하도록 하는 발상이다. 戸田浩暢의 논의와

---

8 戸田浩暢, 같은 책, p.48.

9 戸田浩暢, 같은 책, p.48.

10 松本康, 「地域学習(2): 生活問題の解決」, 全国社会科教育学会 編, 『社会科教育実践ハンドブック』, 東京: 明治圖書, 2011, pp.49-52.

대비하자면, 사회기능의 학습에서 사회쟁점의 학습으로 이동한 면이 있는 셈이다. 공통점은 학습자의 자기 주도성을 기본 뼈대로 하고 있는 것이다.

지역학습을 향토학습의 관점에서 개념화하는 木村勝彦 등의 입장이 있다.[11] 즉, '사람의 살아가는 방식에 공감하는 수업'으로서 향토학습을 규정하고 있다. 이 입장은 지역의 역사적 이해에 초점이 있으며, 특히, 국가 수준의 교육과정에서 의도하고 있는 '지역사회에 대한 자랑과 애정'의 형성을 겨냥하고 있다. 인간이 살아가는 방식에 대한 공감이 목표이기에 인물학습의 접근법을 권장하고 있다. 즉, 지역에서 살아 간 지난 과거의 인물을 사례로 하여 그의 소망·궁리·노력·고심을 어린이들이 생각하도록 한다. 따라서, 木村勝彦 등의 경우, 지역학습은 곧 향토학습이다는 발상 속에서 학습자들이 지역에 대한 자부심을 가진 주체로 성장하도록 의도하고 있는 것이다. 한편, 향토학습은 정체성 교육의 차원에서도 고려 가능하다. 고향이라는 말이 의미하는 것처럼 향토는 정서적인 동일시의 공간이며, 집합적인 기억을 야기한다는 점에서 정체성의 공간이기 때문이다.[12] 여기서 동일시의 대상은 지역의 인물이외에도 문화경관과 사회적 관행 등에 주목할 수 있다.

이상과 같이 일본에서의 지역학습 유형을 정리하자면 아래 표와 같다. 세 가지 유형의 지역학습은 그 의미와 세부적인 특징에서 차이가 있다. 지역학습(1)의 경우, 지역의 사회기능에 대한 이해를 추구한다. 지역학습(2)는 생활에서 직면하는 지역의 문제해결에 초점이 있다. 향토학습은 지역에 대한 동일시 학습을 통해 자긍심을 가지도록 한다.

---

11 木村勝彦 外,「郷土の学習」, 全国社会科教育学会 編, 『社会科教育実践ハンドブック』, 東京: 明治圖書, 2011, pp.53-56.

12 成田龍一, 『故郷という物語-都市空間の歴史学』, 東京: 吉川弘文館, 1988, 한일비교문화세미나 역, 『고향이라는 이야기-도시공간의 역사학』, 서울: 동국대학교 출판부, 2007, pp.15-18.

<표 1> 지역학습의 유형

유형	의미	특징
지역학습(1)	지역의 사회기능 이해	지역사회 주민들의 삶의 형식을 자기 주도적으로 이해하고 참여 자세를 확립한다.
지역학습(2)	생활문제의 해결	지역의 문제해결을 통해 정치 과정의 학습이 가능하도록 한다.
향토학습	지역 주민이 살아가는 방식에 공감하는 수업	과거의 인물, 문화경관, 사회적 관행에 동일시하면서 지역사회에 대한 자랑과 애정을 형성하도록 한다.

이 세 가지 유형의 공통점은 학습자의 사고 과정을 중시한다는 발상이다. 어린이가 주도적으로 활동하는 학습 과정을 통하여 지역을 이해하도록 하고, 더나아가 그 지역의 주체로 성장하도록 하는데 방향성이 있다. 요컨대, 신변 주변이라고 하는 지역사회의 교수론적 특징을 최대한 고려하고 그 교육적 효과를 다각화하고 있다. 아울러, 신변 지역학습을 통하여 향후 행해질 사회인식교육의 기반을 정초하고 있다는 점도 주목할 만하다.

2. 국가 수준의 교육과정에서 추구하는 지역학습

국가 수준의 교육과정에서 나타나고 있는 지역학습의 접근 방식을 살펴보도록 한다. 학습자가 살아가고 있는 생활무대가 지역학습의 대상으로 포섭되는 경우는 초등학교 3 · 4학년 사회과와 중학교 사회과 중 역사적 분야와 지리적 분야에서이다.

1) 지역 범위의 설정과 지역학습의 지향

초등학교 3 · 4학년 학생들에게 학습의 대상으로서 지역은 '자신들이 살고 있는 신변지역과 시(구 · 정 · 촌)'이며, 신변지역은 학교 주변 지역을 출발하여 학생들이 직접적으로 관찰가능한 범위를 말한다.[13] 학교 주변 지역을 학습하고 난 뒤, 시(市)라고 하는 행정적인 범위로 확대해 나간다. 중학교의 경우에도 신변지역에 대한 학습은 역시 강조되고 있다. 중학교에서 말하는 신변지역학습의 의미는 다음과 같다.

> "'신변지역'이라 함은, 학생의 거주 지역과 학교의 소재 지역을 중심으로, 학생에 의한 '조사활동'이 가능한, 학생에게 있어서는 신변에 느끼는 것이 가능한 범위에 있지만, 각각의 지역의 역사적인 특성에 대해서, 보다 넓은 범위를 포함하는 경우도 있다."[14]

중학생들에게 신변지역은 반드시 직접적인 생활공간에만 국한되지는 않는다. 이것은 중학교 역사적 분야에서 지역학습이 처해 있는 조건에 기인하면서 지역학습의 지향을 일정하게 드러내 보인다. 즉, '신변지역의 역사를 채택함에 따라, 지역에의 관심을 길러, 우리나라의 역사에 보다 구체성과 친근감을 가지게 하면서, 그 이해를 심화시키는 것이 중요하다'고 본다.[15] 요컨대, 중학교 지역학습은 자국사 학습의 구체성을 확보하면서 학습의 효율성을 추구하고자 하는 경향이 강하다. 지역에 대한 학습을 목적으로 한다기보다는 자국사 학습의 수단으로 지역 인식을 활용하고자 하는 발상이 두드러진다. 아울러, 앞서 이론적으로 살펴 본 지역학습의 유형 중에서는 향토학습의 접근법에 가깝다고 말할 수 있다.

한편, 중학교 지리적 분야에서 신변지역은 일본의 여러 지역을 교육내용으로

---

13   文部科学省, 『小学校学習指導要領解説(社会編)』, 2008, p.21.

14   文部科学省, 『中学校学習指導要領解説(社会編)』, 2008, p.85.

15   文部科学省, 『中学校学習指導要領解説(社会編)』, 2008, p.85.

제시하는 상황에서 주목하고 있다. 학습자의 생활공간이 인식대상으로 상정되면서도 '관찰과 조사 등의 활동'을 행하는 과정에 주로 주목하고 있다. 학습방법의 학습 혹은 기능학습에 주안점을 두고 있는 모습이다. '신변지역의 조사'라는 제목 아래 그 핵심 내용을 다음과 같이 제시하고 있다.

> "신변지역의 조사: 신변지역에서 있어서 여러 사상(事象)을 다루어, 관찰 및 조사 등의 활동을 행하여, 학습자가 생활하고 있는 땅에 대한 이해와 관심을 깊게 하여 지역의 과제를 보면서, 지역사회의 형성에 참여하면서 그 발전에 노력하도록 하는 태도를 기르는 것과 함께 시정촌(市町村) 규모의 지역 조사를 행할 때의 시점 및 방법, 지리적인 정리법 및 발표 방법의 기초를 몸에 익히도록 한다."[16]

위의 내용 진술에 나타난 바와 같이, 단지 신변지역의 인식 그 자체에만 머무는 것이 아니다. 이러한 인식에 기초하여 지역의 과제를 보면서 지역사회의 형성에 참여해 발전에 노력하는 태도의 함양까지 겨냥하고 있다. 신변지역학습의 인간형성론을 추구하고 있으며, 이러한 의도는 초등학교 교육과정에서 더욱 명시적이다.

초등학교 3·4학년의 경우 신변지역은 그 자체로 인식의 대상으로 위치한다. 초등학교 사회과 교육과정의 구성 원리로서 환경확대법의 아이디어가 충실하게 실현되고 있다. 고장 및 지역의 사회적 관계가 학습 범위로 상정되기 때문이다. 다만, 실제적으로 모색하고 있는 지역학습의 유형이 무엇인지 확인하고자 할 때는 교육과정 목표에 대한 검토가 필수적이다. 초등학교 3·4학년 목표는 크게 세 가지로 진술되고 있다.

---

16   文部科学省, 中学校学習指導要領(社会編), 2008, p.20.

〈표 2〉 일본 사회과 교육과정에서 초등학교 3 · 4학년 목표[17]

초등학교 3 · 4학년 목표
(1) 지역의 산업과 소비생활의 모습, 사람들의 건강한 생활과 양호한 생활환경 및 안전을 지키기 위한 제 활동에 대하여 이해하도록 해, 지역사회의 일원으로서의 자각을 가지도록 한다. (2) 지역의 지리적 환경, 사람들의 생활 변화와 지역의 발전에 노력한 조상들의 활동에 대하여 이해하도록 해, 지역사회에 대한 자랑과 애정을 기르도록 한다. (3) 지역의 사회적 사상을 관찰, 조사한 것에 기초하여 지도와 각종 구체적 자료를 효과적으로 활용해, 지역사회의 사회적 사상의 특색과 상호 관계 등에 대해 생각하는 힘, 조사한 것과 생각한 것을 표현하는 힘을 기르도록 한다.

위 목표 중 (1)의 경우, 지역학습의 첫 번째 유형 즉, '지역에서 살아가는 인간의 이해'에 주안점이 있다. 지역의 주요 사회기능을 중심으로 삶의 형식들을 자기 주도적으로 이해하도록 의도하고 있기 때문이다. (2)의 경우, 지역의 지리적 환경에 대한 이해와 과거 인물들에 대한 공감에 기초하여 지역사회에 대한 자랑과 애정을 형성하도록 의도하고 있기에 향토학습의 접근법도 표방하고 있다. (3)의 경우, 학습기능에 주안점을 두면서 목표를 진술하고 있으며, 이것은 교육내용에 관한 아이디어와 결부되어 있다. 요컨대, 일본의 초등학교 3 · 4학년 목표 차원에서는 앞서 검토한 '지역학습(1)' 유형과 '향토학습' 유형을 추구하고 있음을 알 수 있다.

2) 지역학습의 내용과 방법

국가 수준 교육과정에서는 지역학습의 내용을 학습대상의 측면으로 드러내 보이고 있으며, 특이한 점은 이것을 학습방법의 측면과 결부시켜 진술하고 있다는 점이다. 먼저, 3 · 4학년 교육과정에서 주목하고 있는 학습내용의 아이디어는 다음과 같다.

---

17 文部科学省, 小学校学習指導要領(社会編), 2008, p.23.

"(1) 자신들이 살고 있는 신변지역과 시(구·정·촌)에 대해, 다음의 것을 관찰, 조사하기도 하고 백지도에 정리하기도 하면서 지역의 모습이 장소에 따라 차이가 있음을 생각하도록 한다.

가. 신변지역과 시(구, 정, 촌)의 특색 있는 지형, 토지 이용의 모습, 주요 공공시설 등의 장소와 하는 일, 교통의 모습, 예로부터 전해오는 건물 등."[18]

학습내용의 아이디어는 교육과정 해설서를 통해 보다 구체적인 상황이 제시되고 있다. 한 문장의 기술 내용을 보다 상세화하여 실제적인 지침 역할을 수행하고 있다. 그 세부적인 사항을 정리하자면 아래 표와 같다.

〈표 3〉 학습내용의 핵심 아이디어와 해설[19]

표현	해설
"자신들이 살고 있는 신변지역과 시(구·정·촌)"	자신들이 다니는 학교 주변 지역과 자신들이 살고 있는 시를 가리킴. 신변지역은 지형의 모습, 토지의 이용방식, 시가지의 넓이, 주요 공공시설이 있는 장소 등, 아동이 직접, 관찰 가능한 범위에 있음. 학교 주변 지역의 모습을 조사하고, 계속해서 시(市)라고 하는 행정적인 범위로 확대해 갈 필요가 있음. 시의 범위와 넓이를 파악함은 생활 무대에 있는 지역사회의 생산과 판매, 건강한 생활과 양호한 생활환경 및 안전을 지키기 위한 제 활동 각각에 있어서 타 지역과의 연결과 협력의 모습을 이해하는 것 위에 기초함.
"다음의 것"	[신변 지역과 시·정·촌의 특색을 이루는 지형, 토지이용의 모습, 주요 공공시설 등의 장소와 하는 일, 교통의 모습, 옛날부터 전해오는 건물 등]을 가리킴. 이것은 자신들이 살고 있는 신변지역과 시에 대해 학습할 때에 조사하는 구체적인 대상임.
"지역의 모습이 장소에 따라 차이가 있음을 생각하도록 한다."	관찰 조사 및 백지도에 정리하기를 기초로 하여 신변 지역과 시의 모습은 장소에 따라 차이가 있음을 구체적으로 생각하도록 함. 여기서 장소에 따라 차이라 함은, 예컨대, 땅의 높고 낮음과 해안가 등 지형적인 조건과 역 앞, 큰 도로에 면해 있는 곳, 신흥주택지 등 사회적인 조건임.

---

18   文部科学省,『小学校学習指導要領(社会編)』, 2008, p.23.

19   文部科学省,『小学校学習指導要領解説(社会編)』, 2008, pp.21−22.

주민으로서 살아가고 있는 지역의 특색을 조사하기와 추론하기 활동을 통해서 이해하려고 한다. 이때 조사하기와 추론하기의 대상은 해당 지역의 경관들이다. 요컨대, 경관 조사 활동을 통해서 지역 내부 소규모 장소의 특징을 파악하도록 한다. 지역 내부에 위치하고 있는 가시적인 경관들을 조사하도록 하는데, 단지 인문 환경에만 국한하지 않는다. 지형적인 조건과 같은 자연적 요소에도 주목하고 있다.

한편, '다음의 것'으로 칭한 경관 조사 학습의 대상과 그 내용 해설을 〈표 4〉와 같다. 경관의 형태와 기능을 조사하는 대상은 지형과 같은 자연적 요소와 공공시설 및 역사경관 등과 같은 인문적 요소이다. 아울러, 토지이용의 모습처럼 장소 내부의 관계성 파악까지도 의도하고 있다.

〈표 4〉 경관 조사학습 대상의 상세화[20]

학습대상으로서의 경관	해설
"신변 지역과 시(구·정·촌)의 특색 있는 지형, 토지 이용의 모습"	토지의 낮은 곳과 높은 곳, 넓찍이 트인 토지와 많은 산들로 둘러싸인 토지, 하천이 흐르는 곳과 바닷가에 면한 곳 등에 착목해, 관찰·조사하기도 하고 지도 등을 활용하기도 하여, 신변 지역과 시에서 생활하고 있는 사람이 그 지역의 토지를 어떻게 이용하고 있는 가를 구체적으로 연구하여, 백지도에 나타내도록 함. 그 때, 특색을 이루는 지형과 교통 등의 모습과 결부해서, 신변지역과 시의 토지 이용은 지형적인 조건과 사회적인 조건과도 관계가 있는 것을 깨닫도록 함.
"주요 공공시설 등의 장소와 하는 일"	신변 지역과 시에서 생활하고 있는 사람들이 이용하는 주요 공공시설 등을 채택하여, 관찰, 조사하기도 하고 지도 등을 활용하기도 해서, 시설의 명칭과 위치, 하는 일 등을 연구하여, 백지도에 나타내도록 함. 여기서 채택하고 있는 시설은, 예컨대, 시·구청과 읍(동) 사무소를 시작해, 학교, 공원, 공민관, 도서관, 아동관, 체육관, 미술관, 박물관, 향토자료관, 문화회관, 소방서, 경찰서, 재판소, 검찰청 등의 공공시설과 역, 병원, 복지시설, 백화점, 슈퍼마켓, 은행 등 많은 시민이 이용하고 있는 시설임.

---

20   文部科学省, 『小学校学習指導要領解説(社会編)』, 2008, pp.22~23..

학습대상으로서의 경관	해설
"교통의 모습"	신변지역과 시에서 생활하고 있는 사람들 등이 이용하고 있는 주요 도로와 철도 등을 채택하여, 관찰·조사하기도 하고 지도 등을 활용하기도 해서, 그것의 명칭과 주요 경로 등을 구체적으로 연구하여, 백지도에 나타내도록 하는 것에 있음. 교통의 모습에 대해 연구할 때, 가까이에 있는 역과 버스 정류장과 그 주위의 모습을 관찰, 조사하기도 하고 전차와 버스 등의 노선도와 시각표를 단서로 하기도 해서, 각자들이 살고 있는 시와 근린의 시와의 결부를 깨닫도록 함. 또한, 주요 도로와 시내의 공장 분포, 주요 역과 상점의 분포 등, 토지이용의 모습을 교통의 모습과 연관시켜 생각해, 상호관계를 깨닫도록 함.
"옛날부터 전해오는 건물"	신변 지역과 시에 옛날부터 전해오는 건물을 채택하여, 관찰하기도 하고 청취조사를 하기도 해서, 그 위치와 옛날의 모습, 유래 등을 연구해, 백지도에 나타내고 있는 것에 있음. 여기서 채택한 건물로서는, 예컨대, 신사, 사원, 전통가옥 등임. 또한 지역의 특색에 호응하는 몬젠마치(門前町), 죠우카마치(城下町), 슈쿠바마치(宿場町) 등의 전통적인 이에나(家並)를 채택함.

이상에서 살펴 본 바와 같이, 일본의 국가 수준 교육과정에서는 지역학습의 대상을 경관 조사학습의 측면에서 명시적으로 제시하고 있다. 이것은 각 지역에서 지역학습을 실천할 때, 구체적인 학습대상을 선정할 수 있는 지침서 역할을 수행하고 있다, 학습대상으로서 지역의 경관에 주목하고 있으며, 인문적 요소뿐만 아니라 자연적 요소 역시 고려의 대상임을 알 수 있다. 아울러, 지역의 경관은 해당 지역의 사회기능을 이해하는데 국한하지 않고 지역성 파악까지 나아가면서 향토의 발견을 가능하게 한다. 지형적 요소와 역사경관 요소들은 해당 지역의 개성을 탄생시키면서 지역적 자부심의 원천이 되기 때문이다.

Ⅲ. 연구방법

1. 연구방법의 논리

본 연구에서는 쇼트(Short)의 교육과정 탐구방법론 중 숙의적 탐구(deliberative

inquiry)의 입장을 취하였다.[21] 숙의적 탐구의 전통은 교육과정 연구가 '실제의 차원'에 주목해야 한다는 입장이다. 이른바 숙의는 실제적 계획의 기예를 말한다. 숙의적 탐구의 목적은 다음과 같다.

> "숙의적 탐구의 가장 근본적인 목적은 특정한 맥락에서의 교육과정 실행 결정의 정당화에 도달하는 것이며 그러한 결정은 특정한 상황의 문제적 특징들을 충분히 고려한 것에 기초를 두고 학생들을 어떻게 가르칠 것인가와 관련된다. '특정한 상황'에 대한 개념은 다음과 같은 것에 관련되어 있는데 숙의적 탐구는 교실, 학교, 학구, 주, 혹은 국가의 교육과정 정책들과 가이드라인에 초점을 맞출 수 있다."[22]

숙의적 탐구는 교육과정 실천가에 의해 교육과정 활동이 기획되고 상세화되는 국면의 이해에 초점을 둔다. 이 연구는 일본의 도쿄 지역에서 현장 교사의 수업 실천에 나타난 지역학습의 전략을 검토하고 있기에 숙의적 탐구에 해당한다. 국가 수준의 교육과정을 연구 지역의 교사가 상세화하고 있는 사례에 주목하고 있는데, 이것은 '특정한 맥락에서의 교육과정 실행 결정의 정당화' 방식을 추적하는 상황이다. 이른바, 국가 수준의 지역학습 아이디어가 특정 지역의 학교 현장에서 해당 지역의 특성을 고려하여 절충되는 방식에 주목한다. 사례 연구의 교사가 교육과정의 지역화를 수행하는 방식, 특히 신변지역의 교재화 방식을 '숙의'의 양상으로 검토하고 있다. 더 나아가 교원양성기관 부속학교 교사가 지역학습을 통해 수업실천 리더십을 행사하는 상태에 대한 검토, 즉, 숙의적

---

21 E. C. Short, *Forms of Curriculum Inquiry*, Albany: SUNY Press, 1991, 강현석 · 조인숙 · 전호재 · 정상원 · 이지은 · 경북대교육과정연구회 번역팀 역, 『교육과정 탐구방법론』, 서울: 한국문화사, 2016.

22 강현석 외 역, 『교육과정 탐구방법론』, 서울: 한국문화사, 2016, pp.311-312.

리더십의 행사 과정을 주목한다.[23] 요컨대, 본 연구는 교육과정의 지역화에서 숙의 형태로 포섭되고 있는 지역학습의 내용과 방법에 관한 이해에 초점을 두고서 사례연구를 수행하였다.

2. 연구 대상

연구 대상은 일본의 초등학교와 중학교 지역학습 사례이다. 일본의 지역학습은 이론적 유형화와 현장 실천 모두 활발하다. 국내에 이론적 유형화는 소개되어 있으나, 실천 사례의 연구는 드물기 때문에, 본 연구에서 지역학습의 실천 사례가 가지는 의미 탐색을 시도하였다. 도쿄도 무사시코가네이시(武蔵小金井市)에 위치한 도쿄학예대학(東京学芸大学) 부속 초등학교와 중학교에서의 실천 사례이다. 사례 수업의 단원명은 다음과 같다.

〈표 5〉 사례 수업의 단원명

사례	과목	수업일시	실천 단원	교사
도쿄학예대학 부속 코가네이 초등학교	3학년 사회과	2015.5.21	학교 주변의 모습	A
도쿄학예대학 부속 중학교	사회과 역사적 분야	2015.5.12	코가네이 벚꽃과 에도의 여행	B

3. 연구의 한계

본 연구는 실행된 지역학습의 이해에 초점이 있으나 연구방법 상의 제약 때문에 일정한 한계가 있다. 수업참관이 가능하지만 수업영상녹화와 사진촬영은 불가능한 상태이고, 학습자의 입장에서 수업을 연구하기에 어려움이 있다. 그

---

23   강현석 외 역,『교육과정 탐구방법론』, 서울: 한국문화사, 2016, pp.318-319.

리하여 수업실천가의 교육과정 이해와 실행에 주안점을 두었다. 즉, 국가 수준의 교육과정이 교사의 교육과정 실행으로 구체화되는 과정에 주목하였다. 국가 수준의 교육과정이 현장 교사에 의해 주체적으로 해석되면서 변형되는 측면에 관심을 기울였다.

Ⅳ. 연구 결과

1. 초등학교 지역학습 사례: 3학년 사회과

1) 단원 개관: 신변지역의 재맥락화와 답사활동의 조직

연구대상 초등학교는 전술한 바와 같이, 도쿄학예대학 캠퍼스 내에 있는 부속 초등학교이다. 이 학교에서 신입생의 모집 범위는 인근 지역사회에만 국한하지 않는다. 재학생들은 전철과 버스를 타고 먼 거리에서 통학을 하기도 한다. 따라서, 학교 주변이 직접적인 생활공간이 아닌 어린이들도 많다. 그래서 다른 학교와 달리 신변지역의 발상에 조정이 필요하다.

> "본교 아동은, 동(東)으로는 신주쿠구에서 서(西)로는 하치오지(八王子)시까지, (도쿄)도 내 서부의 넓은 지역에서 통학으로 와서, 자신이 거주하는 시 · 구와 학교에서 학습하는 '학교의 주변' 지역과는 차이가 있는 아동이 대부분이다. 그리하여, 학교의 주변이랑 코가네이시의 모습을 전혀 알지 못하는 (자신의 경험 한 가운데가 아닌) 아동이 많아, '심리적 신변성'을 느낄 수 없는 반면, 처음으로 알기에 재미있다라고 흥미를 가지는 아동도 많다."(A교사의 수업안 중)

대학 캠퍼스 내 위치한 부속 초등학교의 특성상 상당수 3학년 어린이들에게 신변지역은 직접적인 생활무대가 아니다. 이러한 상황은 어린이들에게 신변지역이 어떤 의미인지 교사의 입장에서 다시금 생각하도록 한다. 즉, '심리적 신변성'의 지역이 아닌 학교 주변을 학습해야 할 처지를 고려해야 할 상황이다. 어린이들이 처음으로 알아 가는 대상이기에 흥미를 가질 수도 있지만 다른 학교 3학년 어린이가 직면한 현실과의 차이를 충분히 고려해야 할 처지이다. 어린이들이 최대한 학교 주변의 지리 세계를 직접 경험할 수 있는 기회를 제공해야 할 상태이다.

학습자의 직접적인 경험을 고려하는 발상은 세부 학습주제의 선정에서도 두드러지게 나타난다. 3학년 1학기 어린이들에게 신변지역의 학습은 학교를 중심으로 하여 그 주변을 관찰하고 특징을 인식하도록 의도하고 있다. 그래서 소단원 수준에서 학습지도계획은 다음과 같이 구안되었다.

〈표 6〉 소단원의 학습지도계획(전 18시간)

차시	주제	시간
1	옥상에서 조망하여 보며	2시간
2	지역 탐험 "동쪽 코스"	4시간
3	지역 탐험 "남쪽 코스"	5시간 * 본시 5/5시간
4	지역 탐험 "북쪽 코스"	5시간
5	학교 주변 지역의 특색	2시간

위와 같이 학교 옥상에서 주변 지역을 조망하는 것에서 시작하여, 동쪽과 남쪽 그리고 북쪽 코스를 답사활동을 통해 학습하도록 의도하고 있다. 학교의 서쪽 지역이 학습대상이 아닌 이유는 이전 학년에서의 학습경험을 고려한 것이다. 3학년 어린이들은 '4월에 3학년으로 진급하여, 이때까지의 생활과 학습에서 바뀌어, 사회과/이과학습이 시작되어, 1개월 반이 지난 곳에' 있기 때문이다. 요컨대, 어린이들은 2학년 때 생활과 학습시간에 학교의 서쪽 지역을 충분히 학습하였다. 학교의 서쪽 지역은 대학 캠퍼스 공간이 지배적인 곳이고, 2학년

생활과 학습시간에 교재로서 다루어졌다. 사례 수업의 담당 교사는 신변지역을 단순히 동·서·남·북으로 구분하여 가르치고 있지 않다.

한편, 해당 교사는 신변지역학습의 취지를 고려하여 구체적인 활동을 통해서 학습을 추진하였다. 어린이가 코스별로 '오감'과 더불어 '탐험' 활동을 전개하면서 지역을 인식하도록 하였다.

> "학교 주변의 모습을 우선은, 학교 건물의 옥상에서 조망하여, 동 남 북의 세 개 코스로 "탐험"을 하여, 자신의 발로 걷고, 눈으로 보면서 관찰, 조사를 하여, "오감"을 통해, 학교의 주변이랑 코가네이시의 모습을 느끼도록 하고 싶다. 또한, 탐험 후의 정리 활동도, "탐험"에서 발견한 것, 알게 된 것 등을 사진을 사용하여 소개하기도 하고, 백지도에 표시하기도 해서 지역의 특징을 구체적으로 파악하도록 했다."(A교사 수업안 중)

이렇게 직접적인 활동을 강조한 이유는 신변지역학습의 의의를 고려한 것뿐만 아니라 이전 학년의 발달 특성과 연계성을 확보하려는 취지로 해석된다. 2학년 생활과 학습은 학습자의 미분화된 인식 수준을 고려하여 활동 중심의 수업이 전개되었고, 3학년 1학기 시절에는 이전 학습 관행을 최대한 고려해야 한다는 발상으로 보인다. 다만, 신변지역학습은 활동 중심 수업 그 자체에 의의를 부여하는 것은 아니다. 그러한 활동을 통해, 지역은 장소에 따라 차이가 있고, 그것은 지형 등의 자연적 요인과 교통 등의 사회적인 요인이 있다는 것을 생각하도록 하여 궁극적으로는 '지역 이해'로 나아가는 것을 추구한다. 즉, 활동은 신변지역인식의 적극적인 계기 차원인 것이다.

2) 본시 수업에 나타난 신변지역학습의 특징

본시 수업은 "지역 탐험 남쪽 코스" 5시간 중 5차시에 해당한다. 이 차시의 수업을 교육과정 상세화의 측면에서 검토하고, 동시에 해당 수업을 경관학습의 관점에서 볼 때 가지고 있는 특징을 살펴보았다. 수업의 목표와 전개 과정을 보자면 다음과 같다.

(A교사 수업안)

*수업 목표: 지역 탐험 남쪽 코스를 돌이켜 생각하며, 학교의 남측 지역의 "지형" "토지이용" "공공시설" "옛날부터 있는 물건"에 대해, 탐험으로 본 것, 느낀 것을 기초로 생각하고, 정리하는 것이 가능하다.

학습 활동 및 예상되는 아동의 반응	지도상의 유의점
1) 전시간의 학습을 돌이켜 보고, 본시의 과제를 확인한다. -1~6모둠은 "남쪽 코스" 지역 탐험의 발표를 행했다. 〈학교의 남측 지역에는 어떤 특색이 있나요?〉	• 전 시간은 1-6모둠이 탐험 발표를 행했음 회고하고, 본시의 과제를 확인시킨다.
2) 7모둠, 8모둠이 탐험에서 발견한 것, 알게 된 것을 발표하고 질의한다. 〈7모둠〉사진: 화분, 공양탑, 도리이(鳥居) 정리: [높은 곳이랑 낮은 곳이 낭떠러지와 계단이어서 지형을 잘 알았다.] 〈8모둠〉사진: 경신탑(庚申塔), 누쿠이 신사, 신전 정리: ①경신탑: 에도시대~방향을 알리다 ②오미코시(가마) (누쿠이 신사): 소중히 보관되어 있다 ③신사의 사당: 옆에 용수가 흐르고 있다.-〉대단히 맑은 물 * 전체적으로: 옛날부터 있는 것이 많다.	• 디지털카메라로 촬영해 온 사진 중에서, [남쪽 코스]의 특징을 잘 보이고 있는 것을 생각하고 상의하여 3개 선택, TV화면에 제시하면서 발표하도록 한다. • B4 크기의 화이트보드에, 각 모둠의 정리를 써넣고, 흑판에 게시하게 한다. • 발표 후, 듣고 있는 아동으로부터 각 모둠 2명, 질문을 받도록 한다.

학습 활동 및 예상되는 아동의 반응	지도상의 유의점
3) 학교 남측의 지역에 대해, 지형·토지이용·공공시설·옛날부터 전해오는 물건 등 4개의 관점에서 그것의 특징을 스스로 걸어서 본 것을 기초로 생각해 함께 말하기 〈지형〉 언덕(坂), 절벽(崖), 터널, 용수: 학교가 있는 북측보다 노가와(野川)가 흐르는 남측의 방향이 토지가 낮다. 〈토지이용〉 집, 학교, 상점, 숲, 절벽: 전체적으로 주택지. 절벽 따라 숲이 있다. 〈공공시설〉 보건 센터, 경찰서: 큰 길 따라 있다. 〈옛날부터 전해오는 것〉 경신탑(庚申塔), 신사, 기념비, 유적: 오랜 옛날부터 사람이 살고 있었다. 물이 나오는 곳에 옛 물건이 많다.	• 네 관점을 먼저 판서하고, 각각의 관점별로 [탐험]을 돌이켜 보고, 특징을 알기 쉽게 분류해 판서한다. • 지형에 대해, 토지의 고저(高低)를 파악하기 쉽게 하기 위해, 절벽의 횡단면을 주의해 설명한다. • 이 지역도, 전체적으로는 주택이 많아 주택지임을 확인한다. • 옛날부터 전해지는 것을 "약 *년 전 경"을 예상해, 오랜 순으로 줄지어, "옛날"의 감각을 기른다. (자세한 연호와 시대에는 깊게 들어가지 않는다)
4) 본시의 학습을 되돌아보고, 차시의 학습에 흥미를 갖기 • 세 번째의 [북쪽 코스]는 언제? • 다음번은 큰 백지도에 탐험에서 발견한 것, 알게 된 것을 정리한다.	[평가] • 학교 남측 지역의 특징에 대해, 자신의 탐험에 기초해 생각하여 정리하는 것이 가능했나? (발언·노트 기술)

위의 수업 사례에서는 경관 조사 활동이 답사에 기초하여 실행되고 있다. 경관 조사 대상은 학교 남측 지역의 "지형", "토지이용", "공공시설", 그리고 "옛날부터 있는 물건" 등이었다. 이러한 경관들은 국가 수준의 교육과정에서 명시한 신변지역학습의 대상이다. 경관 사례는 '공공시설'과 '옛날부터 있는 물건' 등 인문적 요소에만 국한하지 않고, '지형'과 '토지이용'까지 학습대상으로 포함하고 있는 점이 특색이다. 3학년 어린이들의 신변지역학습에서 자연적 요소에 대한 학습도 고려하고 있다. 이 상황은 지역의 특색을 단지 사회적 요소에만 국한하고 있지 않다는 의의가 있다. 어린이의 입장에서 볼 때, 2학년 생활과 학습에서 사회현상과 자연현상이 통합적으로 다루어진 상태가 지속된다는 의의도 있다.

<그림 1> 학교 주변 지역의 지층단면 모식도[24]

    자연적 요소를 신변지역학습의 대상으로 사례 학교에서 포섭하고 있는 또다른 이유는 무엇일까? 그것은 바로 해당 지역의 특성을 자연적 요소가 〈그림 1〉처럼 잘 보여주고 있기 때문이다. 사례학교는 도쿄도 무사시코가네이시에 있는데, 이곳은 도쿄 도심에서 볼 때, 서북부 지역의 무사시노 대지에 자리하고 있다. 무사시노 대지는 코가네이시에서 급속히 낭떠러지로 변하면서 해안 평야지대와 만난다. 무사시노 대지가 절벽의 형태가 되는 곳에는 숲을 이루고 있으며, 우천에 따른 침식을 막기 위한 시도이기도 하다. 이렇게 학교의 남쪽 코스는 지형적인 변화를 급격히 이루면서 지역의 특징이 경관으로 나타나고 있다. 요컨대, 위의 사례 지역학습에서는 지역의 인문적 요소에만 국한하지 않고 자연적 요소를 충분히 다루고 있다. 즉, 지역의 개성을 학습 대상으로 선정하고자 하는 취지가 적극적으로 추구되고 있다.

2. 중학교 지역학습 사례: 신변지역을 활용한 역사인식

    사례 수업은 '에도시대 여행의 모습을 이해하고, 오늘날과 비교하여 서민 여

---

24   이미지 출처: 도쿄도(東京都) 코쿠분지시(国分寺市)에 있는 코쿠분지(国分寺) 인근 용수 안내도 필자 촬영.

행의 의미를 생각하는 것에 초점이 있다. 에도시대의 생활사를 학습하는 것에 주안점이 있지만 지역의 생활공간을 최대한 활용하는 방향으로 수업이 실천되었다. 자국사 학습의 구체성을 확보한다는 관점에서 지역의 리얼리티를 적극 포섭하고 있다. 요컨대, 국가사와 지역사 사이 활발한 연결 상태 속에서 역사적인 이해를 도모하고 있다. 즉, '코가네이 벚꽃과 에도의 여행'이라는 주제하 에도시대 생활사 학습을 시도하였고 학습목표는 다음과 같다.

- 코가네이 벚꽃의 역사에 흥미·관심을 가지고, 우타가와 히로시게(歌川廣重) '후지36경 무사시코가네이'의 특색을 의욕적으로 규명한다.
- 에도시대 여행의 모습을 이해하고, 오늘날과 비교하여 서민 여행의 의미를 생각한다.

본 차시에서 보다 상세화된 수업 목표와 수업의 전개과정을 보자면 다음과 같다.

(B교사 수업안)
〈수업 목표〉
- 구도와 색깔 사용 등을 기초로, 우타가와 히로시게(歌川廣重) '후지36경 무사시코가네이'의 특색을 구체적으로 설명할 수 있다.
- 에도 시대의 여행과 지금의 여행을 비교하고, 서민들이 행한 여행에 대한 생각을 설명하는 것이 가능하다.

학습활동	학생의 학습활동	지도상의 유의점	평가
우타가와 히로시게(歌川廣重) '후지36경 무사시코가네이'	① 그림을 보고, 알게 된 것을 노트에 기입하고 발표하기 • 벚꽃 • 후지산 • 다마가와죠스이 • 무사시코가네이 ② '후지36경 무사시코가네이'에 있는 것, 표현의 특색을 확인하기 • 대담한 구도 • 색깔 사용(남색과 적색의 대조)	○저자랑 작품명 등은 말하지 않음. ○그려져 있는 것뿐만 아니라, 표현의 공부에도 눈을 향하도록 촉진함. ○고흐와 모네 등 유럽 회화에 영향을 준 것에도 언급함.	• 짝(조)과 함께 관심을 가졌는가? • 알게 된 것을 썼는가? • 대담한 구도와 색상 사용을 지적할 수 있는가?
꽃구경 명소 코가네이 벚꽃	③ 18세기말경부터 코가네이 벚꽃이 꽃구경 명소가 된 것은 왜인가? 생각하며 노트에 기록하고 발표하기 • 예쁘다 • 소개되면서부터 • 소문이 널리 퍼져서	○코가네이 벚꽃을 중심으로 알려지게 된 이유를 소개하기 ○貸本屋을 언급하기 ○무사시노 농민의 움직임 언급하기	• 스스로의 생각을 표현하는 것이 가능한가? • 명소가 된 이유는 아는가?
에도시대의 여행 成田山 新勝寺	④ 교사의 설명으로부터, 에도시대의 여행 모습을 듣기 ⑤ 작년 수학여행에 갔던 成田山 新勝寺에 대해 확인하기	○짓펜샤잇쿠(十返舍一九)의 도보여행기[東海道中膝栗毛] 언급하기 ○여행에서 보고 듣고 온 것을 끌어내기	• 여행의 대단함을 알았는가? • 몬젠마치(門前町)를 생각해냈는가?
여행의 오늘날과 옛날	⑥ 지금과 비교하여 서민에게 행해진 여행이라고 하는 것은 무엇인가? 스스로의 생각을 노트에 적고 발표하기	○수학여행이랑 교외소풍에서의 체험, 교통의 발달 등에 눈을 향하게 하기	• 스스로 생각을 표현하는 것이 가능한가?

우타가와 히로시게(1797-1858)는 널리 알려진 바와 같이, 대표적인 우키요에 화가이며 그의 작품 후지36경 중 무사시코가네이를 학습자료로 활용하고 있다. 후지 36경은 후지산을 배경으로 하는 풍경화 판화이며 에도 시대 사람들에게는 일종의 여행 가이드 역할을 하였다. 사례 수업에 참여한 학생들은 도쿄학예대학 캠퍼스 내에 위치한 중학교를 다니고 있다. 이들에게 무사시코가네이는 신변지역사회이며 심리적으로 친숙한 곳이다. 수업자는 이 점을 살려 무사시코가네이의 대표적인 경관을 수업의 도입부에서 활용하고 있다. 우타가와 히로시

게의 판화 풍경화 중 '무사시코가네이'는 이 지역의 대표적인 명소 다마가와죠
스이(玉川上水)을 중심으로 두고 멀리 후지산이 보이는 풍경이다.

〈그림 2〉 우타가와 히로시게(歌川廣重) '후지36경 무사시코가네이'[25]

　다마가와죠스이(玉川上水)는 다마가와(多摩川)으로부터 물을 끌어 오는 인공수
로로서 에도 지역에 상수를 공급하는 물줄기이며, 이것이 무사시코가네이를 관
통한다. 수로 양쪽에는 벚꽃나무가 심어져 있고, 봄철에는 꽃구경이 가능한 명
소이다. 이렇게 수업자는 지역의 역사적으로 유서 깊은 문화경관을 매개로 하
면서 '에도시대의 여행'에 관한 학습을 도모하고 있는 것이다. 동시에 학습자들
은 '에도시대 여행'의 측면에서 지역이 가지는 의미를 재발견할 수 있는 상황이
기도 하다. 요컨대, 에도시대 역사학습의 과정 속에서 지역의 대표 경관이 가지
는 의미를 사고할 수 있다. 자국사 학습 속에서 지역의 경관이 적극 활용되면서

25　출처: http://www.museum.pref.yamanashi.jp/4th_fujisan/03fuji/4th_fujisan_03fuji_12.htm

역사학습의 관념화를 방지하고 있다.

한편, 학생의 생활체험을 활용한 역사학습을 도모하고 있다. 여기서 생활체험은 수학여행이라는 일종의 답사 경험이다. 학생들은 이전 학년에 치바현 나리타시 나리타산 신승사 수학여행을 체험하였다. 교사는 이 체험을 에도시대의 여행에 관한 학습에 적극 활용하고 있다. 에도시대 사람들의 여행과 학생들의 수학여행을 교차시켜 사고할 수 있는 계기를 마련하였다. 더 나아가 오늘날의 여행과 에도시대의 여행을 비교하도록 발문을 제시하였다. 이러한 시도는 학습자의 경험을 중시하는 역사학습이며, 이러한 경험 속에 답사활동이 중심성을 가지고 있다. 동시에 현재의 시점에서 과거 사람들의 생활을 사고할 수 있는 기회를 제공하고 있다. 이 역시 역사학습이 지나치게 관념화되지 않도록 하는 의의를 가진다.

이상에서 같이, 일본의 중학교 사회과 역사적 분야의 사례 수업을 보자면, 지역의 경관과 관행이 자국사 학습의 구체성 확보에 기여하고 있다. 자국사 학습이라는 것이 추상화되지 않고 있다. 자국사의 내용이 먼 과거의 이야기에 머물지 않고, 지역이라는 지리적 맥락에 조회됨에 따라 현재화하는 효과를 낳고 있다. 아울러, 수학여행이라는 답사경험과 신변사회의 일상생활을 지속적으로 교재화하면서 자국사 학습의 역동성을 추구하는 것이 특징적이다.

V. 결론

지금까지 일본의 학교현장에서 실행된 지역학습의 현황을 검토하였다. 도쿄 지역을 사례 지역으로 선정하여 연구를 수행하였다. 수업의 실제를 논의하기에 앞서, 지역학습을 바라보는 이론적 시각들을 신변지역을 중심으로 유형화하였다. 유형화 결과 신변지역학습은 지역의 사회기능에 대한 이해, 지역의 생활문제를 해결에 초점을 두는 경우, 그리고 지역의 인물에 대한 공감적 이해를 추구하는 향토학습 등으로 구분되었다. 다음으로 도쿄 지역의 학교 현장에서 실천된 수업 사례를 관찰하고 그 의미를 파악한 결과, 초등학교 지역학습 사례는 향토학습의 함축이 있었다. 즉, 지역의 지리적 환경, 역사적 사실에 대한 이해를 기반으로 지역에 대한 애정을 기르도록 하고 있기 때문이다. 지역의 고유성 파악에 초점을 두고 있다. 중학교 사례 수업의 경우도 마찬가지이다. 지역사의 내용을 매개로 한 자국사 이해로 나아가기 때문이다. 에도시대의 여행이라는 생활사학습을 향토지리 콘텐츠를 기반으로 하여 국토 생활사의 이해로 나아가기 때문이다. 양 자의 공통점은 지역학습의 진정성 추구 과정에서 지리적 요소를 적극 활용하고 있다는 점이다. 이것은 지역학습에서 지리적 시각이 가지는 유효성을 말하고 있다. 수업 사례별 지리적 시각의 구체성을 언급하자면 다음과 같다.

초등학교 지역학습 사례에 나타난 지리적 시각은 지역성 규명을 위하여 지형적 요소에 초점을 두었다는 점이다. 다른 지역과 비교해 볼 때, 두드러진 차이점으로 대지의 높낮이 차원으로 지형에 주목하면서 그것이 지역주민의 생활과 가지는 관계성을 부각시키고 있었다. 아울러, 가시적 모습으로 나타난 지형적 요소를 비롯한 여러 가지 역사경관을 주요 학습대상으로 설정하면서 지역학습에서 경관이 가지는 유효성을 보여주고 있다. 한편, 중학교 지역학습 사례의 경우, 자국사 학습과 지역사 학습의 교차 국면이 특징인데, 여기서도 지역의 대표 경관이 적극적으로 활용되고 있었다. 요컨대, 사례 수업들에 나타난 공통점은 지역성을 규명하기 위하여 지역에 위치하고 있는 가시적인 경관에 주목하고 있다는 점이다.

본 연구는 일본에서 전개되고 있는 지역학습 유형화 논의에 기초하여 국가 수준의 교육과정에서 나타난 지역학습의 접근법, 학교 현장에서 실천되고 있는 지역학습의 사례에 대한 검토를 수행하였다. 연구결과로 나타난 일본 지역학습의 함축적인 의미는 해당 사례 수업을 기반으로 하고 있다. 이 의미는 모든 지역학습 사례에 일관되게 적용하기에는 어려움이 있다. 그럼에도 불구하고 지역학습 특히 신변지역을 중심으로 하는 학습에서 지리적 요소가 가지는 의의를 부정하기에는 어려움이 있을 것이다. 특히 학습자의 경험 속에서 가시적인 형태로 다가서고 있는 경관을 매개로 한 지역학습이 가지는 의의를 확인할 수 있었다. 그리고 지역의 경관에 주목하는 접근법은 역사 분야에서도 가능성이 충만함을 확인하였다. 향후 더 많은 일본의 지역학습 사례들을 매개로 하여 국가 수준의 교육과정 아이디어와 지역학습의 유형론들이 변주되는 방식에 대한 연구가 이루어지길 기대한다.

일본 초등학교 사회과에서 세계지리의 표상 방식

Ⅰ. 서론

초등학생은 소속감의 대상 중 하나로 국민국가를 사고한다. 이것은 필연적으로 다른 국가와의 관계 설정으로 나아간다. 한 국가의 국민으로서 다른 나라에 관한 사고방식을 가지기 마련이다. 한 어린이가 타국에 관한 관념을 형성할 때, 여러 가지 기제가 작동할 것인데, 대표적인 사례가 학교교육이다. 특히 사회현상을 인식대상으로 삼는 사회과가 전형적이다. 사회과 교육과정은 시민교육의 내용과 방법을 정교한 시스템으로 작동시키면서, 학습자들로 하여금 특정 국민으로 성장하도록 한다. 동시에 이 성장 과정에서 타국에 관한 인식 경향도 가지게 된다.

초등학교에서 타국에 관한 가르침은 세계지리 단원을 통해서 가장 적극적인 모습을 취한다. 즉, 세계지리 단원은 국가와 대륙이라는 지역화된 문제설정으로 국민국가의 외부를 사유하도록 한다. 한국의 초등학교에서 세계지리 단원은 교육과정 개정 시기마다 그 접근 방식이 단순히 되풀이되지 않았다. 교육과정 개발자들의 고유한 시각이 투사되어 그 형식 체제를 부여하고 있다. 이것은 모종의 타국 이해 방식이 관철되는 양상이라고도 말할 수 있겠다. 본고는 이러한 시각에서 일본의 초등학교 사회과 교과서의 경우에 주목한다. 일본은 중국과 더불어 한국에서 가장 인접한 국가이고, 역사적으로 서로 영향을 많이 주고

받았다. 그래서 한국의 초등학교 사회과 교과서에서 세계지리 단원을 보면 중국과 일본이 가장 먼저 그리고 꾸준히 다루어지지고 있다. 그렇다면 일본도 한국의 경우처럼 동일한 접근 방식을 보여주고 있을까?

일본의 초등학교 사회과 교과서는 검정제를 통해 다수의 교과서가 학교에서 선택하도록 되어 있다. 교과서의 저자들은 각자의 입장에서 학습지도요령이라는 교육과정 문서를 기준으로 단원을 개발한다. 학습지도요령에서 주목하고 있는 교육과정의 핵심 아이디어를 근간으로 하여 각자의 교과서에서 고유한 표상방식을 보여준다. 그렇다면, 일본의 초등학교 사회과 교과서들은 일본이라는 국민국가의 외부, 즉, 타국에 관한 내용을 어떤 방식으로 교재화하고 있을까? 출판사별로 타국에 관해 표상하는 방식이 모두 동일한 것인지, 아니면 차이점도 발생하고 있는지 그리고 이러한 차별화의 특성은 어떤 함축을 가지는지 해명하고자 한다.

II. 일본 사회과에서 세계지리 교재구성의 역학

1. 국가 교육과정에서 세계지리 교육내용의 계열화 추세

일본 사회과에서 세계지리 교육내용은 학교 급별로 볼 때 차별적인 모습으로 나타나고 있다. 이것은 학습자의 발달 상태를 고려한 교육과정의 계열화 추구 결과라고 볼 수 있다. 즉, 교육내용의 범위가 단순 반복으로 되풀이 되지 않고, 학습자를 배려해야 한다는 입장이다. 학교 급별로 학습지도요령에 나타난 세계지리 교육내용의 아이디어를 정리하자면 다음과 같다.

〈표 1〉 학습지도요령에 나타난 세계지리 교육내용의 아이디어

학교급		세계지리 교육내용의 아이디어
초등학교 사회		(3) 세계 속의 일본의 역할에 대하여, 다음의 사항을 조사하기도 하고 지도와 지구본, 자료 등을 활용하기도 해서 연구하여, 외국의 사람들과 함께 살아가기 위해서는 서로 다른 문화와 습관을 이해하고 어울리는 것이 중요하며, 세계평화의 소중함과 우리나라가 세계에 있어서 중요한 역할을 다하고 있다는 것을 생각하도록 한다. ① 우리나라와 경제와 문화 등의 면에서 관계가 깊은 나라 사람들의 생활 모습 ② 우리나라의 국제교류와 국제협력의 모습 및 평화로운 국제사회의 실현에 노력하고 있는 국제연합이 하는 일[1]
중학교 사회: 지리적 분야		(1) 세계 여러 지역 ① 세계의 지역구성 ② 세계각지의 사람들의 생활과 환경 ③ 세계의 제 지역(아시아, 유럽, 아프리카, 북아메리카, 남아메리카, 오세아니아) ④ 세계 여러 지역의 조사[2]
고등학교 지리 · 역사	지리 A	(1) 현대세계의 특색과 제문제의 지리적 고찰 ① 지구본과 지도로 파악한 현대세계 ② 세계의 생활 · 문화의 다양성(세계제지역의 생활 · 문화를 지리적 환경 및 민족성과 관련하여 파악해, 그 다양성에 대해 이해함과 동시에, 이문화를 이해 존중하는 것의 중요성에 대해 고찰한다.) ③ 지구적 과제의 지리적 고찰[3]
	지리 B	(1) 여러 가지 지도와 지리적 기능 (2) 현대세계의 계통지리적 고찰: 세계의 자연환경, 자원, 산업, 인구, 도시 · 촌락, 생활문화, 민족 · 종교에 관한 제사상의 공간적인 규칙성, 경향성과 그 요인 등을 계통지리적으로 고찰함과 동시에, 현대세계의 제 과제에 대해서 지구적 시야에서 이해하게 한다. (3) 현대세계의 지지(地誌)적 고찰: 현대세계의 제지역을 다면적 · 다각적으로 고찰, 각 지역의 다양한 특생과 과제를 이해하게 함과 동시에, 현대세계를 지지(地誌)적으로 고찰하는 방법을 체득하게 한다.[4]

위 표에 나타난 바와 같이, 학교 급별 학습지도요령에서 세계지리 교육내용

---

1   文部科學省, 『小學校學習指導要領解説(社会編)』, 2008, pp.94-95.

2   文部科學省, 『中學校學習指導要領(社会編)』, 2008, pp.31-32.

3   文部科學省, 『高等學校學習指導要領』, 2009, pp.42-43.

4   文部科學省, 『高等學校學習指導要領』, 2009, pp.44-45.

의 아이디어는 차별적인 모습을 보이고 있다. 초등학교 사회과의 경우는 토픽 중심의 접근법을 보이고 있다. 즉, '우리나라와 경제와 문화 등의 면에서 관계가 깊은 나라 사람들의 생활 모습'을 내용으로 선정한다. 요컨대, 일본과 '관계가 깊은 나라'라는 토픽을 중심으로 단원이 구성된다. 이때 '관계가 깊은 나라'는 미리 정해져 있지 않고, 교과서 저자들의 선택 사항이다. 이러한 토픽 중심의 시도는 학습자 친화적인 교육내용의 선정이라고 볼 수 있다. 자국과의 '관계성'을 근간으로 하고 있기 때문에 학습자의 직접적인 경험 세계를 세계지리인식의 발판으로 삼고 있다.

중학교는 사회과 지리적 분야에서 대륙중심 지역지리 접근법을 보여주고 있다. 아시아, 유럽, 아프리카 등 대륙별로 지역화를 수행하고 있으며, 그 지역 사람들의 생활과 환경에 초점을 둔 인식 패턴이다. 이러한 지역화의 패턴은 지리학의 논리를 반영하고 있으며, '생활과 환경'이라는 주제를 통해 학습자의 심리세계에 대한 고려를 도모하고 있다.

한편, 고등학교는 지리A의 경우, 지역지리와 토픽중심 접근의 혼용 모습이 나타나고 있다. 이것은 중학교 세계지리 단원과의 차별화 시도라고 볼 수 있다. 중학교와 동일한 접근법을 보인다면, 반복학습의 가능성이 높기 때문이다. 즉, '현대세계의 특색과 제 문제의 지리적 고찰'이라는 테마 속에 세계지리학습의 계기들이 작동하고 있다. 외연적으로 볼 때, 쟁점 중심의 접근을 표방하면서 세계지리학습이 결부되도록 했다. 현대세계의 다양성을 이해하는 과정 속에서 세계지리학습의 유효성을 나타내는 양상이다. 이에 비해, 고등학교 지리B는 계통지리와 지역지리 접근이라는 지리교육의 전통적인 접근법을 시도하고 있다. 이것은 지리학의 계통성이 현대세계의 이해에 유용하다는 발상에서 교육내용을 표상하고 있는 것이다.

이상에서와 같이 일본의 경우, 학교 급별로 세계지리 교육내용이 단순반복의 형태를 보이지 않고, 학습자의 발달 상태를 고려하면서 매우 역동적인 교육내용의 표상방식이 나타나고 있다. 학교 급별로 볼 때, 동일한 패턴이 반복적이지 않다. 특히 초등학교의 경우, 지리학자들의 논리세계를 교재구성의 잣대로 삼지 않고 있다. 학습자의 입장에서 자국과의 밀접한 관계선상에 있는 국가들을 중심으로 교재화를 시도하고 있다. 이와 같이, 일본의 초등학교 세계지리 관련 단원이 국가 수준의 교육과정에서 명시화된 이유는 무엇일까?

2. 초등학교에서 세계지리 단원의 위치성

학교 교육과정에서 세계지리 단원은 타국을 표상하는 가장 강력한 장치라고 말할 수 있다. 시공간의 범주로 타국을 일정하게 조직하여 드러내 보이기 때문이다. 그런데, 이러한 범주화 과정에서 유일하게 작동하는 객관적인 시각은 없다. 타국에 관한 내용은 자국의 입장에서 일정한 의도 개입의 산물일 수밖에 없다. 따라서, 그 의도 개입의 의미 지형을 파악하는 것이 핵심 요체이다. 물론, 근대지리교육사의 흐름 속에서 세계지리를 표상하는 스타일이 있다. 소위 지역지리의 접근이니 계통지리의 접근이니 하는 시각이다.[5] 이 입장은 학습자에게 지리세계를 가르치는 기본 전제로 작동하고 있지만, 학습자의 발달 상태가 충분하지 못한 저학년으로 가면 갈수록 학문의 논리보다는 교육의 논리가 더 강조되기 마련이다.

초등학교에서 타국에 관한 내용을 단원의 전개 양상으로 조직할 때는 그 접근 방식이 중·고등학교와는 다른 스타일이 나타날 수 있다. 여기서 중요한 점은 그러한 '교육의 논리'가 추구하는 의미 지향이 무엇이냐는 점이다. 흔히 교

---

5   서태열, 『지리교육학의 이해』, 서울: 한울아카데미, 2005; 서주실, 「초등학교 세계지리 단원의 내용 조직 방법」, 『글로벌교육연구』, 3(2), 2011, pp.45-74; 전종한, 「세계지리 과목의 권역 구분 방식과 내용 체계의 개선 방안」, 『글로벌교육연구』, 6(2), pp.3-36.

재 구성 방식에서 학문의 계통성 보다는 '교육의 논리'를 중시한다고 할 때, 이 것은 학습자에 대한 고려 결과이다. 학습자의 관심 혹은 흥미의 세계를 감안하 여 인식 가능성의 극대화를 도모한다. 따라서, '교육의 논리'를 고려한 지역화의 문법이 작동하면서 세계지리 단원의 전개가 이루어질 것이다. 그렇다면, '교육 의 논리'를 고려한 지역화의 문법은 보다 구체적으로 어떤 모습으로 나타날까? 그것은 바로 학습자가 발 딛고 서 있는 직접적인 생활무대를 최대한 고려한다 는 발상 즉, 자국과의 관계 구도 속에서 타국에 관한 포섭 활동이 나타난다.

무엇보다도 먼저, 자국과의 상호 작용 구도 속에서 타국을 선별하는 작업이 진행된다. 요컨대, 우리나라와 관계가 깊은 나라는 어디인지 파악을 한다. 이때, 분류 기준에 따라서 선별의 대상은 달라질 수 있으며, 그러한 선별의 기준이 무 엇인지가 관건이다. 다음으로는 선별 후 무엇을 매개로 관계 구도의 제도화를 수행하는지가 검토 대상이다. 요컨대, 학습자의 입장에서 볼 때, 당사자 관련성 을 추구한 결과물로서 타국에 관한 학습이 도모되는 것이다.[6] 아울러, 중요한 점은 그러한 타국을 외부세계로 표상할 때, 작동하는 고유한 스타일도 검토 대 상이다. 표상공간 속에서 타국이 장소화되는 방식도 여러 의도에 따라 달라질 수 있다. 이러한 문제의식은 결국 표상의 주체에 따라 그 결과물이 동일하지 않 을 가능성이 높다는 의미이다. 예컨대, '문서로서의 교육과정'을 해석하는 과정 으로 교과서의 저자들이 단원을 구성할 때, 극명하게 나타날 수 있다. 이때, 교 과서의 저자들은 필연적으로 '어린이에게 세계지리는 어디에 있으며, 무엇인 가?'라는 질문을 가지게 된다. 동시에, 이들은 세계지리를 어린이에게 중재시키 는 방식에 관하여 집중적으로 사고하기 마련이다. 본고에서는 교과서의 저자들 이 단원의 전개 양상으로 세계지리를 학습자에게 중재시키는 방식들에 관한 비

---

6   허영식, 『민주시민교육론』, 서울: 배영사, 1996, p.192.

교 연구를 수행하고자 했다.

III. 연구방법

1. 분석 대상

본 연구에서 분석 대상은 일본 초등학교 6학년 2학기 사회과 검정교과서들이다. 이 교과서들은 2015년 2학기부터 새로 개정된 모습으로 일선 학교에 보급되었다. 출판사별 교과서 단원명은 아래와 같다.

〈표 2〉 출판사별 소학교 교과서 단원명

출판사	출판년도	대단원명	중단원명
동경 서적	2015	세계 속의 일본	① 일본과 관계 깊은 나라들 ② 세계의 미래와 일본의 역할
교육 출판	2015	세계 속의 일본	① 일본과 관계 깊은 나라들 ② 세계의 사람들과 함께 살기
일본문 교출판	2015	세계 속의 일본과 우리들	① 일본과 관계 깊은 나라들 ② 국제연합의 하는 일과 일본의 역할
광촌 도서	2015	함께 살아가는 지구	① 세계와 관계있는 일본 ② 함께 살아가는 세계를 목표로

위 〈표 2〉와 같이, 학습지도요령에 나타난 아이디어가 다소 차별적으로 번역되고 있다. 대단원명과 중단원명에서 이러한 차이의 외양에도 불구하고 공통적인 사항은 일본의 외부세계를 학습자에게 매개시킬 때, '관계성'에 주목하고 있다는 점이다. 즉, 막연하게 세계지리의 교육내용을 강제하는 것이 아니라 학습자의 입장에서 볼 때, '관계성'이 확보되어야 한다.

2. 분석방법

본 연구에서 시도한 분석방법은 질적 내용분석법과 비교 연구법이다. 전자의 경우는 연구문제에 기초하여 자료의 선택적인 해석을 시도한다.[7] 즉, 연구문제에서 주목한 의미의 범주에 기초하여 연구 자료에서 나타나고 있는 양상을 기술한다. 후자의 경우는 출판사별 단원의 전개 방식을 교육내용의 표상 측면에서 비교한다. 출판사별 교과서 저자들이 주목한 해석의 대상은 '학습지도요령'이라는 국가 수준의 교육과정이고, 동시에 교과서의 독자들이 초등학교 학생들이며, 교육과정 운영의 물리적인 시간이 동일하기에 기능적 등가성의 측면에서 비교 가능하다.[8] 요컨대 본 연구에서는 질적 내용분석법을 통해서 확보된 분석대상 교과서의 프로토콜을 출판사별로 비교하여 차이점과 공통점의 패턴을 발견하는 것에 주안점이 있다.

Ⅳ. 분석결과

1. 학습 대상국의 선정과 핵심 내용

1) '동경서적'(東京書籍)

'동경서적'(東京書籍)에서 나온 초등학교 사회과 교과서의 경우, 기본적인 인식 대상으로 미국, 중국, 한국, 사우디아라비아의 순서로 4개국을 선정하고 있다.[9] 일본과의 관계성 측면에서 볼 때, 이 4개국이 순서대로 중요성이 있다는 발상이다. 4개국 모두에 해당하는 공통적인 내용으로서, 지도, 국기, 수도, 국토

---

7   D. L. Altheide, *Qualitative Media Analysis*, London: Sage, 1996.

8   김용신, 『사회과교육과 강한 정치교육론』, 서울: 교육과학사, 2007, pp.153-155.

9   北 俊夫 外, 『新しい社會6下』, 東京: 東京書籍, 2015.

의 면적, 인구, 사용하는 주요 언어를 다루고 있다.[10] 그런데, 이러한 사안들은 고급지식이라기 보다는 지리적인 정보에 해당한다. 아울러, 응용학습의 대상으로 브라질, EU, 아프리카를 다루고 있다. 해당 단원에서 구조화하고 있는 핵심 아이디어는 국가별로 다음과 같다.

〈표 3〉 '동경서적'(東京書籍) 단원의 핵심 아이디어[11]

대상 국가	핵심 아이디어
단원 도입	• 일본과 관계 깊은 나라를 찾기
미국	• 아메리카의 학교 모습 • 사람들의 생활과 연중행사 • 넓은 국토와 다문화사회
중국	• 중국 사람들의 생활 • 중국의 전통적인 문화 • 경제발전을 계속하고 있는 중국과 사람들의 모습
한국	• 한국 사람들의 생활 모습 • 한국의 문화와 일본과의 교류 • 산업의 발전과 남북통일
사우디 아라비아	• 기후에 적합한 생활과 종교 • 사우디아라비아 사람들의 생활 • 석유의 나라, 사우디아라비아
확대 · 적용 학습	• 그 밖에 일본과 가까운 나라와 지역을 조사하기: 브라질, EU, 아프리카

2) '교육출판'(教育出版)

'교육출판'(教育出版)에서 발행한 교과서의 경우 역시, 일본과 관계 깊은 나라들을 학습의 대상으로 선정하고 있다. 한국, 미국, 중국 그리고 사우디아라비

---

10   北 俊夫 外, 『新しい社會6下』, 東京: 東京書籍, 2015, p.62.

11   北 俊夫 外, 『新しい社會6下』, 東京: 東京書籍, 2015, pp.60-91.

아의 순서대로 교재화를 시도하고 있다.[12] 각 국의 지도, 면적, 인구, 수도, 주요 언어를 정보 형태로 제시하고 있다.[13] 아울러, 해당 국가의 언어로 간단한 인사 말까지 포함시키고 있다. 단원의 구조를 결정짓는 핵심 아이디어를 국가별로 살펴보자면, 다음과 같다.

〈표 4〉 '교육출판'(教育出版) 단원의 핵심 아이디어[14]

대상 국가	핵심 아이디어
단원 도입	• 일본과 관계 깊은 나라를 조사하기: 조사대상과 방법
한국	• 지리적으로 가까운 이웃나라 (역사적으로 교류 빈번, 인터넷 발달) • 한국의 문화와 관습(식사, 거주) • 한국의 문화체험(요리, 놀이, 악기)
미국	• 무역으로 강력하게 연결된 나라 • 농업, 공업 발달의 다민족국가, 스포츠의 나라 • 미국 아이들의 생활 • 넓은 국토와 풍부한 자연
중국	• 역사적으로 관계 깊은 나라(중국으로부터 전래된 것이 많음) • 넓은 국토, 풍부한 자원과 노동력에 기초하여 공업 발전 시작 • 중국 아이들의 생활 • 다민족이 사는 나라
사우디 아라비아	• 풍부한 석유자원을 가진 나라(일본의 석유 최대 수입국) • 이슬람교에 기초한 주민들의 일상생활 • 여성과 남성의 구별, 라마단 단식 등
단원 마무리	• 세계 각국과 사람들의 생활에 대해 조사한 것을 발표하기 • 다문화공생사회를 함께 살기(재일 한국 · 조선인 사례)

---

12 有田和正 外, 『小學社會6下』, 東京: 教育出版, 2015.

13 有田和正 外, 『小學社會6下』, 東京: 教育出版, 2015, p.42, 46, 50, 54.

14 有田和正 外, 『小學社會6下』, 東京: 教育出版, 2015, pp.40-59.

3) '일본문교출판'(日本文教出版)

'일본문교출판'(日本文教出版)의 경우 또한 자국과 관계 깊은 나라들을 학습대 상으로 삼고 있다. 한국, 중국, 미국, 그리고 브라질을 순서대로 주요 학습 대상 으로 선정하였다. 그리고 추가 학습 대상국으로 사우디아라비아에 주목하고 있 다.[15] 해당 국가의 지도, 인사말, 국기, 면적, 인구, 수도, 그리고 주요 언어 등이 정보 차원에서 가장 먼저 제시되었다.[16] 단원의 핵심 아이디어를 살펴보자면 다 음과 같다.

〈표 5〉 '일본문교출판'(日本文教出版) 단원의 핵심 아이디어[17]

대상 국가	핵심 아이디어
단원 도입	• 일본과 관계 깊은 나라 중 조사 대상 나라 선정하고 조사계획 수립하기
한국	• 일본과의 관계: 한반도 문화의 전래, 교통, 무역, 대중문화교류 • 생활 모습: 식생활, 한글 • 학교와 아이들의 모습: 초등학생의 학교생활, 여가 놀이 활동
중국	• 일본과의 관계: 최대 무역상대국, 공업국으로 발전 등 • 생활 모습: 명절(춘절), 식생활(젓가락, 음식 맛의 지역 차이) • 학교와 아이들의 모습: 학교생활(학과 공부, 방과 후 활동)
미국	• 일본과의 관계: 편의점 등의 전래, 수입보다 수출이 많은 나라 • 생활 모습: 식생활, 넓은 국토를 연결하는 수단으로 자동차 • 학교와 아이들의 모습: 학교생활의 특징
브라질	• 일본과의 관계: 일본인 이주자의 후손들이 일본으로 유입. • 생활 모습: 카니발 축제, 축구의 나라, 음식 풍습 등 • 학교와 아이들의 모습: 학교생활(2부제 수업 등)
추가학습: 사우디 아라비아	• 일본과의 관계: 무역, 석유수입국, 자동차 및 기계류 수출 • 생활 모습: 이슬람교(메카로의 성지 순례 등) • 학교와 아이들의 모습: 코란 공부, 남녀 구별 학습 등

---

15 池野範男 外, 『小學社會6年下』, 大阪: 日本文敎出版, 2015.

16 池野範男 外, 『小學社會6年下』, 大阪: 日本文敎出版, 2015, p.46, 50, 54, 58, 62.

17 池野範男 外, 『小學社會6年下』, 大阪: 日本文敎出版, 2015, pp.44-65.

대상 국가	핵심 아이디어
단원 마무리	• 조사 대상 국가와 일본과의 관계 특색 말하기 • 세계 어린이 신문 만들기: 각 나라에 친구를 만들고 싶다!

4) '광촌도서'(光村圖書)

'광촌도서'(光村圖書) 역시 일본과 관계 깊은 나라에 대해 조사하자는 접근방식을 취하고 있다. 중국, 미국, 브라질, 그리고 사우디아라비아에 주목하고 있다.[18] 한국은 단원 마무리 국면에서 확대 학습의 사례로 언급되고 있다. 각 국별로 공통적인 내용은 해당 국가의 지도, 인사말, 국명, 수도, 위치, 인구, 국기, 면적 등이다. 아울러, 해당국에서 거주하는 일본인수, 일본에 거주하는 해당국민의 수 등이 표기되어 있다.[19] 주요 학습 대상국별로 단원의 핵심 아이디어는 다음과 같다.

〈표 6〉 '광촌도서'(光村圖書) 단원의 핵심 아이디어[20]

대상 국가	핵심 아이디어
단원 도입	• 일본과 관계 깊은 나라 조사: 공통 조사 대상 결정, 조사 대상국을 소개하기
중국	• 광대한 국토를 가진 나라 • 일본과의 관계: 쌀농사 등 전래, 무역 및 관광 등 교류 • 사람들의 생활 모습: 아이들의 학교생활, 지역별 음식문화, 축제 등
미국	• 다민족국가: 전 세계 이주자들의 유입에 따른 문화 다양성 • 일본과의 관계: 주요 무역 상대국, 미국 생활 문화의 유입(스포츠, 대중문화 등) • 사람들의 생활 모습: 여가 생활(휴가철, 축제 등)과 학교생활

---

18   石毛直道 外, 『社會6』, 東京: 光村圖書, 2015.

19   石毛直道 外, 『社會6』, 東京: 光村圖書, 2015, p.186, 190, 193, 196.

20   石毛直道 外, 『社會6』, 東京: 光村圖書, 2015, pp.184-199.

대상 국가	핵심 아이디어
브라질	• 풍부한 자연과 자원의 나라 • 일본과의 관계: 1908년 이주 역사, 이주민 후손의 역이주 • 사람들의 생활 모습: 아이들의 학교생활, 다양한 음식문화 등
사우디 아라비아	• 석유 산출과 사막의 나라: 일본 최대 석유 수입국 • 사람들의 생활 모습: 학교생활의 특색, 민족의상 • 이슬람의 가르침을 중심으로 한 생활(식생활, 성지순례 등)
확대 학습	• 조사한 나라들에 관한 것을 발표하기 • 예시: 한국의 국가정보와 특색

2. 비교 검토

먼저 공통점을 찾아보자면, 자국과 관계 깊은 나라를 선정하고 학습자의 자기주도성에 기초하여 조사활동을 수행한다는 점이다. 아울러, 지엽적인 타국 정보보다는 양국 간의 관계성 파악에 초점을 두고 있다. 이때 관계성의 영역은 대상 국가에 따라 다른 점도 있고, 국가에 무관하게 공통적인 것도 있다. 다른 점은 양국 간의 역사적인 경험에서 비롯하고 공통적인 것은 무역, 관광 등과 같은 경제활동이다. 여러 영역에서의 상호작용에 초점을 두고 있기에 단원 학습이 마무리되는 국면에서는 글로벌 상호의존에 대한 이해로까지 나아가게 된다. 관계성의 파악을 출발점으로 하고 난 뒤, 개별 국가별로 그 고유성을 학습하도록 한다. 이때, 해당 국가의 고유성은 학습자 친화적인 입장에서 '아이들의 학교생활'과 같은 당사자 관련성을 고려하기, 음식문화 등과 같은 생활 문화 중심의 접근법 등을 시도하고 있다.

차이점을 도출하자면 다음과 같다. 아래 표에 나타난 바와 같이, 주요 학습 대상국 및 전개 순서가 일치하지 않는다. 모든 출판사에 공통적으로 선정하고 있는 대상 국가는 미국과 중국이었다. 그 다음으로 한국과 사우디아라비아가 3개 출판사에서 선정하였으며, 이들 국가는 부가적인 국가로 선정되기도 했다. 아울러, 브라질이 2개 출판사에서 주요 대상국으로, 1개 출판사에서 부가적인 국가로 선정된 점이 특이 사항이다. 이러한 차이의 국면들은 교과서 저자의 고유한 의도를 반영하고 있으며, 자국과의 '관계성'을 파악하는 과정에서 선택적인 구성이 있음을 알 수 있다.

〈표 7〉 출판사별 주요 학습 대상국 및 전개 순서

출판사	주요 학습 대상국 및 전개 순서	부가적인 국가 및 지역
'동경서적'	미국 → 중국 → 한국 → 사우디아라비아	브라질, EU, 아프리카
'교육출판'	한국 → 미국 → 중국 → 사우디아라비아	
'일본문교출판'	한국 → 중국 → 미국 → 브라질	사우디아라비아
'광촌도서'	중국 → 미국 → 브라질 → 사우디아라비아	한국

다음으로 주요 학습 대상국이 단원의 전개 과정 속에서 등장하는 양상을 보자면, 역시 출판사별로 차별적이다. 학습자의 입장에서 볼 때, 단원의 흐름 속에서 가장 먼저 나타나는 국가가 그렇지 않은 국가보다 중요시함은 당연하다. '교육출판'(敎育出版)과 '일본문교출판'(日本文敎出版)의 경우, 한국을 가장 먼저 위치시키고 있다. '동경서적'(東京書籍)은 미국, '광촌도서'(光村圖書)는 중국을 선정하고 있다. 이상과 같은 패턴을 보건대, 자국과의 지리적인 거리를 중심으로 학습 대상 국가를 배치시키고 있지는 않다. 이 역시 자국과의 관계성을 파악하는데 있어서 일정하게 주관성이 개입하고 있음을 알 수 있다.

한편, 출판사별로 특징적인 모습을 보자면 다음과 같다. '교육출판'(敎育出版)의 경우, 단원의 마무리 국면에서 자국내 디아스포라 주체에 대한 소개가 있는데, 다문화공생교육의 측면에서 재일 한국·조선인들을 주목하고 있다.[21] 이것은 세계지리교육이 자국과의 관계성을 고려하여 재구조화하면서, 다문화공생

---

21   有田和正 外, 『小學社會6下』, 東京: 敎育出版, 2015, p.54.

이라는 자국내 사안으로 학습대상이 전이되고 있는 모습이다. '동경서적'(東京書籍)의 경우, 세계지리학습의 대상을 부가적인 지역인 EU와 아프리카에 주목하면서 국가 단위 접근법을 다소 벗어나는 형태도 보이고 있다.[22]

V. 결론

지금까지 일본의 초등학교 사회과 교과서에 나타난 세계지리 단원에 관한 분석을 타국 인식 방법에 초점을 두고 수행하였다. 분석 결과를 보건대, 해당 세계지리 단원은 자국과의 관계 속에서 그 밀접함이 있는 타국을 주요 학습대상으로 선정하고 있었다. 이 점은 출판사별 교과서에서 공통적으로 나타나는 경향성이었다. 그런데, 타국 선정의 결과와 단원에서의 배열 방식은 출판사마다 차별적인 접근법을 보이고 있었다. 이것은 교과서 저자들이 타국과의 관계성을 파악하는 방식, 그리고 이것을 학습자에게 중재시키는 방식에서 차이의 국면들을 보이고 있는 것으로 보인다.

한편, 세계지리 단원은 철저히 자국과의 관계성 속에서 타국 인식을 하는 양상으로 구조화되어 있기에 일정한 의미 효과를 창출하고 있다. 예컨대, 다양한 사회 국면의 관계성을 강조함에 따라, 세계지리학습은 글로벌 학습으로 재개념화되는 측면도 있다. 즉, 타국의 지리를 무매개적으로 학습하는 것이 아니라 자국과의 상호의존성을 학습함으로써 최종적으로 글로벌 상호의존이라는 아이디어의 획득으로 나아가도록 하기 때문이다. 세계지리학습이 글로벌 학습으로 재구조화되는 차원은 단원의 전개 과정 곳곳에서 나타난다. 즉, 세계지리 단원을 학습하는 이유는 단지 해당 국가의 정보를 획득하는데 머물지 않고, 상호의

---

22   北 俊夫 外, 『新しい社會6下』, 東京: 東京書籍, 2015, pp.90-91.

존성의 교육적인 의미를 통찰하는데 있기 때문이었다.

이렇게 일본의 초등학교 사회과 교과서에서 세계지리 단원은 자국과의 관계성 속에서 타국 인식의 방법론을 작동시키고 있었다. 이러한 교과서 저자들의 의도가 실제로 학습자의 마음세계에서 형성되는 과정에서 관한 후속 연구가 필요하다. 아울러, 이러한 교과서 단원의 내용이 일선 학교 교사들에 의해 재해석되는 상황에 대한 이해도 요청되고 있다. 결국은 학교교육을 통해 타국이나 외부세계의 내면화 기제가 작동하는 양상에 대한 구체적인 사례 연구가 뒤따라야 한다는 것이다. 이때, 무엇보다도 학습자의 마음 세계에서 작동하는 교육적인 중재 기제들에 대한 미시적인 탐색이 중요하다 하겠다.

또한 우리나라 초등학교 사회과에서 세계지리 단원은 최근 중등학교 세계지리 내용의 단순 축소 경향이 보이고 있는바, 이 점의 개선책에도 일본의 단원구성방식은 시사점을 남긴다. 6차 교육과정 시기 세계지리 단원은 일본의 경우처럼, 우리나라와 관계 깊은 나라들을 중심으로 구성되었다. 하지만 그 이후에는 대륙 중심의 세계지리 단원으로 일관되고 있는데, 향후 올바른 관점의 모색 과정에서 논란이 예상된다. 이 연구가 그러한 논란에 창조적인 문제해결의 계기로 작동하길 바란다.

13

지역학습의 실천과 교사의 수업 반성

Ⅰ. 서론

최근 사회과에서 수업연구의 방법론으로 실행연구(action research)의 접근이 확산되고 있다.[1] 하나의 수업연구 관행으로 자리를 잡고 있다. 기존의 전통적인 수업연구에서 수업자 즉, 교사는 연구의 대상이었다. 연구자에게 응시의 대상으로서 객체화되면서 수업연구를 위한 자료로서 기능하였다. 요컨대, 연구의 대상자인 교사의 입장에서 볼 때, 이 접근법은 타인의 시선에 비친 자신의 모습을 보는 경우이다. 교사가 수업연구의 과정에서 수행하는 역할은 매우 피동적인 상황이었다. 교사는 수업연구에 직접적으로 개입할 수 없는 위치에 있다. 따라서, 수업연구를 통해서 밝혀진 의미가 수업개선을 지향하는 실천가의 입장에서 볼 때, 거리감을 주고 있다. 교사의 입장에서 볼 때, 수업연구의 과정 및 결과가 수업개선의 실질적으로 기여하는 바에 대해 의구심을 가지게 한다.

---

1 교육과정 연구 관행으로서 실행연구의 의의에 대해서는 다음의 논의를 참조. 성열관, 「실행연구와 교육과정 연구」, 김영천 편저, 『After Tyler: 교육과정 이론화 1970년-2000년』, 서울: 문음사, 2006, pp.363-395., 사회과에서 수업실행연구에 관한 논의와 국내에서 교육 관련 실행 연구 동향 분석으로는 다음을 각각 참조. C. D. Berkowitz, Reflective practice and professional growth: using action research in the elementary classroom. in E. W. Ross(ed.), *Reflective Practice in Social Studies*, NCSS Bulletin Number 88, 1994, pp.29-33; 소경희, 「국내 교육관련 실행연구 동향 분석」, 『아시아교육연구』, 제12권 2호, 2011, pp.197-224.

기존 수업연구법이 가지는 한계가 교사 개개인들의 수업개선 의지를 외면할 수 없는 상황에서, 대안의 모색으로 실행연구가 그 의미를 가진다. 수업의 개선 과정 그 자체를 수업연구의 초점 대상으로 설정하는 경우가 바로 그것이다. 수업실천가의 입장에서 볼 때, 자신의 수업실천이 단순히 무한 반복하는 것이 아니라 조금씩이라도 긍정적인 변화의 궤적을 가진다고 경험적으로 자각하는 경우가 있다. 이러한 자각은 모든 인간의 삶의 영역에서 나타나는데, 실천적 지혜에 기초한 가치의 실현을 추구하는 경우가 그러하다. 요컨대, 가치로움을 추구하는 인간 세계에서, 자신의 실천에 대한 반성적인 검토를 통하여 혁신의 길을 모색한다. 사회과 실행연구는 바로 이러한 실제의 개선에 주목하고 있다. 사회과 지역학습이라는 관행에서 의미 있는 변화를 추구하기 위하여 계획을 세우고 이를 행동으로 옮기는 과정 중에 지혜로움을 추구하고 있다. 이 연구는 사회과 수업을 실천하는 교사가 실행연구의 접근법을 통하여 실제의 개선을 도모할 때 발현시키는 '반성'의 내용과 그 의미 세계를 조망하고자 한다. 보다 구체적으로 말하자면, 교사는 지역학습 실행연구를 통하여 무엇을 반성하고 있는지, 그리고 그러한 반성의 유형들은 무엇인지 검토하고자 한다.

II. 실행연구에서의 수업반성의 의미와 유형

실행연구는 결국 학생의 바람직한 변화를 위하여 교사가 수행하는 모든 체계적인 탐구 활동이다.[2] 여기서 말하는 체계성은 일종의 초점화된 문제해결을 말한다. 예컨대, 교사는 교육실천의 과정에서 다양한 딜레마 상황에 봉착한다. 그러한 딜레마 상황을 합리적으로 해결하기 위하여 지적인 노력을 경주하는데,

---

2 G. E. Mills, *Action Research: A Guide for the Teacher Researcher*, Upper Saddle River, NJ: Merrill Prentice-Hall, 2003, 강성우 외 역, 『교사를 위한 실행연구』, 서울: 우리교육, 2005.

이러한 실제의 개선 과정에서 주목하고 있는 것이 실행연구이다. 전형적인 실행연구 접근 사례의 절차를 보자면 다음의 흐름을 가진다.[3]

> 계획→1차 실행 및 관찰→반성→수정된 계획→2차 실행 및 관찰→반성→수정된 계획→3차 실행 및 관찰→반성→ ……

위의 절차에서 계획 단계는 앞서의 언급처럼, 실천가의 입장에서 볼 때, 초점화된 문제해결의 출발이다. 따라서, 실행연구자로서 교사는 듀이(Dewey)가 말하는 반성적인 사고의 주체이다.[4] 듀이가 보기에 반성적 사고는 그 기원이 '당혹, 망설임, 의심의 상태'에 있으며, '문제의 해결책으로서, 가정된 믿음을 지지하거나 부정하는데 기여하는 사실들을 찾아내기 위한 탐구행위를 포함'하기 때문이다.[5]

실행연구의 과정에서 질적으로 중요한 국면은 바로 '반성'이라는 단계이다. '반성'은 '경험을 역동적인 지식으로 해석하는 도구'이며, '경험, 문제 또는 현존하는 지식과 통찰을 구조화하거나 재구조화하려고 하는 정신적 과정'이기 때문이다.[6] 즉, 반성은 실제의 개선이라는 측면에서 볼 때, 그 개선의 방향과 전략을 포괄한다. 이에 따라 실행연구의 과정에서 연구자 혹은 실천가의 반성이 가지는 의미 탐색이 의의를 가진다. 실천가의 반성은 다양한 표현물로 나타나는데, 대표적인 경우가 글쓰기이다. Hatton & Smith는 반성적인 글쓰기 유형 인

---

3   S. Kemmis and R. McTaggart, *The Action Research Planner*, Geelong: Deakin University Press, 1988.

4   J. Dewey, *How We Think*, New York: D.C. Heath & Co, 1910, 정회욱 역, 『하우 위 싱크: 과학적 사고의 방법과 교육』, 서울: 학이시습, 2011.

5   정회욱 역, 2011, p.13.

6   F. A. J. Korthagen, et al., *Linking Practice and Theory: The Pedagogy of Realistic Teacher Education*, Mahwah, New Jersey: Lawrence Erlbaum Associates, 2001, 조덕주 외 공역, 『반성적 교사교육: 실제와 이론』, 서울: 학지사, 2007, p.119.

식 준거를 다음 〈표 1〉과 같이 제시하고 있다.[7] 이 경우, 교사가 수행하는 반성의 위계를 잘 드러내 보이고 있다. 기술적(記述的) 쓰기, 기술적 반성, 대화적 반성, 비판적 반성은 상호 차별적이면서 동시에 순차적으로 반성의 수준이 심화되는 궤적을 보여주고 있다.

〈표 1〉 반성적인 글쓰기 유형

유형[8]	아이디어	수준
기술적 쓰기	-성찰이 없다. -일어난 사건들의 기술/문헌의 보고하기이다. -사건에 대한 이유/근거를 제시하려는 어떠한 시도도 없다.	표층[9]
기술적 반성	-성찰적이다. -보고적(reportive)이고 기술적인(descriptive)방식으로 사건들 혹은 행동들에 대한 정당화 근거를 제공하려는 시도들이다.	
대화적 반성	-자아와 함께 하는 담론, 즉, 독백 등 서로 다른 수준의 숙고를 이끌어 내면서 사건들/행위들로부터 "한걸음 물러남"을 보여준다. -경험, 사건, 행동에 대한 탐색에서 대립적인 의미 관계의 구도에 주목하여 성찰을 진행한다. -경험, 사건, 행동에 대한 탐색에서 가설 혹은 잠정적인 이론에 기초하여 성찰을 진행한다.	심층
비판적 반성	-행동과 사건들이 다중적인 역사적·사회 정치적인 맥락들 내에 위치하고 영향을 받는다는 점을 인식하면서 보여준다.	

네 가지 반성의 유형들은 반성의 수준 차이를 보여주고 있다. 기술적 쓰기와 기술적 반성의 경우, 수업 사태에 대한 회고적인 묘사를 말하며 그러한 묘사에

---

7 N. Hatton and D. Smith, Reflection in teacher education: towards definition and implementation, *Teaching & Teacher Education*, 11(1), 1995, pp.33-49.

8 네 가지 유형의 아이디어는 N. Hatton and D. Smith, Reflection in teacher education: towards definition and implementation, *Teaching & Teacher Education*, 11(1), 1995, pp.33-49를 참조함.

9 표층이라는 표현은 다음의 연구성과에서 착안하였음. B. Larrivee and J. M. Cooper, *A Educator's Guide to Teacher Reflection*, Cengage Learning, 2006.

서 근거의 제시 유무를 기준으로 구별한다. 즉 양자 모두 회고적 묘사라는 점에서 공통적이고, 그러한 묘사의 근거를 제시할 경우 기술적 반성이다. 한편, 대화적 반성은 반성적 실천가가 대상으로부터 거리 두기를 시도하면서, 성찰의 심화를 추구한다. 대화적 반성에서 대립적인 의미 관계의 파악은 그만큼 실제 대상으로부터의 물러남을 통해 가능하다. 또한 가설 혹은 이론에 비추어 실제 대상에 대한 반성이 행해지기에 그만큼 조회체계의 작동이 가지는 함축을 고려할 수 있다. 요컨대, 기술적 쓰기와 기술적 반성은 표층 세계를 그 대상으로 한다면, 대화적 반성은 심층 세계를 겨냥한다. 한편, 비판적 반성은 대화적인 반성의 추구가 사회구조적인 맥락 차원까지 확장하는 양상이다. 따라서, 전반적으로 이 네 가지 반성의 유형은 발달의 경향성, 즉 탈중심화의 추세를 반영하고 있다고 볼 수 있다. 그리하여, 이 네 가지 유형으로 교사가 행하는 수업 반성의 실제를 검토할 경우, 그러한 반성의 의미 궤적을 추적하고 평가할 수 있게 된다. 즉, 이러한 반성의 유형들은 수업자가 실행연구를 통해 1차 실행, 2차 실행, 3차 실행의 과정으로 반성적 실천을 수행할 때, 이러한 실천의 차이 국면들을 질적으로 포착할 수 있는 그물망으로 작동시킬 수 있다.

III. 연구방법

1. 분석 대상

이 연구에서 선택한 사례는 현직 초등교사가 대학원 석사논문으로 수행한 실행연구 결과물이다. 그리고 석사논문의 지도교수가 필자인 관계로 이 연구는 자서전적 사례 연구로서도 의미를 가진다. 즉, 교사교육의 반성적 실천가로서 연구자 자신을 규정하면서 연구가 수행되는 측면도 있다.[10] 사례들의 또 다른 공통점은 지역학습을 주제로 한 점이며, 학위논문의 제목과 연구 개요는 다음과 같다.

실천사례A(2006년): 지역 이해를 위한 경관학습의 실천
실천사례B(2006년): 장소학습을 통한 지역정체성의 형성
실천사례C(2011년): 경관 읽기를 통한 정주의식의 함양

실천 사례A에서 해당 지역은 서울이고 대상 학년은 4학년이다. 서울의 대표 경관을 자연 경관, 역사 경관, 도시 경관으로 구분하여 지역 이해를 위한 경관학습 프로그램을 개발하고 적용하였다. 실천 사례B는 5학년 학생을 대상으로 했고, 인천시를 연구 지역으로 선정하였다. 장소학습의 논리에 기초하여 학생들이 지역정체성을 형성할 수 있도록 교육 프로그램을 구안하여 적용하였다. 실천 사례C는 서울 지역의 6학년 아동을 연구대상으로 하였다. 학생들이 경관 읽기 활동을 통하여 정주의식을 함양할 수 있도록 프로그램을 기획하여 실천하였다.

이 학위논문의 저자들이 수행한 수업반성의 실제가 분석대상이며, 수업실행 중과 수업실행 후로 구분하여 반성을 수행한 경우이다. 분석단위는 수업반성이 서술된 '단락'을 기본으로 하였다. 단락의 형태로 나타난 수업반성의 실제 사례 샘플을 보자면 아래와 같다.

---

10 R. V. Bullough, Jr. and S. Pinnegar, Guidelines for quality in autobiographical forms of self-study research, *Educational Researcher*, 30(3), 2001, p.17.

마. 프로그램의 적용

1) 경관 인지하기

⬜1 경관 인지하기에서는 지도를 통해 답사 장소의 특징을 찾아보았으며 경관 관찰과 분석을 위한 배경지식을 쌓는 활동을 하였다. 덕수궁은 대한제국의 정궁이었으므로 먼저 '대한제국'에 대해 알아보았으며, 한양지도에서 덕수궁을 찾아 특징 찾기, 현재 지도에서 정동 살펴보기 활동을 하였다.

⬜2 2차 프로그램과 관련된 6학년 사회 교육과정 내용은 '2.근대사회로 가는 길 (2) 외세의 침략과 우리 민족의 대응 ③대한 제국을 선포한 뜻은'이다. 을미사변 이후 러시아 공사관으로 처소를 옮긴 고종은 1년 만에 경운궁으로 환궁하여 조선이 자주 국가임을 국내외에 널리 알리기 위해 나라 이름을 대한 제국으로 고치고 원구단에서 황제 즉위식을 거행하였다는 내용이 나온다. 교육과정 내용과의 관련성을 높이고 학생들의 이해를 돕고자 대한민국과 대한제국의 차이를 알아보았다.

> T : 현재 나라 이름이 무엇인가요?
> S : 대한민국이요.
> T : 대한민국에서 '민'은 어떤 뜻을 가지고 있을까요?
> S : 백성 민자입니다.
> T : 현대에서 백성대신 쓰는 말은 무엇인가요?
> S : 시민이요.
> S : 국민이요.
> T : 대한민국은 누구에 의해 통치되는 나라인가요?
> S : 시민에 의해 통치되는 나라입니다.
> T : 대한 제국의 '제'는 어떤 뜻을 가지고 있을까요?
> S : 잘 모르겠습니다.
> T : 대한 제국의 '제'는 임금 제자입니다. 대한 제국은 누구에 의해 통치되는 나라였을까요?
> S : 임금이 다스리는 나라요.
> S : 그런데 고종 황제니까 황제가 다스리는 나라일 것 같아요.

- 69 -

* 샘플 이미지 중 숫자 ⬜1 ⬜2 가 단락 고유 번호임.

2. 분석 기준

이 연구에서의 분석 기준은 앞서 논의한 반성의 네 가지 유형이다. 글쓰기 단락의 결과로 나타난 수업 반성의 내용이 특정 유형 중 어디에 해당하는지 판단하였다. 교사 개개인의 전체 반성 내용 중에서 특정 유형들이 출현하는 빈도를 파악하였다. 반성 유형별 분석 기준을 대표 사례를 통해 살펴보자면 다음과 같다.

〈표 2〉의 〈사례-가〉가 '기술적 쓰기'인 까닭은 수업 시간에 있었던 상황을 단순히 서술하고 있기 때문이다. 〈사례-나〉는 수업에서 발생한 상황을 서술하면서 그 상황이 나타나는 근거를 드러내 보이고 있기 때문에 '기술적 반성'의 유형이다. 〈사례-다-1〉의 경우, 지역학습의 유형을 지역 이해의 차원과 민족적 체험의 차원으로 구분하고 상대적인 차별화를 논의하고 있기에 '대화적 반성'의 한 사례이다. 〈사례-다-2〉는 학생들이 지역학습을 통해 내면화한 결과를 '행동적 내부성, 감정이입적 내부성'이라는 장소감 발달의 국면으로 논의하고 있는데,[11] 이것은 장소학습의 이론 측면에서 수업을 반성하고 있는 전형적인 상황이다. 한편, 〈사례-라〉는 '비판적 반성' 사례로서 학생의 학습경험을 단지 학교라는 테두리 속에 가두어두지 않는다. 교사는 개발지상주의를 비판하는 측면에서 학습경험을 논의하고 있으며, 이는 수업을 사회·정치적인 맥락 속에서 위치시키는 경우이다.

〈표 2〉 반성 유형별 사례

유형	사례
기술적 쓰기	"학생들 대부분은 인천이 옛 도읍지였다는 사실에 놀라워했고, 교사의 이야기를 흥미롭게 들었다."〈사례-가〉

---

11 E. Relph, *Place and Placelessness*, London: Pion, 1976, 심승희 외 역, 『장소와 장소상실』, 서울: 논형, 2005, pp.123-127.

유형	사례
기술적 반성	"학생들은 지도를 통해 서울의 범위와 서울 속의 자신이 사는 곳과 한강, 선유도의 위치를 이해하게 되었다. 그리고 지도에서 행정구역의 구분이 서울을 여러 영역으로 나누고 있다는 것과 동시에 이런 구들이 모여 서울을 이룬다는 것을 발견하면서 서울의 지리적 특징을 이해하게 되었다."〈사례-나〉
대화적 반성	"학생들의 활동 결과물을 분석해 본 결과 2차 경관 관찰하기는 프로그램의 본래 목적인 지역 이해를 벗어나 민족적 체험으로 나아가고 있다는 것을 알 수 있었다. 2차의 경관 관찰하기의 사전 활동까지는 서울을 이해하는데 초점을 맞추어 수업을 진행하였다. 그러나 관찰조사활동에서는 2차 경관학습 프로그램의 적용결과가 전반적으로 국가 이해 측면으로 나타났다. 2차 경관학습 프로그램에서는 역사경관을 통해 지역의 지리적 특징과 의미를 드러내는 지역 이해에 초점을 맞추어야 한다. 그러나 2차 경관 관찰하기의 관찰조사활동은 민족적 체험을 통한 역사수업 또는 한국사를 위한 경관학습이 되었다."〈사례-다-1〉 "지도에서 인천의 내부와 외부를 살펴봄으로써 행동적 내부성, 감정이입적 내부성의 지역정체성을 형성하였다. 학생들은 인천이 서울과 가깝고, 바다와 접해 있으며 중국과 가깝기 때문에 다른 나라와의 무역이 활발하고, 경제가 발전한 도시라는 사실을 알고, 인천의 특색을 이해함으로써 인천을 '무역의 도시, 경제 중심 도시', '다양한 특징을 가진 도시'라고 생각하였다. 이는 인천의 모습을 주목하는 행동적 내부성의 지역정체성이 형성되었음을 보여준다."〈사례-다-2〉
비판적 반성	"할아버지의 답답한 한숨소리에 아이들도 같이 마음이 무거워졌다는 이야기를 하였다. 학생들은 많은 사람들이 북적이고 활기차게 생활하는 바깥과는 달리 동대문운동장안 풍물시장은 왠지 딴 세계인 것 같다는 생각이 들었다고 한다. 학생들은 어쩌면 개발이라는 이름에 희생된 서울 그리고 서울사람들의 또 다른 모습을 접했는지도 모른다. 일부 학생들은 지역의 경관을 넘어서서 그 경관을 이루는 사람들에게서도 오늘날의 서울의 모습을 느낄 수 있었다."〈사례-라〉

3. 분석 방법

한편, 이 연구는 반성의 유형과 대상을 분석 기준으로 하여 학위논문에 나타난 교사의 반성 실제를 내용분석법으로 검토하였다. 교사 개개인의 전체 반성 내용 중에서 특정 유형들이 출현하는 빈도를 파악하였다. 개별 교사들의 유형 분석이 끝나고 난 뒤, 교사 간에 나타나고 있는 반성의 궤적 사이 비교를 시도하면서 유사점과 차이점을 논의하였다.

Ⅳ. 연구결과: 지역학습 실천 사례에 나타난 수업반성의 유형

1. 실천 사례A: '지역의 이해를 위한 경관학습의 실천'

사례A는 2006년 학위논문으로 제출되었고, 초등학교 4학년 아동을 대상으로 하여 '경관학습'의 측면에서 지역학습을 도모한 경우이다. 수업자는 지역학습을 경관학습의 측면에서 재개념화하고 학습의 효과로서 지역 이해에 초점을 두고 있다. 지역학습은 지역의 지리적 특징 이해가 핵심이며, 이를 위해 해당 지역의 경관을 학습의 모티브로 삼고 있다. 경관학습의 하위 범주와 시간 운영의 흐름을 보자면 아래 〈표 3〉과 같다. 실천 사례A에서 경관학습은 경관 발견하기 → 경관 관찰하기 → 경관 디자인하기의 순서로 1차 실행을 구조화하며, 이 구조가 2차 및 3차 실행에서 반복된다.

실천 사례A에 나타나고 있는 반성의 유형은 〈표 4〉와 같다. 1차 실행에서 반성의 표층 수준은 73.3%, 심층 수준은 26.7%였다. 2차 실행에서는 표층 수준이 58.3%, 심층 수준이 41.7%이고 3차 실행에서는 각각 68.2%, 31.8%였다. 세 차례 모두 일관되게 표층 수준이 심층 수준보다 출현 빈도가 더 많았다. 다만, 3차 실행에서 비판적 반성의 유형이 나타난 점이 특이한 사항이다.

〈표 3〉 실천 사례A-수업 구조

구분	의미	1차 실행	2차 실행	3차 실행
경관 발견하기	지도에서 학습할 경관의 위치를 찾는 활동이다.	1차시	1차시	2차시
경관 관찰하기	학생들이 야외에 나가 경관을 살펴보고, 경관의 특징 및 공통점과 차이점 확인한 다음, 학생들 각자는 비교대상 중 하나의 경관을 선택하게 된 이유를 생각하게 하고 질문하는 활동이다.	4차시	5차시	5차시

구분	의미	1차 실행	2차 실행	3차 실행
경관 디자인하기	학생들은 자신들의 경관 선호 및 경관의 이용 주체 등을 알아보고 난 뒤, 미래 지향의 측면에서 경관을 직접 디자인해보는 활동이다.	2차시	2차시	2차시

<표 4> 실천 사례A-반성 유형

유형	1차 실행			2차 실행			3차 실행			수준
	실행 중 반성	실행 후 반성	합계	실행 중 반성	실행 후 반성	합계	실행 중 반성	실행 후 반성	합계	
기술적 쓰기	–	2	2 (13.3%)	4	–	4 (16.6%)	5	1	6 (27.3%)	표층
기술적 반성	4	5	9 (60.0%)	6	4	10 (41.7%)	4	5	9 (40.9%)	
대화적 반성	4	–	4 (26.7%)	6	4	10 (41.7%)	3	2	5 (22.7%)	심층
비판적 반성	–	–	–	–	–	–	2	–	2 (9.1%)	
			15 (100%)			24 (100%)			22 (100%)	

(단위: 단락 수)

2. 실천 사례B: '장소학습을 통한 지역정체성의 형성'

사례B의 경우, 2006년 학위논문으로 제출이 되었고, 5학년 아동을 대상으로 실천하였다. 아동의 지역정체성 형성을 위하여 장소학습 프로그램을 구안하여 적용하였다. 지역정체성 형성을 위한 장소학습 프로그램을 크게 세 가지 차원에서 구조화하였고 세부 사항은 아래 〈표 5〉와 같다. 장소학습 프로그램은 생활공간의 지도화, 역사경관 읽기, 그리고 지역 홍보 활동 등의 순서로 실천되었다.

<표 5> 실천 사례B-수업 구조

구분	의미	1차 실행	2차 실행
생활공간의 지도화	생활공간을 지도로 만들고, 내부와 외부를 구별하는 경계 만들기 활동을 통해 학습자의 지역정체성이 형성되도록 한다.	6차시	6차시
역사경관 읽기	지역의 특성을 드러내는 역사경관을 살펴보고, 의미를 부여하는 활동을 통해 지역정체성이 형성되도록 한다.	22차시	22차시
지역 홍보 활동	지역의 고유성 및 우수성을 다른 지역 사람들에게 홍보하는 활동을 통해 지역정체성이 형성되도록 한다.	18차시	19차시

실천 사례B에 나타나고 있는 반성의 유형은 〈표 6〉과 같다. 1차 실행에서 반성의 표층 수준은 53.6%, 심층 수준은 46.4%였고 표층 수준의 빈도수가 더 많았다. 2차 실행에서는 표층 수준이 38.9%, 심층 수준이 61.1%로 심층 수준의 반성 빈도수가 더 많았다. 1차 실행에서 2차 실행으로 가면서, 반성의 표층 수준은 감소하고 심층 수준은 증가하는 추세를 보였다.

〈표 6〉 실천 사례B-반성 유형

유형	1차 실행			2차 실행			수준
	실행 중 반성	실행 후 반성	합계	실행 중 반성	실행 후 반성	합계	
기술적 쓰기	5	1	6 (14.6%)	5	-	5 (13.9%)	표층
기술적 반성	14	2	16 (39.0%)	7	2	9 (25.0%)	
대화적 반성	16	3	19 (46.4%)	19	3	22 (61.1%)	심층
비판적 반성	-	-	-	-	-	-	
			41 (100%)			36 (100%)	

(단위: 단락 수)

3. 실천 사례C: '경관 읽기를 통한 정주의식의 함양'

실천 사례C의 경우, 6학년 아동을 대상으로 지역학습을 실천한 결과이다. 아동의 정주의식 함양을 위하여 경관 읽기 프로그램을 적용한 결과이다. 경관 읽기 프로그램은 경관 인지, 경관 관찰, 경관 분석, 경관 홍보, 경관 바꾸기의 흐름으로 구성되어 있다. 각 활동별 취지를 보자면 아래 〈표 7〉과 같다.

실천 사례C에 나타난 반성의 유형을 살펴보자면, 1차 실행과 2차 실행 모두에서 표층 수준보다는 심층 수준의 출현 빈도가 더 많았다. 대화적 반성이라는 심층 수준의 반성 유형은 1차 실행에서 68.9%, 2차 실행에서 68.5%로 나타나서 거의 유사한 양상을 보이고 있다. 따라서 실천 사례에서 수업자는 1차 실행에서부터 심층 수준의 반성 경향이 더 두드러지게 나타났다.

〈표 7〉 실천 사례C-수업 구조

구분	의미	1차 실행	2차 실행
경관 인지하기	학습할 곳의 위치와 모습, 지도상에 나타난 특징, 학습 경로, 학습 내용을 파악한다.	1차시	1차시
경관 관찰하기	현장 관찰을 통해 경관을 살펴보고 특징을 발견하며, 장소감을 느껴본다.	4차시	4차시
경관 분석하기	관찰 및 조사 내용에 기초하여 경관이 포함하고 있는 관계성, 역사성, 상징성 등을 파악한다.	2차시	2차시
경관 홍보하기	학습 대상 경관의 자랑거리를 찾고, 이를 다른 사람에게 알릴 수 있는 홍보 자료를 만든다.	2차시	2차시
경관 바꾸기	더 나은 경관을 위해 개선해야 할 점을 찾고 이를 해결하기 위한 대안을 제시한다.	1차시	1차시

<표 8> 실천 사례C-반성 유형

유형	1차 실행			2차 실행			수준
	실행 중 반성	실행 후 반성	합계	실행 중 반성	실행 후 반성	합계	
기술적 쓰기	1	1	2 (4.4%)	12	1	13 (17.8%)	표층
기술적 반성	11	1	12 (26.7%)	8	2	10 (13.7%)	
대화적 반성	28	3	31 (68.9%)	32	18	50 (68.5%)	심층
비판적 반성	-	-	-	-	-	-	
			45 (100%)			73 (100%)	

(단위: 단락 수)

V. 결론

지금까지 지역학습의 실천 사례 세 가지를 매개로 하여, 수업실천가가 행하는 반성의 의미 유형을 검토하였다. 교사교육자의 입장에서 지역학습의 실천 사례들을 비교하였을 때, 선호할 수 있는 입장은 어떤 경우일까? 사례C의 경우, 1차 실행과 2차 실행 모두에서 심층 수준, 특히 대화적 반성의 반성 유형을 보여 주었다는 점에서 긍정적이다. 지역학습 프로그램을 적용하면서 매 실행마다 대화적 반성의 유형을 중심으로 표층보다는 심층 수준의 반성 경향을 보이기 때문이다. 사례B의 경우도 부정적이지 않은 수업반성의 양상을 보여주었다. 1차 실행에 비해 2차 실행에서 심층 수준의 반성 경향이 더 비중 있게 나타났기 때문이다. 수업 반성의 깊이가 점차적으로 심화되는 경향을 보였기 때문에 긍정적이다. 사례A의 경우, 세 차례에 걸친 수업실행 모두에서 심층 수준보다는 표층의 반성 경향을 보였기 때문에 아쉬움을 남긴다. 수업 실천이 진행되면서 점차적으로 심층 수준의 수업반성이 나타나지 않기에 교사교육자인 필자에게 성찰의 계기를 제공한다.

향후 실행연구의 방법으로 수업개선 연구를 학위논문으로 지도할 때, 심층 수준의 수업 반성을 실천가가 행할 수 있도록 목적의식성을 발휘해야 할 것으로 생각한다. 즉, 심층 수준의 반성을 견인하기 위한 교사교육자의 개입 방식은 무엇인가라는 질문을 던지게 한다. 대화적 반성, 비판적 반성이 가능하도록 독려하는 것이 관건인데, 이것은 수업의 의미를 심층적으로 검토할 수 있는 조회체계를 만들고 그 내부에 교사교육자가 참여하는 과정이다. 아울러, 심층 수준의 반성, 예컨대, 대화적 반성 내부의 다양한 차이 국면들에 대한 이해와 상호비교 등도 후속 연구과제로 부각된다. 한편, 비판적 반성이 수업실천가에게서 탄생하는 경위와 그 교육적 가치도 탐구 대상이다. 이것은 사회구조의 바람직한 개선이라는 가치 지향과 맞닿아 있고, 수업성찰은 비판 지성인으로서 교사의 역할을 조망하는 출발점이기도 하다.

참고문헌

가와모토 다카시, 1999, 「민족 · 역사 · 애국심: '역사 교과서 논쟁'을 역사적으로 상대화하기 위하여」, 이규수 역, 『국가주의를 넘어서』, 서울: 삼인, pp.198-217.

姜尙中, 1998, 「국민의 심상 지리와 탈국민의 이야기」, 코모리 요우이치 · 타카하시 테츠야 엮음, 이규수 역, 1999, 『국가주의를 넘어서』, 서울: 삼인, pp.180-197.

교육과학기술부, 2010, 『사회과 교사용 지도서』, 서울: 대한교과서주식회사.

교육부, 1990, 『사회 4-1 서울특별시』, 서울: 국정교과서주식회사.

교육부, 1990, 『사회 4-1 제주도』, 서울: 국정교과서주식회사.

교육부, 1992, 『국민학교 교육과정』, 서울: 대한교과서주식회사.

교육부, 1994, 『국민학교 교육과정 해설(Ⅱ)』, 서울: 대한교과서주식회사.

교육부, 1996, 『서울의 생활 4-1』, 서울: 국정교과서주식회사.

교육부, 1996, 『초등학교 교사용 지도서 사회 4-1』, 서울: 대한교과서주식회사.

교육부, 1996, 『아름다운 제주도』, 서울: 국정교과서주식회사.

교육부, 1997, 『사회과 교육과정』, 서울: 대한교과서주식회사.

교육부, 1997, 『초등학교 교육과정』, 서울: 국정교과서주식회사.

교육부, 1998, 『아름다운 제주도 4-1』, 서울: 국정교과서주식회사.

교육부, 1998, 『살기 좋은 충청북도 4-1』, 서울: 국정교과서주식회사.

교육부, 2001, 『서울의 생활』, 서울: 대한교과서주식회사.

교육부, 2022, 『사회과 교육과정』, 서울: 대한교과서주식회사.

교육부, 2002, 『초등학교 교사용 지도서 사회 5-1』, 서울: 대한교과서주식회사.

교육인적자원부, 2007, 『사회과 교육과정』, 서울: 대한교과서주식회사.

김남수, 2003, 「환경교육 프로그램 개발의 실행연구」, 『교육인류학연구』, 6(2), pp.1-32.

김복영, 2007, 「문화연구를 통한 교육과정 연구의 모색」, 『홀리스틱교육연구』, 제11권 제2

호, pp.1-14.

김용만 외, 1998, 「사회」, 『초등학교 교육과정 해설(Ⅲ)』, 교육인적자원부.

김용만, 1986, 「사회과 교육과정 지역화의 이론적 배경과 접근법」, 『사회과교육』, 제19호, pp.9-19.

김용신, 2007, 『사회과교육과 강한 정치교육론』, 파주: 교육과학사.

김일기 외, 1998, 『제7차 교육과정의 상세화를 통한 사회과 내용체계에 관한 연구』, 한국교원대학교 사회과교육과정 연구위원회.

김일기, 1983, 「지지교육의 제문제」, 석천이찬박사화갑기념논문집간행위 편, 『지리학의 과제와 접근 방법』, 서울: 교학사, pp.595-613.

김일기, 2002, 「지리교육과 가치교육」, 『지리과교육』, 4, pp.101-109.

김항원 외, 2000, 『전환기 제주의 의식과 제주정신』, 제주: 제주대학교출판부.

김형국, 2002, 『고장의 문화판촉』, 서울: 학고재.

김회목, 1987, 「사회과」, 『국민학교 교육과정 해설』, 서울: 교육과학사.

남상준, 2003, 「학교교육과정의 지역적 적합성과 사회과 교육과정 지역화의 상보적 관계」, 『사회과교육연구』, 10(1), pp.1-19.

남상준 · 김정아, 2005, 「장소 중심 지리교육과정 구성 원리의 탐색」, 『한국지리환경교육학회지』, 13(1), pp.85-96.

남호엽, 2001, 「공간스케일의 관점에서 본 민족정체성 교육」, 『사회과교육』, 34, pp.110-126.

남호엽, 2002, 「역사경관의 재현과 지역교육의 합리성」, 『시민교육연구』, 제34권 제2호, pp.27-41.

남호엽, 2004, 「시민성의 공간과 정체성 교육의 논리」, 『지리과교육』, 제6호, pp.135-146.

남호엽, 2013, 『글로벌시대의 지역교육론』, 파주: 한국학술정보.

남호엽, 2013, 「오키나와 지역사 교과서에서 동아시아의 표상방식」, 『한국지리환경교육학회지』, 21(3), pp.75-86.

남호엽 · 김일기, 2001, 「지역학습에 있어서 민족정체성과 지역정체성의 관계」, 『대한지리학회지』, 36(4), pp.483-494.

鹿野政直, 2004, 「오키나와, 주변으로부터의 발신」, 정문길 외 편역, 『주변에서 본 동아시아』, 서울: 문학과지성사, pp.138-156.

마나부, 1999, 「개인 신체 기억으로부터의 출발: 전후 역사교육에 대한 반성」, 이규수 역, 『국가주의를 넘어서』, 서울: 삼인, pp.354-369.

木村勝彦 外, 2011, 「郷土の学習」, 全国社会科教育学会 編, 『社会科教育実践ハンドブック』, 東京: 明治圖書, pp.53-56.

문교부, 1987, 『국민학교 교육과정』, 서울: 대한교과서주식회사.

문교부, 1990, 『초등학교 교사용 지도서 사회 5-1』, 문교부.

文部科学省, 2008, 『小学校学習指導要領(社会編)』.

文部科学省, 2008, 『小学校学習指導要領解説(社会編)』.

文部科学省, 2008, 『中学校学習指導要領(社会編)』.

文部科学省, 2008, 『中学校学習指導要領解説(社会編)』.

文部科学省, 2009, 『高等學校學習指導要領』.

박성수, 2000, 「재현, 시뮬라크르, 배치」, 『문화과학』, 제24호, pp.39-51.

박승규, 2000, 「일상생활에 근거한 지리교과의 재개념화」, 한국교원대학교 대학원 박사학위 논문.

박승규, 2002, 「초등학교 지리교육에서 아름다움이 갖는 의미 탐색」, 『한국지리환경교육학회지』, 10(3), pp.17-28.

박승규, 2004, 「어린이 지리학의 초등 지리교육적 의미」, 『한국지리환경교육학회지』, 12(1), pp.1-14.

박승규·김일기, 1998, 「사회과 지역학습에서 '지역'의 의미 탐색」, 『사회과교육연구』, 제5집, pp.71-90.

박승규·김일기, 2001, 「일상생활에 근거한 지리교과의 재개념화」, 『대한지리학회지』, 36(1), pp.1-14.

박승규·심광택, 1999, 「'경관'과 '기호' 표상을 활용한 지역학습」, 『대한지리학회지』, 34(1), pp.85-90.

北 俊夫 外, 2015, 『新しい社會6下』, 東京: 東京書籍.

澁澤文隆, 2012, 「地域学習」, 日本社会科教育学会 編, 『社会科教育事典』, 東京: ぎょうせい, pp.96-97.

서울시교육청, 2001,『서울의 생활』, 서울: 국정교과서주식회사.

서울특별시교육연구원, 1999,『교육과정의 지역화 안내 자료』, 서울특별시교육연구원.

서울특별시교육위원회, 1984,『사회과 교육과정 운영의 지역화 자료』, 서울특별시교육위
　　　원회.

서울특별시교육청, 2010,『서울의 생활』, 서울: 국정교과서주식회사.

서주실, 2011,「초등학교 세계지리 단원의 내용 조직 방법」,『글로벌교육연구』, 3(2),
　　　pp.45-74.

西川長夫, 1995,『地球時代の民族=文化理論』, 東京: 新曜社, 윤해동 · 방기헌 역, 2009,『국
　　　민을 그만두는 방법』, 서울: 역사비평사.

西川長夫, 1998,『國民國家論の射程』, 東京: 柏書房, 윤대석 역, 2002,『국민이라는 괴물』,
　　　서울: 소명출판.

서태열, 2005,『지리교육학의 이해』, 서울: 한울아카데미.

石毛直道 外, 2015,『社會6』, 東京: 光村圖書.

성열관, 2006,「실행연구와 교육과정 연구」, 김영천 편저,『After Tyler: 교육과정 이론화
　　　1970년-2000년』, 서울: 문음사. pp.363-395.

成田龍一, 1988,『故郷 という 物語-都市空間の歴史学』, 東京:吉川弘文館, 한일비교문화세미
　　　나 역, 2007,『고향이라는 이야기-도시공간의 역사학』, 서울: 동국대학교 출판부.

소경희, 2011,「국내 교육관련 실행연구 동향 분석」,『아시아교육연구』, 제12권 2호,
　　　pp.197-224.

송성대, 1998,『제주인의 해민정신: 문화의 원류와 그 이해(개정 증보판)』, 제주: 파피루스.

松本康, 2011,「地域学習(2): 生活問題の解決」, 全国社会科教育学会 編,『社会科教育実践
　　　ハンドブック』, 東京: 明治圖書, pp.49-52.

송언근, 2003,「'지리하기'로서 지리교육의 구성」,『한국지리환경교육학회지』, 11(2),
　　　pp.1-16.

송원섭 · 조철기, 2013,「제주도의 토착지식을 활용한 장소 기반 시민성교육」,『문화역사
　　　지리』, 35(2), pp.59-75.

송효섭, 1997,『문화기호학』, 서울: 민음사.

심광택, 2006,「지역인식과 지리교과서의 지역기술」,『한국지리환경교육학회지』, 14(4),

pp.359-371.

有田和正 外, 2015,『小學社會6下』, 東京: 教育出版.

윤홍기, 2001,「경복궁과 구 조선총독부 건물 경관을 둘러싼 상징물 전쟁」,『공간과 사회』, 제15호, pp.282-305.

윤홍기, 2011,『땅의 마음』, 서울: 사이언스북스.

이순금, 2005,『어린이 공간의 개인적 의미』, 춘천교육대학교 교육대학원 석사학위 논문.

이해준, 2001,『지역사와 지역문화론』, 서울: 문화닷컴.

임재해, 2000,「민속문화의 지역성과 보편성을 보는 눈」, 실천민속학회 편,『민속문화의 지역성과 보편성』, 서울: 집문당, pp.11-61.

전종한, 2002,「사회과에서 지역학습 내용구성의 실제에 관한 연구」,『대한지리학회지』, 제37권 제2호, pp.177-190.

전종한, 2005,「장소와 경관을 새롭게 읽기」, 전종한 외,『인문지리학의 시선』, 서울: 논형, pp.261-296.

전종한, 2014,「세계지리 과목의 권역 구분 방식과 내용 체계의 개선 방안」,『글로벌교육연구』, 6(2), pp.3-36.

齊藤 毅, 최원회 역, 1988,「최근 일본에 있어서의 지리교육 방법론에 관한 발생론적 시점의 전개」,『熊津地理』, 14, pp.59-63.

제주교육과학연구원, 2010,『아름다운 제주특별자치도』.

제주도교육청, 2001,『아름다운 제주도』, 서울: 대한교과서주식회사.

제주미래교육연구원, 2021,『아름다운 제주특별자치도』.

제주특별자치도교육청, 2014,『아름다운 제주특별자치도』.

조성욱, 2005,「지리교육에서 지역규모 인식」,『한국지리환경교육학회지』, 13(1), pp.139-149.

中村和郎·石井英也·手塚章,『地域と景観』, 東京: 古今書院, 1991, 정암 외 공역, 2001,『지역과 경관』, 서울: 선학사.

池野範男 外, 2015,『小學社會6年下』, 大阪: 日本文教出版.

차우규 외, 2020,『보훈교육 활성화를 위한 효과적인 교육 프로그램 개발』, 국가보훈처·한국교원대학교.

허영식, 1996, 『민주시민교육론』, 서울: 배영사.

현길언, 1986, 「제주전설과 제주사람들의 삶의 양식」, 양순필 외, 『제주문화의 재조명』, 서울: 도서출판 一念, pp.240-259.

현길언, 1992, 「제주문화의 그 의식의 저류」, 제주국제협의회, 『전환기의 제주』, 서울: 신라출판사, pp.31-43.

戶田浩暢, 2011, 「地域学習(1): 地域に生きる人の理解」, 全国社会科教育学会 編, 『社会科教育実践ハンドブック』, 東京: 明治圖書, pp.45-48.

Anderson, B., 1983, *Imagined Communities: Reflection on the Origin and Spread of Nationalism*, Verso, 윤형숙 역, 1993, 『민족주의의 기원과 전파』, 서울: 나남.

Agnew, J. & Duncan, J.(eds.), 1989, *The Power of Place: Bringing together Geographical and Sociological Imaginations*, London: Unwin Hyman.

Altheide, D. L., 1996, *Qualitative Media Analysis*, London: Sage.

Anderson, J., 2010, *Understanding Cultural Geography: Places and Traces*, London: Routledge, 이영민·이종희 역, 2013, 『문화·장소·흔적: 문화지리로 세상 읽기』, 서울: 도서출판한울.

Anderson, K., 1991, *Vancouver's Chinatown: Radical Discourse in Canada, 1875-1980*, Montreal and Kingston: McGill-Queens University Press.

Arenas, A., 1999, *If We Go Global, What Happens to the Local? In Defense of a Pedagogy of Place*, Paper presented at the Annual Meeting of the Comparative and International Education Society (Toronto, Canada, April)(ED 434 796).

Atkins, P., Simmons, I. and B. Roberts, 1998, *People, Land and Time*, London: Arnold.

Assmann, A., 1999, *Erinnerungsräume*, München, Beck: Verlag, 변학수·백설자·채연숙 역, 2003, 『기억의 공간』, 대구: 경북대학교 출판부.

Baker, C. & Galasinski, D., 2001, *Cultural Studies and Discourse Analysis*, London: Sage Publications.

Baker, C., 2000, *Cultural Studies: Theory and Practice*, London: Sage Publications.

Baker, C., 2002, *Making Sense of Cultural Studies*, London: Sage Publications.

Barthes, R., 1970, *Elements of Semiology*, trans., Lavers, Annette & Smith, Boston:

Beacon Press.

Berkowitz, C. D., 1994, Reflective practice and professional growth: using action research in the elementary classroom, in Ross, E. W.(ed.), *Reflective Practice in Social Studies*, NCSS Bulletin Number 88, pp.29-33.

Bialostocki, J., 1973, Skizze einer Geschichte der beabsichtigten und der interpretierenden Ikonographie, in Kaemmerling, E.(ed.), 1994, *Iknographie und Iconologie. Theorien, Entwicklung, Probleme*, 이한순 외 공역, 1997, 「도상학의 역사」, 『도상학과 도상해석학』, 서울: 사계절, pp.17-70.

Brace, C., 1999, Finding England everywhere regional identity and the construction of national identity, 1890-1940, *Ecumene*, 6(1), pp.90-109.

Brenner, N., 1997, Global, fragmented, hierachical: Henri Lefebvre's geographies of globalization, *Public Culture*, 24, pp.135-167.

Bullough, Jr., R. V. & Pinnegar, S., 2001, Guidelines for quality in autobiographical forms of self-study research, *Educational Researcher*, 30(3), pp.13-21.

Carter, E., 1993, et al., *Space and Place: Theories of Identity and Location*, London: Lawrence and Wishart.

Castree, N., 2003, Place: connections and boundaries in an interdependent world, in Holloway, S. L., Rice, S. P. & Valentine, G.(ed.), *Key Concepts in Geography*, London: Sage, pp.165-185.

Chandler, D., 1994a, Code, in *Semiotics for Beginners* [WWW document] URL http://www.aber.ac.uk/~dgc/semiotics.html[2000. 8. 1]

Chandler, D., 1994b, Sign, in *Semiotics for Beginners* [WWW document] URL http://www.-aber.ac.uk/~dgc/semiotics.html[2000. 8. 1]

Chandler, D., 1994c, Introduction, in *Semiotics for Beginners*[WWW document] URL http://www.aber.ac.uk/~dgc/semiotics.html[2000. 8. 1]

Cherryholmes, C. H., 1988, *Power and Criticism: Poststructual Investigations in Education,* New York: Teachers College Press, 박순경 역, 1998, 『탈구조주의 교육과정 탐구: 권력과 비판』, 서울: 교육과학사.

Cilla, R. D., Reisigl, M. & Wodak, R., 1999, The discursive construction of national identities, *Discourse & Society*, 10(2), pp.149-173.

Claval, P. & Entrikin, J. N., 2004, Cultural geography: place and landscape between continuity and change, in Benko, G. and U. Strohmayer(ed.), *Human geography: A History for the 21st Century*, London: London: Arnold, pp.25-46.

Clement, E. et al., 1994, *Pratique De La Philosophie De A Z*, Paris: Haiter, 이정우 역, 1996, 『철학사전: 인물들과 개념들』, 서울: 동녘.

Cloke, P., 1999, Self-other, in Cloke, P., et al.(ed.), *Introducing Human Geographies*, London: Arnold, pp.43-53

Cogan, J. J. and D. Grossman, 2000, Citizenship: the democratic imagination in a global/ local context, *Social Education*, 64(1), pp.48-53.

Commission on Geographical Education, 1992, *International Charter on Geographical Education*, International Geographical Union.

Cosgrove, D. & Daniels, S., 1988, Introduction: iconography and landscape, in Cosgrove, D. & Daniels, S.(ed.), *The Iconography of Landscape: Essays on the Symbolic Representation, Design and Use of Past Environments*, Cambridge: Cambridge University Press, pp.1-10.

Cosgrove, D., 1984, *Social Formation and Symbolic Landscape*, London: Croom Helm.

Coulby, D., 2000, *Beyond the National Curriculum: Curricular Centralism and Cultural Diversity in Europe and the USA*, London: Routledge Falmer.

Crang, M., 1998, *Cultural Geography*, London & New York: Routledge.

Crawford, K., 1995, Citizenship in the primary curriculum, in Ahier, J. & Ross, A.(ed.), *The Social Subjects within the Curriculum: Children's Social Learning in the National Curriculum*, London: The Falmer Press, pp.127-138.

Cresswell, T., 1999, Place, in Cloke, P., Crang, M. & Goodwin, M. (ed.), *Introducing Human Geographies*, London: Arnold, pp.226-233.

Darby, W. J., 2000, *Landscape and Identity: Geographies of Nation and Class in England*, Oxford: Berg.

Defarges, P. M., 1994, *Introduction à la géopolitique*, Paris: Editions du Seuil, 이대희 · 최 연구 역, 1997, 『지정학입문: 공간과 권력의 정치학』, 서울: 새물결.

Deleuze, G. et Guattari, F., 1980, *Mille Plateaux: Capitalisme et Schizophrenie 2*, Paris: Les Éditions de minuit, 김재인 역, 2001, 『천 개의 고원』, 서울: 새물결.

Dewey, J., 1910, *How We Think*, New York: D. C. Heath & Co, 정회욱 역, 2011, 『하우 위 싱크: 과학적 사고의 방법과 교육』, 서울: 학이시습.

Dewey, J., 1916, *Democracy and Education*, New York: The Macmillan Company, 이홍우 역, 1996, 『민주주의와 교육』, 서울: 교육과학사.

Dewey, J., 1954, *The Public and Its Problems*, Chicago: Swallow Press.

Duncan, J. C., 1990, *The City as Text: The Politics of Landscape in the Kandyan Kingdom*, Cambridge: Cambridge University Press.

During, S.(Ed.), 2003, *The Cultural Studies Reader(second edition)*, London and New York: Routledge.

Dynneson, T. L. & Gross, R. E., 1991, The educational perspective: citizenship education in American society, in Dynneson, T. L. & Gross, R. E.(ed.), *Social Science Perspective on Citizenship Education*, New York: Teachers College Press, pp.1-42.

Fiske, J., 1987, *Television Culture*, London: Routledge.

Foster, S. J., 1999, The struggle for American identity: treatment of ethnic groups in United States history textbooks, *History of Education*, 28(3), 251-278.

Gardner, H., 2000, *The Disciplined Mind*, New York: Simon and Schuster, 류숙희 역, 2015, 『인간은 어떻게 배우는가?』, 서울: 사회평론.

Geography Education Standards Project, 1994, *Geography for Life*, Washington, D.C.: National Geographic Research & Exploration.

Gilbert, R., 1995, Education for citizenship and the problem of identity in post-modern political culture, in Ahier, J. & Ross, A.(ed.), *The Social Subjects within the Curriculum: Children's Social Learning in the National Curriculum*, London: The Falmer Press, pp.11-30.

Giles, J., & Middleton, T., 1999, *Studying Culture: A Practical Introduction*, Oxford:

Blackwell, 장성희 역, 2003, 『문화 학습』, 서울: 동문선.

Gill, J. & Howard, S., 2001, *Somewhere to Call Home? Schooling and a Sense of Place and Belonging in an Increasingly Globalised World*, Paper presented at the Annual Meeting of the Australian Curriculum Studies Association(Canberra, Australian Capital Territory, Australia, September 29-October 1) (ED 479 145).

Giroux, H. A., 1981, 한준상 외 공역, 1988, 「새로운 교육과정의 사회학」, 『교육과정 논쟁』, 서울: 집문당, pp.117-129.

Giroux, H. A., 1994, Living dangerously: identity politics and the new cultural racism. in Giroux, H. A. & McLaren, P.(eds.), *Between Borders: Pedagogy and The Politics of Cultural Studies*, New York: Routledge, pp.29-55.

Goodson, I. F., 1990, Studying curriculum: towards a social constructionist perspective, *Journal of Curriculum Studies*, 22(4), pp.299-312.

Gruenewald, D. A., 2003, The best of both worlds: a critical pedagogy of place, *Educational Researcher*, 32(4), pp.3-12.

Gruenewald, D. A., 2003, Foundations of place: a multidisciplinary framework for place-conscious education, *American Educational Research Journal*, 40(3), pp.619-654.

Gruenewald, D. A. & Smith, G. A.(ed.), 2010, *Place-Based Education in the Global Age*, New York: Routledge.

Hall, K., 1999, Understanding educational processes in an era of globalization: the view from anthropology and cultural studies, in Lagemann, E. C. and L. S. Shulman(ed.), *Issues in Educational Research: Problems and Possibilities*, San Francisco: Jossey-Bass Publications, pp.121-156.

Hall, S., 1992, The question of cultural identity, in Hall, S. et al.(eds.), *Modernity and its Futures*, Oxford: Open University Press, 김수진 역, 「문화적 정체성의 문제」, 『모더니티의 미래』, 서울: 현실문화연구.

Hall, S., 1995, New cultures for old, in Massey, D. and P. Jess(ed.), *A Place in the World?: Places, Cultures and Globalization*, Oxford: The Open University Press, pp.175-213.

Hall, S., 1997, The work of representation, in Hall, S.(ed.), *Representation: Cultural*

Represen-tations and Signifying Practices, Milton Keynes: The Open University Press, pp.13-64.

Hanna, P. R., 1987, *Assuring Quality for the Social Studies*, Stanford, California: Hoover Institution Press.

Hannam, K., 2002, Coping with archival and textual data, in P. Shurmer-Smith(ed.), *Doing Cultural Geography*, London: Sage Publications, pp.189-197.

Hanson, F. A., 1975, *Meaning in Culture*, London: RKP.

Harley, J. B., 1988, Maps, knowledge, and power, in D. Cosgrove and S. Daniels(ed.), *The Iconography of Landscape: Essays on the Symbolic Representation, Design and Use of Past Environments*, Cambridge: Cambridge University Press, pp.277-312.

Harley, J. B., 2002, Deconstructing the map, in M. J. Dear and S. Flusty(ed.), *The Spaces of Postmodernity*, Oxford: Blackwell, pp.277-289.

Hartshorne, C. & Weiss, P.(eds.), 1965, *Collected Papers of Charles Sanders Peirce 2*, Cambridge, Massachusetts: The Belknap Press of Harvard University Press.

Hatton, N. & Smith, D., 1995, Reflection in teacher education: towards definition and implementation, *Teaching & Teacher Education*, 11(1), pp.33-49.

Head, L., 2000, *Cultural Landscape and Environmental Change*, London: Arnold.

Helburn, N., 1991, The geographical perspective: geography's role in citizenship education, in R. E. Gross and T. L. Dynneson(ed.), *Social Science Perspective on Citizenship Education*, New York: Teachers College Press, pp.116-140.

Hobsbawm, E. & Ranger, T., 1983, *The Invention of Tradition*, Cambridge: Cambridge University Press, 최석영 역, 1995, 『전통의 날조와 창조』, 서울: 서경문화사.

Howitt, R., 1998, Scale as relation: musical metaphors of geographical scale, *Area*, 30, pp.25-28.

Hubbard, P., 2007, Space/Place, in Atkinson, D. et al.(eds.), *Cultural Geography: A Critical Dictionary of Key Concepts*, London: I.B.Tauris, pp.41-48.

Hursh, D. W. and E. Wayne Ross(eds.), 2000, *Democratic Social Education: Social Studies for Social Change,* New York & London: Falmer Press.

Hutchison, D., 2004, *A Natural History of Place in Education*, New York: Teachers College Press.

Ichilov, O., 1998, *Citizenship and Citizenship Education in a Changing World*, London: Woburn Press.

Jayanandhan, S. R., 2009, John Dewey and a pedagogy of place, *Philosophical Studies in Education*, 40, pp.104-112.

Jones, K., 1998, Scale as epistemology, *Political Geography*, 17, pp.25-28.

Kawakami, A. J., 1999, Sense of place, community, and identity: bridging the gap between home and school for Hawaiian students, *Education and Urban Society*, 32(1), pp.18-40.

Keith, M. & Pile, S.(eds.), 1993, *Place and the Politics of Identity*, London: Routledge.

Kelly, D., 2019, A critical conceptualization of place-based pedagogy, *European Journal of Curriculum Studies*, 5(1), pp.732-741.

Kemmis, S. & McTaggart, R., 1988, *The Action Research Planner*, Geelong: Deakin University Press.

Knapp, C. E., 2005, The "I-Thou"relationship, place-based education, and Aldo Leopold, *Journal of Experiential Education*, 27(3), pp.277-285.

Knight, D. B., 1982, Identity and territory: geographical perspective on nationalism and regionalism, *Annals of Association of American Geographers*, 72(4), pp.524-531.

Korthagen, F. A. J. et al., 2001, *Linking Practice and Theory: The Pedagogy of Realistic Teacher Education*, Mahwah, New Jersey: Lawrence Erlbaum Associates, Inc. 조덕주 외 공역, 2007, 『반성적 교사교육: 실제와 이론』, 서울: 학지사.

Larrivee, B. & Cooper, J. M., 2006, *A Educator's Guide to Teacher Reflection*, Cengage Learning.

LeRiche, L. W., 1987, The expanding environments sequence in elementary social studies, The origins, *Theory and Research in Social Education*, 15(3), pp.137-154.

Levy, J., 1995, The spatial and the political: close encounters, in Benko, G. B. & Strohmayer, U.(ed.), *Geography, History and Social Sciences*, Dordrecht: Kluwer

Academic Publishers, pp.227-242.

Liebmann, M., 1966, Ikonologie, in Kammerling, E.(ed.), 1994, *Iknographie und Iconologie. Theorien, Entwicklung, Probleme,* 이한순 외 공역, 1997, 「도상해석학」, 『도상학과 도상해석학』, 서울: 사계절, pp.245-274.

Lowenthal, D. & Prince, H. C., 1965, English landscape tastes, *Geographical Review,* 54(3), pp.309-346.

Luke, A., 1999, Critical discourse analysis, in Keeves, J. P. & Lakomski, G.(ed.), *Issues in Educational Research,* New York: Pergamon, pp.161-173.

Luke, A., 1999, Introduction: theory and practice in critical discourse analysis, [WWW document] URL http://www.gseis.ucla.edu/courses/ed253a/Luke/SAHA6.html [2000. 8. 15]

Marsden, B., 1997, The place of geography in the school curriculum: An historical overview 1886-1976, in Tilbury, D. and M. Williams(ed.), *Teaching and Learning Geography*, London and New York: Routledge, pp.7-14.

Marston, S. A., 2000, The social construction of scale, *Progress in Human Geography*, 24(2), pp.219-242.

Martin, J., 2005, Identity, in Atkinson, D. et al.(eds.), *Cultural Geography: A Critical Dictionary of Key Concepts*, London: I.B.Tauris, pp.97-102.

Meinig, D., 1979, Reading the landscape: an appreciation of W. G. Hoskins and J. B. Jackson, in Meinig, D.(ed.), *The Interpretation of Ordinary Landscapes*, New York: Oxford University Press, pp.195-244.

Merrett, C. D., 1999, Culture wars and national education standards: scale and the struggle over social reproduction, *Professional Geographers*, 51(4), pp.598-609.

Michell, D., 2000, *Cultural Geography: A Critical Introduction*, Oxford: Blackwell, 류제헌 외 공역(2011). 『문화정치 문화전쟁』, 파주: 살림.

Michell, D., 2007, Landscape, in Atkinson, D. et al.(ed.), *Cultural Geography: A Critical Dictionary of Key Concepts*. London: I. B. Tauris, 진종헌 역, 2011, 「경관」, 이영민 외 공역, 『현대 문화지리학』, 서울: 논형, pp.112-125.

Mikesell, M. W., 1972, Landscape, in English, P. W. & Mayfield, R. C.(ed.), *Man, Space, and Environment*, New York: Oxford University Press, pp.9-15.

Mills, G. E., 2003, *Action Research: A Guide for the Teacher Researcher*, Upper Saddle River, NJ: Merrill Prentice-Hall, 강성우 외 역, 2005, 『교사를 위한 실행연구』, 서울: 우리교육.

Morgan, J., 2000, Critical pedagogy: the spaces that make the difference, *Pedagogy, Culture and Society*, 8(3), pp.273-289.

Nash, C., 1999, Landscape, in Cloke, P. et al.(ed.), *Introducing Human Geographies*, London: Arnold, pp.217-225.

National Council for the Social Studies, 1994, *Expectations of Excellence: Curriculum Standards for Social Studies*, Washington D.C.: NCSS.

National Geography Standards Project, 1994, *Geography For Life*, Washington, D.C.: National Geographic Research & Exploration.

Nora, P., 2005, Entre mémoire et histoire, *Les Lieux de mémoire(Tome 1-La République)*, Paris: Editions Gallimard, 김인중 역, 2010, 「기억과 역사 사이에서」, 김인중 외 공역, 『기억의 장소: 공화국』, 파주: 나남, pp.31-67.

North Central Regional Educational Laboratory, 1995, *Sense of Place Curriculum Framework*(ED 396 893).

Ogborn, M., 1996, History, memory and the politics of landscape and space: work in historical geography from autumn 1994 to autumn 1995, *Progress in Human Geography*, 20(2), pp.222-229.

Orellana, M. F., & Bowman, P., 2003, Cultural diversity research on learning and development: conceptual, methodological, and strategic considerations, *Educational Researcher*, 32(5), pp.26-32.

Orr, D. W., 1992, *Ecological Literacy*, Albany: SUNY Press, 김기대 외 역, 2013, 『생태소양』, 파주: 교육과학사.

Orr, D. W., 2004, *Earth in Mind*, Washington DC: Island Press, 이한음 역, 2014, 『작은 지구를 위한 마음: 생태적 문맹에서 벗어나기』, 서울: 현실문화연구.

Ozouf, J. & Ozouf, M., 2005, Le Tour de la France par deux enfants, Nora, P., *Les Lieux de mémoire(Tome 1-La République)*, Paris: Editions Gallimard, 유희수 역, 2010, 「두 어린이의 프랑스 일주」, 김인중 외 공역, 『기억의 장소: 공화국』, 파주: 나남, pp.289-332.

Paasi, A., 1991, Deconstructing regions: notes on the scales of spatial life, *Environment and Planning A: Economy and Space*, 23(2), 239-256.

Paasi, A., 1996, *Territories, Boundaries and Consciousness*, West Sussex: John Wiley & Sons.

Paasi, A., 1997, Geographic perspective on Finnish national identity, *GeoJournal*, 43, pp.41-50.

Panofsky, E., 1955, Iconographie und Ikonologie, in Kammerling, E.(ed.), 1994, *Iknographie und Iconologie. Theorien, Entwicklung, Probleme*, 이한순 외 공역, 1997, 「도상학과 도상해석학」, 『도상학과 도상해석학』, 서울: 사계절, pp.139-160.

Panofsky, E., 1939, *Studies in Iconology*, Oxford: Oxford University Press, 이한순 역, 2002, 『도상해석학 연구』, 서울: 시공사.

Parker, W. C., 1997a, Democracy and difference, *Theory and Research in Social Education*, 25(2), pp.220-234.

Parker, W. C., 1997b, Navigating the unity/diversity in education for democracy, *The Social Studies*, Jan/Feb., pp.12-17.

Parmenter, L., 1999, Constructing national identity in a changing world: perspectives in Japanese education, *British Journal of Sociology of Education*, 20(4), pp.453-463.

Passi, A., 1996, *Territories, Boundaries and Consciousness: The Changing Geographies of the Finnish-Russian Border*, West Sussex: John Wiley & Sons.

Pêcheux, M., 1975, *Language, Semantics and Ideologies*, trans. Nagpal, H., 1982, New York: St Martin's Press.

Pike, G., 2000, Global education and national identity: In pursuit of meaning, *Theory into Practice*, 39(2), pp.64-73.

Pinar, W. F. et al., 1995, *Understanding Curriculum*, New York: Peter Lang, 김복영 외 역,

2001, 『교육과정 담론의 새 지평』, 서울: 원미사.

Pinar, W. F., 2004, *What is Curriculum Theory?*, New York: Routledge, 김영천 역, 2005, 『교육과정 이론이란 무엇인가?』, 서울: 문음사.

Pratt, G., 1999, Geographies of identity and difference: making boundaries, in Massey, D., Allen, J. and P. Sarre(ed.), *Human Geography Today*, Cambridge: Polity Press, pp.151–167.

Pred, A., 1983, Structuration and place: on the becoming of sense of place and structure of feeling, *Journal for the Theory of Social Behaviour*, 13(1), pp.45–68.

Proshansky, H. M. & Fabian, A. K., 1987, The development of place identity in the child, in Weinstein, C. S. & David, T.(ed.), *Spaces for Children: The Built Environment and Child Development*, New York and London: Plenum Press, pp.21–40.

Prost, A., 2005, Les monuments aux morts, Nora, P., *Les Lieux de mémoire(Tome 1-La République)*, Paris: Editions Gallimard, 문지영 역, 2020, 「전사자 기념비」, 김인중 외 역, 『기억의 장소1: 공화국』, 파주: 나남, pp.187–227.

Reid, W. A., 2000, Curriculum as an expression of national identity, *Journal of Curriculum and Supervision*, 15(2), pp.113–122.

Relph, E., 1976, *Place and Placelessness*, 김덕현 외 역, 2005, 『장소와 장소상실』, 서울: 논형.

Rose, G., 1995, Place and identity: a sense of place, in Massey, D. & Jess, P.(ed.), *A Place in the World?*, Oxford: The Open University Press, pp.87–118.

Sack, R. D., 1986, *Human Territoriality: Its Theory and History*, Cambridge: Cambridge University Press.

Said, E., 1978, *Orientalism*, London: Penguin, 박홍규 역, 1995, 『오리엔탈리즘』, 서울: 교보문고.

Samuels, M., 1979, The biography of landscape, in Meinig, D.(ed.), *The Interpretation of Ordinary Landscapes*, New York: Oxford University Press, pp.51–88.

Sauer, C., 1962, The morphology of landscape, in Leighley, J.(ed.), *Land and Life: A Selection from the Writing of Carl Sauer*, Berkeley: University of California Press, pp.315–350.

Saussure, F., 1916, *Cours de Linguistique Générale*, 최승언 역, 1990, 『일반언어학 강의』, 서울: 민음사.

Schein, R. H., 1997, The place of landscape: A conceptual framework for interpreting an American scene, *Annals of the Association of American Geographers*, 87(4), pp.660-680.

Shank, G., 1995, Semiotics and qualitative research in education: The third crossroad, *The Qualitative Report*, 2(3), WWW document]URL http://www.nova.edu/ssss// QR/QR2-3-/shank.html[2000.7. 1]

Short, E. C., 1991, *Forms of Curriculum Inquiry*, Albany: SUNY Press, 강현석 · 조인숙 · 전호재 · 정상원 · 이지은 · 경북대교육과정연구회 번역팀 역, 2016, 『교육과정 탐구방법론』, 서울: 한국문화사.

Sibley, D., 1995, *Geographies of Exclusion: Society and Difference in the West*, London: Routledge.

Smith, G., 2002, Place-based education: learning to be where we are, *Phi Delta Kappan*, 83, pp.584-594.

Sonesson, G., 1999, 5. From iconicity to picturehood, in *Pictorial Semiotics: The State of the Art at the Beginning of the Nineties*, [WWW document] URL http://www.arthist.lu.se/-kultsem/sonesson/pict_sem_1.html [2000. 9. 1]

Sörlin, S., 1999, The articulation of territory: landscape and the constitution of regional and national identity, *Norsk Geografisk Tidsskrit-Norwegian Journal of Geography*, 53, pp.103-112.

Taylor, P. J., 2003, Time: from hegemonic change to everyday life, in Holloway, S. L., Rice, S. P. & Valentine, G.(ed.), *Key Concepts in Geography*, London: Sage, pp.151-164.

Tessa Morris-Suzuki, 2004, 「근대 일본의 국경 만들기: 일본사 속의 변방과 국가 · 국민 이미지」, 임지현 외 편역, 『근대의 국경, 역사의 변경』, 서울: 휴머니스트, pp.194-216.

Tessa Morris-Suzuki, 2004, 「변경의 창조: 일본 북단의 국경 · 아이덴티티 · 역사」, 정문길 외 편역, 『주변에서 본 동아시아』, 서울: 문학과지성사, pp.157-199.

Thrift, N., 2003, Space: the fundamental stuff of geography, in Holloway, S. L., Rice, S. P. & Valentine, G.(ed.), *Key Concepts in Geography*, London: Sage, pp.95-107.

Thwaites, A., Davis, L., & Mules, W., 2002, *Introducing Cultural and Media Studies: A Semiotic Approach*, New York: PALGRAVE.

Trend, D., 1997, *Cultural Democracy: Politics, Media, New Technology*, New York: SUNY Press, 고동현 · 양지영 역, 2001, 『문화민주주의』, 서울: 한울.

Vignaux, G., 1999, *Le Démon dduuu Classement: Penser et organiser*, Paris: Éditions du Seuil, 임기대 역, 2000, 『분류하기의 유혹: 생각하기와 조직하기』, 서울: 동문선.

Villani, A. & Sasso, R., 2003, *Le Vocabulaire de Gilles Deleuze*, Paris: Vrin, 신지영 역, 2012, 『들뢰즈 개념어 사전』, 서울: 갈무리.

Vincent, J., Casino Jr, D., & Hanna, S. P., 2000, Representations and identities in tourism map spaces, *Progress in Human Geography*, 24(1), pp.23-46.

Walford, R., 2001, *Geography in British School 1850-2000*, London: Woburn Press.

Wexler, P., 1982, Structure, text and subject: a critical sociology of school knowledge, in M. W. Apple(eds.), *Cultural and Economic Reproduction in Education*, London: RKP, pp.275-303.

Whitty, G., 1985, *Sociology and School Knowledge: Curriculum Theory, Research and Politics*, London: Metheun, 김인식 외 공역, 1995, 『교육과정 정책과 지식사회학』, 서울: 교육과학사.

Wigginton, E.(ed.), 1991, *Foxfire: 25 Years*, New York: Doubleday.

Wigginton, E., 1985, *Sometimes a Shining Moment: the Foxfire Experience*, New York: Anchor Press/Doubleday.

Williams, R., 1983, *Key Words*, London: Flamingo.

Wither, S. E., 2001, *Local Curriculum Development: A Case Study*, Paper presented at the Annual Meeting of the AERA(Seattle, WA, April 10-14) (ED 456022).

Woodhouse, J. L. & Knapp, C. E., 2000, *Placed-Based Curriculum and Instruction: Outdoor and Environmental Education Approaches*, Eric Digest (ED 448012).

Woollacott, J., 1982, Messages and meanings, in Gurevitch, M., et al.(eds.), *Culture,*

Society and the Media, London: Routledge.

Wrenn, A., 1999, Build it on, don't bolt it on: history's opportunity to support critical citizenship, *Teaching History*, 96, pp.6-12.

원고 출처

이 책은 아래 표기된 지면을 통해 처음 발표되었던 글들에 기초하고 있다. 각 장들은 부분적으로 첨삭된 경우도 있다.

제1부 이론과 방법론

제1장 『지리과교육』 제6호(2004), pp.135-146.

제2장 『사회과교육』 제44권 3호(2005), pp.195-210.

제3장 미발표 원고

제4장 『현대사회와 사회과교육』 가정 이연복 교수 정년기념 논문집(2004), pp.215-231.

제2부 사례연구(1)

제5장 『대한지리학회지』 제36권 제4호(2001), pp.483-494.

제6장 『시민교육연구』 제34권 제2호(2002), pp.273-41.

제7장 『사회과교육연구』 제10권 제2호(2003), pp.13-28.

제8장 『사회과교육』 제51권 제3호(2012), pp.167-178.

제3부 사례연구(2)

제9장 『기전문화연구』 제45권 제1호(2024), pp.181-204.

제10장 미발표 원고

제11장 『한국지리환경교육학회지』 제24권 제4호(2016), pp.29-40.

제12장 『글로벌교육연구』 제7권 제4호(2015), pp.3-18.

제13장 『社会科教育論叢』 제49집(2015), pp.85-92.

찾아보기

글로컬 교육 탐구

초판인쇄 2025년 4월 25일
초판발행 2025년 4월 25일

지은이 남호엽
펴낸이 채종준
펴낸곳 한국학술정보(주)
주   소 경기도 파주시 회동길 230(문발동)
전   화 031-908-3181(대표)
팩   스 031-908-3189
투고문의 ksibook1@kstudy.com
등   록 제일산-115호(2000. 6. 19)

ISBN   979-11-7318-368-3 93370